欧元的终结？！

欧盟不确定的未来

（美）约翰·冯·奥弗特韦尔德 / 著
贾拥民 / 译

西方经济—金融前沿译丛

华夏出版社
HUAXIA PUBLISHING HOUSE

图书在版编目（CIP）数据

欧元的终结？！：欧盟不确定的未来 /（美）约翰·冯·奥弗特韦尔德（Johan Van Overtveldt）著；贾拥民译. -- 北京：华夏出版社，2017.1
（西方经济·金融前沿译丛）

书名原文：The End of The Euro: The uneasy future of The European Union

ISBN 978-7-5080-9094-8

Ⅰ．①欧… Ⅱ．①约… ②贾… Ⅲ．①欧元－研究 Ⅳ．①F825

中国版本图书馆 CIP 数据核字（2016）第 306148 号

Johan Van Overtveldt: *The End of The Euro: The uneasy future of The European Union*
Copyright © 2011 Johan Van Overtveldt.
Published by agreement with B2 Books, an imprint of Agate Publishing, Inc.
Through the Chinese Connection Agency, a division of The Yao Enterprises, LLC.
Simplified Chinese Translation Copyright © 2012 by Huaxia Publishing House.

本书英文版由 Agate Publishing, Inc. 于 2011 年出版。
本书中文简体版权由 Agate Publishing, Inc. 授予华夏出版社，版权为华夏出版社所有，未经出版者书面允许，不得以任何方式复制或抄袭本书内容。

版权所有　翻版必究
北京市版权局著作权合同登记号：图字 01-2012-1054 号

欧元的终结？！——欧盟不确定的未来

作　　者	[美]约翰·冯·奥弗特韦尔德
译　　者	贾拥民
责任编辑	李雪飞
出版发行	华夏出版社
经　　销	新华书店
印　　刷	三河市少明印务有限公司
装　　订	三河市少明印务有限公司
版　　次	2017 年 1 月北京第 1 版　2017 年 1 月北京第 1 次印刷
开　　本	720×1030　1/16 开
印　　张	15
字　　数	202 千字
定　　价	46.00 元

华夏出版社　地址：北京市东直门外香河园北里 4 号　邮编：100028
电话：(010) 64663331（转）　　网址：www.hxph.com.cn
若发现本版图书有印装质量问题，请与我社营销中心联系调换。

目 录

序 ·· 1

导言 ·· 7

第 1 章　漫漫长路 ·· 1

俾斯麦的权力游戏 ·· 2

"拉丁货币集市" ··· 4

斯堪的纳维亚国家的失败尝试 ································ 6

路复伊始，罗马何在？ ·· 9

魏尔纳计划 ·· 12

隧道中的蛇形浮动 ··· 16

欧洲货币体系 ··· 18

前进！雅克！ ··· 21

密特朗手辣无情 ·· 23

马斯特里赫特"真言" ·· 26

欧洲货币体系的根基被掏空了 ································ 28

欧洲货币体系的崩塌 ·· 31

马斯特里赫特的"巫毒咒" ······································ 33

推迟，还是不推迟？ ·· 36

动荡的最后一页，抑或良好的开端? …………………………… 40

第2章 未竟之业 ……………………………………………… 45

多重益处 …………………………………………………… 47

美元以及其他货币 ………………………………………… 49

永远都将众口难调 ………………………………………… 50

比利时的例子 ……………………………………………… 52

一份可供对照的清单 ……………………………………… 54

红旗仍在飘扬 ……………………………………………… 57

最优货币区理论并不管用? ……………………………… 60

内生性是场"及时雨" …………………………………… 62

屡起屡仆 …………………………………………………… 64

德国指明了方向 …………………………………………… 67

"没有母国的货币" ……………………………………… 70

第3章 一切归零 ……………………………………………… 73

不合时宜的庆祝活动 ……………………………………… 75

山雨欲来风满楼 …………………………………………… 76

帕潘德里欧点燃了引爆点 ………………………………… 79

不幸成了兴奋剂的低利率 ………………………………… 81

竞争力越来越低 …………………………………………… 85

拯救希腊 …………………………………………………… 92

三级体制 …………………………………………………… 94

一切如戏 …………………………………………………… 96

韦伯的单打独斗 …………………………………………… 98

水深火热中的储蓄银行 ……………………………………… 101
假测试，真压力 ……………………………………………… 103
多维尔幽灵 …………………………………………………… 106
凯尔特式的崩溃 ……………………………………………… 108
令人不安的"天才" …………………………………………… 112
有限责任 ……………………………………………………… 115
吃定里斯本，盯上马德里 …………………………………… 118
从"大交易"到"超现实" …………………………………… 121
清晨的惊喜（其实并不令人惊讶） ………………………… 124
微不足道的"大买卖" ………………………………………… 128
第三个"援助包" ……………………………………………… 131
继续维持"庞氏骗局" ………………………………………… 134
说出不可言说之事 …………………………………………… 137
意大利也无法幸免 …………………………………………… 141
末日在 8 月降临？ …………………………………………… 143

第 4 章 残阳如血（一切都掌握在德国的手中） …………… 149

继续维持现状：基本分析 …………………………………… 151
继续维持现状："庞氏骗局" ………………………………… 153
继续维持现状：加速器 ……………………………………… 156
抛弃整个体系：来一场探戈吧！ …………………………… 159
抛弃整个体系：让我们当一回冰岛人吧！ ………………… 162
重建整个体系，或让一切回到原点 ………………………… 165
从无动于衷到反对 …………………………………………… 166
选票最大化者 ………………………………………………… 168

一项无比艰巨的任务 ·················· 169
不讨人喜欢的主导者 ·················· 171
"稳定高于一切" ····················· 173
经济上的算计 ······················ 177
新的政治现实 ······················ 179
更强,但也更弱 ····················· 181
走下坡路的法国 ····················· 184
放弃所有的恋情 ····················· 186

尾　声 ·························· 189
致　谢 ·························· 193
参考文献 ························· 195
中英文人名、地名、术语对照表 ············ 207
译后记 ·························· 221

序

约翰·冯·奥弗特韦尔德撰写的这本书是专门讨论欧元问题的，它的篇幅不长，但是非常及时。此时此刻，希腊、西班牙、葡萄牙、爱尔兰等国正陷于金融危机所带来的水深火热之中。在欧盟各国的首都，欧元体制是不是要继续维持下去，也成了一个热门的议题，得到了广泛的讨论。奥弗特韦尔德叙述的内容很全面，为读者带来了非常有冲击力的信息。该书第1章主要关注历史，阐述了推动在欧洲范围内实现货物、服务和人才自由流动的种种努力，及其背后的各种政治力量（尤其是法国的各种政治力量）。第2章侧重于理论分析，考察欧洲的各主要国家作为一个整体是否达到了最优货币区的标准。第3章则集中描述了2009年以来震撼整个欧元区的金融危机。作者在最后一章，即第4章中给出了自己的判断：德国将脱离欧元，因为继续坚持下去成本实在太高了。

到目前为止，欧洲联盟仍然尚未完全定型，各项有关活动仍然在继续向前推进。当初，在制定欧盟宪法时，只差一点就把各国都必须采用欧元写进去了。宪法是用来界定各种权利（特权）和义务（承诺）的，同时，它还必须确定修订与各种权利和义务有关的条文的规则和程序。此外，各种宪法规定的行为和判决，一旦成了先例，也将成为宪法的附文，虽然它们的法律地位要低于正式的宪法条文。

美国宪法是在几个星期内制定出来的，那是在1776年的夏天，当时13个殖民地正准备宣布脱离其母国——英国——而独立建国。对于各殖民地的单方面行动，英王乔治三世是不可能接受的，因此，独立战争的爆发也就不可避免了。在此之前,13个殖民地之间曾经订立过一个协约——《邦联条例》。制定一部美国宪法的倡议这个事情本身就足以表明,《邦联条例》无法为即将卷入独立战争的13个殖民地提供一个足够强大的中央权力机构。13个殖民地各派出4—5名代表参与起草宪法,他们代表着当时居住在这片土地上的400万人。这些人有共同的语言、文化,他们定居于此的历史也都相似。但是,各殖民地之间也存在着商业上的竞争,以农业为主的那些州(殖民地)与以工商业为主的宾夕法尼亚州和纽约州之间存在着商业利益上的冲突。各农业州并不希望建立一个过分强大的中央政府。

与美国制宪过程相比,为新欧洲制定一部新宪法则要困难得多、复杂得多。事实上,欧洲各国已经走过了一个漫长的立宪过程,它们在50多年内订立了无数条约。在所有这些条约中,其中一部分用各方缔结条约时所处的城市来命名,另一部分则用某个人的名字来命名。奥弗特韦尔德用简练的笔触全面地描述了上述历史发展过程。根据最早的条约成立的煤钢共同体只涉及6个国家,现在整个欧洲联盟已经包括了26个国家,涉及的人口超过3亿。这些国家有不同的文化传统,发展历史也大相径庭,而且许多国家都曾经卷入过领土冲突和其他争端,甚至曾经相互开战。在这个联盟中,大国的人口和经济实力相当于小国的10—20倍。总体来看,构建一个新欧洲的过程显得非常务实,因而也是非常盎格鲁-撒克逊式的。

不过,从根本上看,新欧洲面临的问题与当年聚集在费城的各殖民地的代表们所面临的问题是完全相同的,这就是,究竟要赋予"中央政府"多大的权力?这个问题可以通过对比法国和德国各自采用的不同铁路系统之间的差别来加以说明。法国的铁路系统是以巴黎为中心向全国辐射的;而在德国,则存在多个区域性的中心,它们包括汉堡、慕尼黑、莱比锡以及柏林,铁路从这些区域性的中心向外辐射。欧洲联盟的各成员国中,法国和其他较小的国家希望有一个强大的中央权力机构,而德国和英国则希望看到一个更弱一些的中央权力机构。德国人认识到,如果新欧洲出现一个强大的中央权力机构，自己的选择就会受到限制，同时源于柏林的流向布鲁塞尔的大规模的转移支付也将不可避免。

新欧洲已经取得了巨大的成功。自19世纪70年代至20世纪40年代之间，法国和德国之间曾经爆发过3次大规模的战争，还有许多其他国家卷了进来。不过，从20世纪40年代以来，欧洲在总体上一直保持了和平，其间只发生了少数几个例外的事件，它们包括南斯拉夫的解体和塞浦路斯的暴乱，以及因鳕鱼保护和捕鱼争端而引发的英国和冰岛之间的冲突。整个欧洲已经变得非常繁荣。

到了20世纪90年代，出现了一个新的情况，即欧洲开始沿着两条道路前行：欧洲联盟大多数成员国都加入了一个"内部俱乐部"，它们采用共同的单一货币——欧元；而其他少数成员国则组成了一个"外部俱乐部"，它们不采用欧元。决定不参加"内部俱乐部"的是英国和另外几个较小的国家。这种双俱乐部的"双轨制"是欧洲一体化过程中的实用主义精神的另一个例子。

许多人对欧元能否继续存在下去持怀疑态度，这主要是考虑到希腊问题可能是无法解决的。希腊和葡萄牙之所以会产生庞大的财政赤字，是因为"钱一直都在那里放着"，这两个国家就像"香蕉共和国"的各成员国一样，总是可以借到钱。在申请加入欧洲货币联盟并成为其中的一员时，希腊政府耍了一些手段。有证据表明，希腊政府在有关财政赤字和政府债务的数据上做了假，才勉强符合《马斯特里赫特条约》规定的标准而允许加入的。此外，希腊加入欧元区时采用了"错误的汇率兑换办法"，其庞大的财政赤字主要源于其巨额的贸易赤字，而这反过来又恰恰反映其成本和价格早就过高了。许多欧洲大型银行都心甘情愿地卷入这个愚蠢的金融黑洞当中：如果资助希腊、葡萄牙政府的这些钱不存在的话，那么希腊和葡萄牙原本是不可能产生如此巨额的赤字的。希腊和葡萄牙都存在着基本财政赤字，它们用来支付债务利息的钱全都来自新的贷款。

紧接着，当事态发展到了某个阶段后，资助希腊政府的那些银行终于认识到，希腊政府已经无法再承担这么多的债务了，经济也无法继续运转了,于是,这些银行说,"再也没有新的资金了"。因为基本赤字已经占到了国内生产总值的6%或7%,希腊政府无法筹集到足够的资金向银行贷款人支付利息和政府公务员的薪金。所以,希腊政府不得不违约,并不得不将其支付给政府雇员和国内供应商的款项削减5%至6%。违约很可能意味着希腊也许将不得不离开欧洲联盟的"内部俱乐部"。

再后来,债权人和投资者认识到,包括爱尔兰和西班牙在内的一些其他国家的政府也都存在着基本财政赤字。不过,这些国家的金融形势不同于希腊和葡萄牙。爱尔兰和西班牙都是在房地产泡沫破灭后才出现庞大的财政赤字的,之前,这两个国家都曾是充满活力的出口国。

那么,为了维持金融形势,德国、法国以及其他欧洲国家政府可能选择什么样的政策呢?第一个政策是,向希腊、葡萄牙和爱尔兰政府提供政府贷款,使它们能在财政赤字的情况下继续运转下去,直到它们的赤字值下降到某个可忍受的水平上。这个政策意味着,必须针对希腊政府减少其财政赤字的努力设定目标和条件。第二个政策是,促使希腊、葡萄牙和爱尔兰等国政府违约,从而使这些国家的政府债务占其GDP的比重达到50%或60%的水平。第三个政策是,向银行提供财政援助,以便让银行有能力自行解决它们与希腊政府和葡萄牙政府之间的问题。第四个政策是,让希腊脱离欧洲货币联盟,这包括迫使希腊采用另外的某种货币并有效地贬值,但这也意味着希腊政府违约。第五个政策是,德国退出欧洲货币联盟。

各种政策都有被挟持的危险。类似这样的威胁随处可见:如果钱没有着落,就可能发生非常糟糕的事情。欧洲各大银行正在利用希腊和其他负债累累的国家的政府的艰难处境来为自己牟取利益:它们出于拙劣的运营政策而给了这些政府巨额贷款,现在又要求援助这些政府,以保护自己的债权。这些政府威胁着银行体系的偿付能力,这一点恰恰成了这些银行获取更多资金支持的借口。

当然,目前的当务之急是如何苦苦熬过这场危机。银行需要调整其资本结构，或许它们应该根据它们制定的不良资产援助计划去援助这些国家的政府。而其他国家的政府则应该向那些要求政府提供金融支持的银行收取股权利得。必须划定明确的界线，不能把界线画在沙子上，而要把界线画在坚硬的混凝土上。必须向高债务穷国发出非常明确的信息："所有的钱都在这里了，其总额就只有这么多。这些钱用完后，你就只能靠你自己了。如果你认为你必须离开'内部俱乐部'，无论是暂时的还是永久的，好，那是你自己的选择。你必须搞清楚这一点，我们对你的重要性可比你对我们的重要性要大得多"。

从更长的时期来看，问题在于如何确保这种类型的危机不会再次发生，而且要保证在当前这个阶段所必须采取的援助措施不至于增加将来"搭便车"行为发生的可能性，后者是一个道德风险问题。有两个因素会使这个问题更趋于复杂化：第一个因素是，每个国家都是主权者，这只是一个幻象，债务国，尤其是弱小债务国，它们的地位从来不曾与大国平等过；第二个因素是，许多人压根儿不愿意考虑有某一个或某几个国家可能会离开"内部俱乐部"的可能性，他们只是想当然地认为这种情况根本不可能发生。

我在上面所叙述的内容与奥弗特韦尔德所预测的结局有所不同——他说德国将主动退出欧洲货币联盟。如果希腊先行一步地脱离"内部俱乐部"，那么欧元将会升值。从理论上看，将德国主动放弃欧元所带来的一切后果阐述清楚，要比将希腊脱离欧元后的情况描述出来困难得多。无论如何，如果德国主动采取行动，离开欧洲货币联盟，那必定将会成为一个新的标志性的事件，其影响是希腊脱离欧盟所不可比拟的。如果真是那样，那么德国就是在进行"经济自杀"。通常来说，这种情况不会发生，但是也不能排除真的发生的可能性。因此，最大的可能是，德国将设置一些条件，促使某些小国决定退出，因为继续留在"内部俱乐部"的成本将变得太高。

希腊危机所提出的另一个问题是，一个货币联盟是否同时还需要一个财政联盟，或者说，要支撑一个货币联盟，需要何种程度的财政联盟。从长远看,关键的问题是如何确保各成员国之间支付的不平衡能够实现自我限定。要采取一个共同的货币政策,就要求各成员国之间的通货膨胀率没有显著的差异。但是,制造业部门所占比例更大的国家的生产率高于其他国家,这是一个事实。因此,更好的调整方式应该是,使那些产出更高的国家的工资增长更迅速一些。

欧洲立宪这个伟大的试验要取得成功,面临的问题极其多,需要采取的政策措施也非常多样,奥弗特韦尔德精准地对这些问题和政策措施进行了排序。本书的篇幅并不长,但是价值却非常高。

罗伯特·阿利伯

(本序作者是芝加哥大学布斯商学院的国际经济和金融学荣誉教授、国际金融研究中心主任。阿利伯还是经济发展委员会以及货币和信贷委员会的研究人员,同时兼任美国国务院经济发展局的高级经济顾问。)

导 言

欧元正在为了生存而挣扎。十多年来，制定政策的政治家们一直对关于欧洲货币联盟的结构性缺陷的警告不听不闻。到了今天，希腊、爱尔兰和葡萄牙都陷入了严重的金融危机之中，同时西班牙、意大利和比利时也正沿着同样的路径沉陷下去。在欧洲联盟内部，总体气氛充溢着不确定性和对未来的恐惧。欧元区各成员国必须改变游戏规则，不然联盟就无法继续存在下去。但是，欧洲的政治领导人们一直未能采取果断的行动。

2010年12月上旬，德国财政部部长沃尔夫冈·朔伊布勒声称，金融市场"不理解欧元"。① 而就在这之前的几天，时任法国财务部部长和现任国际货币基金组织总裁的克里斯蒂娜·拉加德在接受电台记者采访时也说过类似的话，"金融市场很难理解欧洲"。②

欧元区金融危机于2009年年底爆发时，有关当局予以根本性的否认。它们辩称，这根本算不上是一个危机，这不过是运气不佳所带来的结果，来得快，去得也快。然而，仅仅在几个星期之后，这种说法的可信度就荡然无存了，危机的严重程度使任何类似的辩解都不堪一击。很快，欧洲的官员们就转而采取了另一个新的立场：这场危机是由贪婪的投机者造成的，其根源是存在于金融市场上的种种不负责任的、不理智的行为。以德国官员为始作俑者，许多欧

---

① 朔伊布勒上述言论转引自2010年12月6日的《金融时报》。
② 拉加德上述言论转引自2010年12月4日的《金融时报》。

洲官员还加上了第三种说法，即希腊和爱尔兰等国家政府的不负责任的政策也难辞其咎。

在欧洲各国的领导人口中，最容易成为替罪羊的是"贪婪的投机者"和"不负责任的市场"，在主权债务危机爆发的最初几个月里尤其如此。不过，还是出现了一个值得注意的例外，奥地利财政部部长约瑟夫·普勒尔在2010年春天便宣称，他"反对把全部责任都归咎于投机者。因为只有在针对那些多年以来财政状况一直不良的国家进行投机炒作时，才能取得成功"。①

好几位欧洲政治领导人都言之凿凿地指责对冲基金、富有的私人投机者、评级机构、债券市场管理机构和投资银行（以及其他所有可能成为替罪羊的机构或个人）。这些领导人包括德国总理安吉拉·默克尔、法国总统尼古拉斯·萨科齐、欧盟主席赫尔曼·范龙佩和欧洲委员会主席何塞·曼努埃尔·巴罗佐。他们众口一词地声称，欧元是健康的，不存在根本性的问题。瑞典财政部部长安德斯·伯格则狠狠地把"盎格鲁－撒克逊式的金融资本主义和金融市场"钉在了十字架上，他把它们比喻为狂热执著的、野蛮无情的、追逐猎物的"凶恶的狼群"，时刻准备一哄而上，把"那些弱小的国家撕成碎片"。②卢森堡首相、同时兼任欧元区财长联席会议主席的让－克劳德·容克甚至臆想，一场有组织的针对欧元的攻击正在全球范围内展开。综观全欧洲，各国领导人都坚持认为解决方案其实很简单：政治对于投机性金融活动的优先地位必须重新得到恢复。

总部位于伦敦的欧洲改革中心的首席经济学家西蒙·提尔福德指出，"危机的发生和延续至少部分地归咎于金融市场这种说法，只能用来强化欧洲属于某个特殊的世界的世俗之见。市场只是戳穿了欧盟的虚张声势。事实上，这是市场本来早就应该做的一件事情，

---

① 普勒尔上述言论转引自2010年5月10日的美联社报道。
② 伯格上述言论转引自2010年5月17日的《金融时报》。

如果真是那样的话，危机或许是可以避免的"。①《金融时报》评论员沃尔夫冈·明肖则指出，"欧洲各国政治领导人的所作所为并不是在解决问题，他们只是在打公关仗……综观欧洲金融危机的历史，我们早就发现，欧洲的政治家们没有与金融市场沟通的能力，他们只知道从债券持有人那里搞钱，用来资助他们过度庞大的赤字；然后当这些债券持有人萌生退意并推高了利率后，他们却显得出奇的愤怒"。②

意大利联合信贷银行首席经济学家马科·阿农齐亚塔的观点也与提尔福德和明肖类似，他还补充道：

> 欧元区的决策者们应该潜心思考一下，不要再把市场看做是一个贪婪的投机者的集合体。特别地，在考虑主权债券这个具体标的时，市场大体上是由养老基金和保险公司等机构投资者组成的，他们所做的一切都不过是试图保护其投资的价值。因为只有如此，才能履行他们对退休人员和其他公民的义务。当这些机构的投资者就主权债券的风险提出意见时，决策者们应该虚心听取，绝对不应该把它们当做敌人。③

"市场不理解欧洲（欧元）"这种说法表明欧洲官员们的嘴上工夫变得更厉害了。不过，值得注意的是（当然，这也是可以理解的），到了2010年，当一切都变得再明显不过时，一些欧洲官员开始公开承认危机，范龙佩就是一个值得注意的例外。在2010年年底，范龙佩就宣称，"欧元的基础一直过于薄弱……在只采用单一货币的情况下，我们需要更大范围的政治整合，但是在现实中，我们

---

① 提尔福德，2010a，第2页。
② 参见2010年5月10日的《金融时报》。
③ 阿农齐亚塔上述言论转引自2010年5月17日的《金融时报》。

所做的却正好相反"。① 从根本上说，欧元和欧洲统一货币联盟面临的问题是结构性的、全局性的。本书的目的就是要从历史的视角来说明这一点。

从一开始，欧洲经济与货币联盟（Europe's Economic and Monetary Union，EMU）就是作为一项政治工程而出现的。在20世纪，欧洲大陆两度遭受战争之苦。第二次世界大战结束后，为了防止类似的灾难再次发生，欧洲各国的政治领袖们和知识分子们开始合作，着力创建一个统一的欧洲。当然，毫无疑问，这是一项极其复杂和困难的任务，尤其是因为冷战期间，美国和前苏联在欧洲开展军备竞赛，冷战铁幕把这个大陆分割成了两半。几十年来，民族主义一直是阻碍欧洲主要国家之间建立直接的政治联盟的拦路虎。然而，在西欧各国之间，就经济和货币问题达成共识似乎是可能的。创建于1957年的欧洲经济共同体，就只着重关注建立经济联盟的问题。

乘着1989年两德重新完成统一的春风，法国前总统弗朗索瓦·密特朗说服德国前总理赫尔穆特·科尔接受建立一个货币联盟的主张。密特朗在政治上的高度敏感性，终于使法国精英们几十年来梦寐以求的谋划开始逐步变成现实：打破德国的货币霸权，同时遏制作为德国中央银行的德意志联邦银行对欧洲货币和经济命运的主导地位的提升。正如英国前首相约翰·梅杰所指出的，"在1992年，我们（英国）与法国的立场差异在于：法国试图把单一货币作为'打倒利维坦'——约束德意志联邦银行——的一种手段"。②

当然，在事实上，法国的经济无法与德国相提并论。但是，法国人却依然一厢情愿，他们彻头彻尾地相信：自己应该在欧洲和世界事务中发挥主导作用。法国人把欧洲看做是实现自己战略目标的唯一可行的路径。货币和汇率政策是唯一可能在全欧洲达成广泛共识的东西，法国政治家们恰恰抓住了这个机会。

---

① 范龙佩上述言论转引自2010年12月24日的《荷兰鹿特丹商业报》。
② 梅杰上述言论转引自马什，2009，第162页。

到了 1999 年，11 个西欧国家之间终于形成了一个货币联盟。这是一个漫长的过程。1991 年 12 月签订的《马斯特里赫特条约》是最重要的第一步。欧元最终成了该联盟的单一货币，而欧洲中央银行（European Central Bank，ECB）则成了其唯一的具有决策职能的中央银行。

经济学家们很早就认识到，从一开始，欧盟各成员国之间就存在着不平衡，这种不平衡如果过于严重，就可能威胁到整个联盟的生存。经济学家们指出，为了防止这种情况的发生，各成员国都必须符合一定的条件。根据经济学中已经相对成熟且完善的最优货币区理论，这些条件包括：存在着政治联盟和财政联盟，存在着流动性和灵活性足够高的劳动力市场。

面对经济学家们的忠告，政治精英们只是给出了口惠而实不至的回应，实际上却坚持认为这些条件都是不必要的。政治精英们声称，只要展现出来的持久性和统一性足够显著，欧洲经济与货币联盟就能够自动地成为一个强大的、统一的货币联盟；而且，要高效率地运作欧洲经济与货币联盟，就需要各方在政治上实现高度合作，而这个过程就会自然而然地带来政治上的统一。

政治精英们把上述推理作为欧洲统一大业的理论基础，这样一来，在他们的"精心呵护"下，一个伟大的想法也就慢慢地蜕变为一场巨大的赌博。有一种观点认为，欧洲的政治家们能够解决任何突发性危机，这一可疑的观念竟然成了整个计划的基石。比利时前首相、在全欧洲都能起到举足轻重作用的重量级政治人物让-吕克·德阿纳说："从一个危机到另一个危机，正是在这个过程中，统一的欧洲的观念开始形成，并逐渐成为现实。要取得进展，我们需要危机。"德阿纳以及别的与他志同道合的欧洲政治家们从来没有认真考虑过另一种可能性——某个无法解决的、灾难性的危机可能引发欧元体系走向崩溃，甚至可能导致欧洲一体化的整体设想湮没。

如果光从 1999 年到 2008 年的经验来看，政治家们的观点似乎是对的。虽然在建立真正意义上的政治联盟方面收效甚微，但是欧元本身以及欧元区一般国家似乎真的赶上了繁荣的大环境。尽管从全球范围看，各种可能引发政治、经济形势动荡的事件时有发生，比如网络经济泡沫破灭、"9·11"恐怖袭击、阿富汗战争和伊拉克战争，但是在欧洲经济与货币联盟出现后的前些年，一直没有出现重大的危机。

然而，发生在2007－2009年的金融危机戏剧性地改变了整个情况。2009年1月，加州大学伯克利分校经济学和政治学教授巴里·埃森格林一语中的："始于2007年的次贷危机，在2008年演变为全球信贷危机，并将在2009年导致欧元危机。"①

对风险视而不见是金融危机出现前的那几年的典型特征，但是紧接着金融危机的爆发，风险规避行为像病毒一样在整个金融体系和银行系统蔓延，而且很快地，金融市场和资本市场就开始担心主权风险（即国家无力偿债的风险）。虽然美国和英国等国的预算赤字总额比欧元区许多国家还要大，但是市场从开始就把主要的关注焦点放在了欧洲经济与货币联盟的成员国身上。

当然，这也就意味着，在财政预算方面的过激行为并不是引起人们关注欧元的未来的唯一因素——这是我们将在第2章中进行详尽探讨的主题。货币联盟本身是问题的焦点所在，现在这一点越来越成为广泛的市场共识。埃森格林关于"欧元危机"的论述是围绕着欧洲经济与货币联盟与单一货币体制的可持续性而展开的。对欧洲经济与货币联盟、单一货币以及单一货币体制的生存造成威胁的，并不是投机性攻击或金融市场上的别的什么行为，甚至金融危机本身也与它们的生存危机没有太大的关系。不管欧洲的政治精英们怎样互相指责，也不管他们怎样诿过于人，欧洲经济与货币联盟与生俱来的性质已经决定了它就是这样一个终将出现问题的事物。一次重大的危机是不可避免的。

正是欧洲经济与货币联盟得以创建、据以发展的种种条约和协

---

① 埃森格林，2009，第1页。

定以及政治协议,导致了联盟的诸多内部失衡和外部失衡。由于政治精英们没有针对这一现实状况果断采取行动来确保联盟顺利运作,最终使得这些失衡成了欧元危机爆发的罪魁祸首。

本书第1章叙述欧元的诞生过程。我将回溯19世纪发生的一些事件,不过重点是回忆第二次世界大战后的岁月。在当时,货币联盟被当做达到某种目标的一种手段。主流的说法是,货币联盟将逐渐上升为一个政治联盟,整个欧洲大陆终将告别其漫长的战争和破坏的历史。从一开始,欧洲经济与货币联盟"体内"就被嵌入了许多异常的"构件"。要理解这一点,需要对其历史背景有一个清醒的认识。

欧洲经济与货币联盟从来不是一个最佳货币区。事实上,它简直离最佳货币区十万八千里。对此,我将在本书第2章中讨论。最佳货币区的很多条件欧洲经济与货币联盟都不具备,其中之一是,它缺乏一个强有力的政治联盟——这样的一个政治联盟必须包括透明的、能够自动运转的财政转移支付体系,以及灵活的、有弹性的劳动力市场。在本书第2章,我将用许多篇幅,就欧洲经济与货币联盟的异常现象与源于最优货币区理论的洞见进行对照分析。

本书第3章将描述和解剖欧元危机。欧元危机自2009年年底爆发以来,一直都在发展和深化。本章详细阐述了结构性缺陷导致危机发生的机制。欧元必将坠入深渊,这是意料之中之事,令人惊讶的反而是,危机在欧元诞生十年之后才真的发生。悖谬的是,欧元危机势头增大后,欧洲各国当局反而犹豫了,它们迷失在了各种最多只能在短期中起作用的一揽子援助计划当中,从来没有真正控制住局势的发展。研讨会开了无数个,首脑会议也举行了很多次,但是完全没有见到成效。正如《金融时报》在2011年春天的一篇评论中所说的,"在整个金融危机期间,欧洲各国的民选领导人们几乎没有错过任何一个令公众失望的机会"。①

---

① 《金融时报》,2011年3月26日。

欧洲各国政府和当局的干预都属于"太少了"、"太迟了"那一类,而且各国领导人似乎都在努力避免就各重大问题采取行动,这些重大问题包括,欧洲银行业的结构性缺陷,各成员国在程序上的相互矛盾,等等。

我认为,在下列两件事情中的某一件发生之前,欧元危机将会一直持续下去:

1. 欧洲经济与货币联盟成为一个全面的政治联盟(因而也是一个财政联盟和转移支付的联盟),其劳动力市场流动更加方便、更富有弹性(因此也有财政和转移联盟)。
2. 整个联盟完全解体。

较小的国家,比如像希腊、葡萄牙和爱尔兰等国,发生的危机即便相当严重,也不怎么可能从根本上危及欧元。但如果经济规模较大、人口较多的国家,比如像西班牙和意大利等国,也都发生类似的危机,情况就将会完全不同。在本书第4章,我将指出,更可能发生的结果是强大的德国如果不能把欧元拉出困境的话,那它就会从这个泥潭中抽身而去。虽然在公开场合,德国官方支持欧元,但是普通德国民众对欧洲经济与货币联盟的批评声音正在增加,甚至出现了许多直接的反对意见。维持货币的稳定,是德国根深蒂固的一个文化传统,它与欧元区及其中央银行的运作方式的冲突越来越趋于激烈。如果欧元的管理不能向与德国保持货币稳定的文化传统看齐,最终德国将会退出联盟,使欧元走向终结。这一点是我们今天就可以看得很清楚的。

第1章 漫漫长路

从"孕育"再经过"妊娠期",然后"分娩"落地,并成长为"婴儿",欧元诞生的过程似乎足以证明对它持怀疑主义态度的人都错了。有些人原本认为,受民族沙文主义影响的选民将会在全民公决中否决单一货币体制;而有些人曾经怀疑,是不是所有申请加入欧元区的国家都符合《马斯特里赫特条约》中规定的赤字标准;还有一些人则预测,对欧洲中央银行行长宝座的激烈争夺可能会导致整个计划搁浅。然而事实是,迄今为止,欧洲经济与货币联盟一直在按计划推进。

上面这段话是英国历史学家尼尔·弗格森在2001年12月那段时间内写下的。① 当时,对于欧洲货币联盟和欧元能否成功,人们普遍持怀疑态度,而不仅仅限于盎格鲁-撒克逊(英国)的经济学家和评论家。

时光飞逝如流,转眼已经到了2009年下半年。再一次,英国的舆论可以总结为:"这一切不可能发生。这是一个坏主意!它不会持续太久!"② 鉴于欧洲在历史上也曾经几度尝试过建立持久的货币联盟,而且大多遭到了失败,这种怀疑主义的态度是可以理解的。在本章中,我们将首先来简要地回顾一下1945年以前在欧洲建立货币

---

① 弗格森,2001,第338页。
② 乔农和德瑞,2009。

联盟的各种提议，着重为读者介绍德国货币统一运动（它取得了成功）、拉丁货币联盟和斯堪的纳维亚货币联盟（后两者都遭到了失败），以此来说明我们应该从这些历史经验中吸取哪些教训。

俾斯麦的权力游戏

1996年，荷兰专门研究货币问题的历史学家维姆·云科尔这样写道：

> 两千多年的历史是最好的见证：在欧洲建立一个统一的政治、经济联盟的尝试从来没有中断过，总是有人试图让欧洲变回到当初大一统的样子——在文化传统和文明生活方式的意义上。无论是哲学家还是诗人，都在为一个统一的欧洲大唱赞歌。①

在欧洲大陆建立统一货币体系的尝试最早可以追溯到古希腊时期。史书上这一类的例子比比皆是。不过，如果给货币联盟下一个比较严格的定义的话，那么有些事例可能就不适合用来作对比研究了。严格地说，一个货币联盟必须涉及两个或两个以上国家之间的协议，它至少要满足如下三个条件：

1. 必须存在某种单一货币；如果存在多种货币的话，那么这些货币必须以某个不变的固定汇率彼此联系起来。
2. 在联盟货币与可能存在的其他某种货币之间，必须只存在一个汇率。
3. 联盟中的所有国家都必须遵循同一个货币政策。②

---

① 云科尔，1996，第13页。
② 这里叙述的内容基于艾伦，1976。

按照这个定义,最早而且取得了成功的货币联盟很可能是存在于美国马萨诸塞州、新罕布什尔州、康涅狄格州以及罗得岛州之间的货币联盟。大约从 1650 年至 1750 年之间,这一货币联盟一直很好地维系了下来(虽然这些殖民地州还不能算做是真正意义上独立自主的国家)。① 另外,美国本身显然也是一个成功的例子。②

在欧洲,在建立货币联盟方面第一次取得重大成功的尝试发生在现在属于德国的那些王国的领土上③(类似的尝试也曾经在意大利和瑞士等国家和地区发生,但是德国的例子是最有代表性的④)。尽管在政治上实现统一的尝试从未中断过,但是到了 19 世纪初,德国联邦依然包括了 39 个独立的国家。这些国家中的每个小王国都有自己的货币。除普鲁士之外,所有这些国家都很小,在经济发展方面也非常落后。当时的政治和经济领导人都已经意识到,这种分裂状态阻碍了贸易和要素流动。第一步尝试是在德国联邦内创建一个海关联盟(Zollverein,关税同盟),以便消除各种贸易壁垒。几年后,即在 1838 年,德国联邦各成员国同意统一采用两种货币标准:第一种是"泰勒"(Thaler),主要用于北部各国家;第二种是旧版荷兰盾(Gulden),主要用于南部各国家。

10 年后,作为普鲁士王国中央银行的普鲁士银行(Preussische Bank)开始接管大多数联邦国家的货币政策。普鲁士在货币政策上的领导地位,再加上其国家规模和国力远胜于其他小王国,使得它具备了足够强大的执行力,能够保证其他小王国遵循统一的货币政

---

① 关于这个货币联盟的更多信息,请读者参见麦卡斯科,1978。
② 关于美国货币史,迄今为止最经典的参考文献依然是弗里德曼和施瓦茨,1963。
③ 下文中关于德国货币联盟的历史的叙述,大部分基于霍尔弗里克的论文"19 世纪德国货币的统一进程——对今天欧洲的启发和教益"(The Monetary Unification Process in Nineteenth - Century Germany: Relevance and Lessons for Europe Today),in de Cecco and Giovanni,1989。
④ 关于意大利与瑞士在建立货币联盟方面的历史经验,请读者参考 Theurl,1992,以及 Vanthoor,1996。

策并保持货币联盟的稳定。① 1871年，普鲁士在普法战争中战胜了法国。战争大胜后，奥托·凡·俾斯麦获得了巨大权力，得以推动德国在政治上的统一，强大的德意志帝国开始形成。② 4年后，普鲁士银行即转变成德意志帝国银行（Reichsbank），德国货币体系也随即转而采用金本位制。从1876年开始，德国全境都统一采用金本位制。第二次世界大战后，德意志帝国银行也浴火重生，成为德意志联邦银行 [Bundesbank，有时被亲切地称为"布巴"（Buba）]。到了20世纪60年代，德意志联邦银行已经成为在整个西欧占主导地位的中央银行。

在很大程度上，德国的货币统一先于政治上的统一。欧洲经济与货币联盟也试图走同样的道路。但是时至今日，在欧洲经济与货币联盟成立了十几年后，欧洲统一的政治联盟仍然难见端倪。21世纪初，综观整个欧洲，没有任何一个单一的国家拥有当年普鲁士王国那种睥睨群雄的超强国力，也没有任何一位政治领导人具备俾斯麦那样铁血无情的坚毅性格。要知道，到了19世纪，在俾斯麦的领导下，德国联邦已经在事实上结成了一个政治联盟。

"拉丁货币集市"

不过，德国在政治统一的过程中所实现的货币统一，并不完全符合我们在上文中给出的货币联盟的定义。严格意义上，货币联盟特指两个或两个以上的独立国家之间的协议。德国联邦各国之间原本就已经形成了关税同盟，而且拥有共同的文化和历史。德国是幸运的，民族主义情绪在适当的历史条件下高涨起来的时候，恰到好

---

① 1857年开始，普鲁士曾经试图将货币联盟扩展到奥地利，但是几年后放弃了这一努力，原因是"各参与国之间严重的政治紧张局势"（Vanthoor，1996，第31页）。

② 奥托·凡·俾斯麦是一个极具魅力的政治人物，他还是现代社会保障制度的发明者。关于他的生平事迹，请参考斯坦伯格，2011。

处地配合了俾斯麦的决心和意志。一个政治上统一的德国为货币统一铺平了道路。

与德国在历史上发生的情况不同的是，拉丁货币联盟（Latin Monetary Union，LMU）则是若干独立国家之间的一个货币联盟。1866年8月，以法国为首的拉丁货币联盟正式成立，创始成员国还包括比利时、意大利、瑞士3国。3年后，希腊也加入了拉丁货币联盟。拉丁货币联盟成立伊始，英国《经济学家》周刊的创始编辑、在历史上声名卓著的传奇人物沃尔特·白芝浩就发表评论说，"用不了多久，除了英国之外的所有欧洲国家都会采用同一种货币"。①

毫无疑问，白芝浩此言堪称远见卓识。但是不幸的是，他在发表这个宏论时所依据的具体事例本身却是失败的。拉丁货币联盟的前身是一个货币合作伙伴关系，它已经存在了数十年之久，以法国所使用的货币为模仿对象。1803年，拿破仑·波拿巴颁布了《铸币法》，在法国确立了双本位制，同时大量铸造金币和银币。作为法国主要贸易和金融合作伙伴的比利时、意大利和瑞士等国紧随其后，都采取了同样的做法。这些国家的中央银行都保证为流通中的硬币足额兑付黄金和白银。②

此后，事态的发展使双本位制承受了双重压力。首先，19世纪50年代初，黄金价格大幅下跌，黄金和白银的相对价格变得悬殊，带来了巨大压力，导致黄金和白银的流动不再稳定。其次，货币合作伙伴关系所涉及的各个国家开始铸造各种金属含量相差很大的硬币，它们这样做的主要原因当然是因为黄金和白银之间的价格差异。在这一背景下，成立拉丁货币联盟的主要目的是：建立统一的铸币标准，为更大的经济区的出现开辟道路，使金币和银币可以在经济区内实现自由流通。

不过，拉丁货币联盟所要承载的东西远远不止于一个更完善的

---

① 白芝浩上述言论转引自1998年4月9日的《经济学家》。
② 请参见佛兰德鲁·马克："拉丁货币联盟是一个法郎区吗？"，1995。

多国货币体制这么简单。1867年，法国政府组织了一次国际会议，旨在说服全世界所有经济大国接受双本位制。根据云科尔的考证，法国政府谋求"以拉丁货币联盟为核心，构建一个采用复本位制的国际货币体系……法国政府热切地鼓吹复本位制（和其他一些东西），希望自己的经济力量和政治力量扩张到国界之外"。① 然而，不幸的是，法国在普法战争中遭到了惨败，它在国际舞台上扩张势力的野心也受到了沉重打击。

事实上，拉丁货币联盟中的各成员国从来没有成功地确立过一个共同的货币本位制，这是它的致命缺陷，并最终导致了它的垮台，同时每个成员国都有自己的中央银行。在这种情况下，规定各成员国中央银行有义务按面值、无上限地接受其他成员国的硬币，只能导致经常性的、非常不稳定的资本流动。另一个问题是，"各成员国的政策相互间衔接得不够紧密，而这就导致了如下结果：最严格地遵守规则的那个国家将不可避免地受到来自其他采取扩张性支出政策的成员国的投机性资本的洪流的冲击"。② 在第一次世界大战期间，拉丁货币联盟各成员国各自所实施的支出政策的分歧更加突出，一些成员国选择了大规模的货币创造政策来为支出融资，于是货币贬值也就不可避免了。虽然拉丁货币联盟是在1927年才正式宣告结束的，但是在第一次世界大战期间，实质上它就已经失败了。

斯堪的纳维亚国家的失败尝试

斯堪的纳维亚货币联盟（Scandinavian Monetary Union，SMU）的失败路径与拉丁货币联盟类似。③ 1872年，瑞典和丹麦正式组成

---

① 云科尔，1996，第32页。
② 云科尔，1996，第37页。
③ 下文中关于斯堪的纳维亚货币联盟的讨论，大部分基于亨里克森、英格丽、卡亚加特和尼尔斯的论文："1875—1914年的斯堪的纳维亚货币联盟"，1995。

货币联盟,随后挪威于1875年加入,斯堪的纳维亚货币联盟正式形成。这些国家相互之间原本就已经存在着密切的关系,它们的最终目的是要形成一个政治和经济联盟,而稳定的货币关系则是先决条件。① 一个有利的条件是,这3个国家都已经采用了银本位制,而且相互接受对方的硬币和纸币,这就可以大大简化货币一体化过程。当时,新成立的德国选择了金本位制,许多人都担心,德国的政策会导致白银价值的大幅下降。

斯堪的纳维亚货币联盟规定瑞典克朗、丹麦克朗和挪威克朗相互兑换时,要采用固定汇率,锚定于一定数量的黄金。这也就放弃了银本位制。由于放弃了银本位制,斯堪的纳维亚货币联盟也就避免了困扰拉丁货币联盟的复本位制所带来的一系列问题。

在遵循所达成的协议方面,斯堪的纳维亚半岛各国都表现得相当好。3个国家的中央银行在货币政策方面都开展了有效的合作,使得斯堪的纳维亚货币联盟在成立之后的头30年内运行良好。到了19世纪末,每个国家的银行都按面值接受其他成员国的纸币,斯堪的纳维亚货币联盟也因此被认为已经趋于稳定。

然而,到了1905年,真正的问题开始浮现出来。这一年,挪威要求完全脱离瑞典,实现政治独立;同时由于丹麦的政策更严格,这就导致斯堪的纳维亚货币联盟的其他两个成员国(瑞典和挪威)的资本大量流入丹麦。最终,第一次世界大战给了斯堪的纳维亚货币联盟致命一击。出于战时环境的压力,斯堪的纳维亚货币联盟的各成员国都逐渐发布了一整套只适用于本国的货币政策和预算政策。

到了1915年年底,瑞典终于终止了自己与丹麦和挪威之间的伙伴协议。大量黄金流入斯堪的纳维亚半岛各国,加速了货币联盟的解体。1924年,斯堪的纳维亚货币联盟各成员国达成一致意见,同意任何一个成员国的硬币在其他成员国都不再自动成为法定货币,斯堪的纳维亚货币联盟的命运也就基本上结束了(6年后,瑞典、挪威和丹麦三

---

① 请参见莱斯特,1939。

国放弃了金本位制，斯堪的纳维亚货币联盟正式解体）。

斯堪的纳维亚货币联盟的最终解体，给现今的欧洲货币联盟留下了非常重要的教训。斯堪的纳维亚半岛各国在开始创建一个全面的货币联盟时，它们在政治上、经济上、文化上以及货币上都已经实现了一体化。虽然它们是从一个相当不错的"统一战线"下开始推进货币联盟的，但是各国的政治决策机构依然是独立的，它们制定出来的许多货币政策和预算政策，事后证明都是与货币联盟的要求不相符的。与拉丁货币联盟非常相似，斯堪的纳维亚货币联盟之所以解体，最主要的原因在于：缺乏订立具有约束力和强制执行效力的协议，也没有建立协调各国货币政策和经济政策的统一机制。斯堪的纳维亚货币联盟和拉丁货币联盟的解体反过来又进一步证明，如果不能与政治联盟齐头并进，是无法建立一个持久的货币联盟的。

云科尔指出，在各个政治上独立的主权国家之间，"要建立一个可持续的、不会逆转的货币联盟，唯一可行的方法是把它嵌入在一个政治联盟当中。在这样一个政治联盟当中，各成员国在货币领域之外的其他权力也必须转移到某个超国家机构上……（只有那样，）政策调整的意愿才可能是有限的；或者根本不会存在该种意愿，因为没有任何政治结构去执行这样的意愿"。①

到了20世纪90年代初，时任瑞士国家银行行长的马库斯·鲁泽尔也提出了类似的观点：

> 如果各成员国之间建立了某种金融补偿制度（Finanzausgleich）的话，那么历史上那些解体了的货币联盟或许原本是可以存活下来的。然而，这样一种补偿制度要求各成员国在政治上高度统一，而这只能在一个政治联盟的框架内才能实现。②

---

① 云科尔，1996，第132、133页。
② 请参见鲁泽尔1992年12月5日发表在德国报纸《世界报》上的文章："货币联盟需要更多的稳定性"。

基于同样的假设,经济史学家迈克尔·波尔多也指出:

> 在美国、加拿大、德国等国家内的各州之间的货币联盟的成功,与斯堪的纳维亚货币联盟和拉丁货币联盟的解体形成了鲜明的对比。出现这一结果的关键因素是政治意愿和更大范围的经济一体化的力量。在一国各州组成联盟的情况下,货币一体化进程本身只是创造一个民族国家的这一更加宏大的历史过程的不可分割的一部分。①

在1914年爆发第一次世界大战和1945年爆发第二次世界大战期间,欧洲的货币一体化进程停滞了。这两次毁灭性的战争的主要战事都发生在欧洲。两次世界大战期间,欧洲的政治经济形势也不稳定,其间还出现了大萧条。而且,就在同一时期,希特勒在德国崛起并完全掌握了政权,进而制造了史无前例的人类大灾难。第二次世界大战结束后,欧洲各国领导人下定决心,一定要防止同类事件的再次发生。

路复伊始,罗马何在?

要防止在欧洲大地上再次发生类似于两次世界大战那样的灾难,欧洲大陆的政治领导人就必须结束德国和法国两强对欧洲霸权的争夺。英国前首相温斯顿·丘吉尔在1946年9月宣称,要防止新的大战,"某种形式的欧洲国家联盟"是绝对必要的。②

美国也乐意推进西欧各个国家之间的团结,因为这样就可以抗衡斯大林对欧洲东部的控制。例如,德国分裂为两个国家——西德

---

① 波尔多,2004,第163页。
② 丘吉尔上述言论转引自云科尔,1996,第62页。不过人们往往没有注意到丘吉尔并没有把英国看做是欧洲这些"联盟国家"中的一员。对于丘吉尔来说,这个问题只与欧洲大陆各国有关。

和东德,西德处在美国的影响之下,而东德则成了前苏联的卫星国。在美国的冷战思维主导下,迅速出现了如下一种情况:"盟国起初还犹豫是不是要以及在哪里重建西德工业体系,但很快就被更加务实的复兴计划所取代了。"①

美国启动了欧洲复兴计划,即广为人知的"马歇尔计划"。② 该计划明确要求欧洲各国就如何使用美国援助的资金进行密切协商。③ 这直接导致了欧洲经济合作组织(Organization for European Econmic Co-operation, OEEC)的创建。④ 1950 年,欧洲经济合作组织推动了欧洲支付联盟(European Payments Union, EPU)的成立,它被用来促进欧洲内部的贸易和支付活动,其目的是恢复欧洲各国货币的流动性。

在有心人的游说下,当时担任法国规划局(Commissariat du Plan)局长的让·莫内相信必须对法国和德国的重工业实施某种必要的国际控制,这样才能保证两国未来不会再发生武装冲突。1951 年,莫内的观点成了法国官方政策,并最终以欧洲煤钢共同体(European Coal And Steel Community ECSC)的形式体现出来。欧洲煤钢共同体创建了一个共同市场,使西德、法国、意大利、荷兰、比利时和卢森堡等国可以自由交换煤炭和钢铁。时任法国外交部长的罗伯特·舒曼相信,应该把欧洲煤钢共同体看做是迈向一个更完整的欧洲联盟的第一步。这一企图在当时并不是秘密。然而,加快欧洲一体化的尝试并没有取得成功。一个例子是,欧洲防务委员会的筹建活动在 1954 年以失败而告终。

1956 年,苏伊士运河危机爆发,这极大地凸显了建立更广泛的

---

① 马什,2009,第 32 页。
② 该计划以其倡议者、美国国务卿乔治·马歇尔的名字命名。
③ 请参见密尔沃德,1984。
④ 在 20 世纪 60 年代,欧洲经济合作组织(OEEC)转型,并更名为经济合作与发展组织(OECD)。这一组织今天仍然存在,成了一个面向发达国家的提供经济建议和政策指导的智库。

欧洲联盟的紧迫性——如果想继续在世界舞台上充当主要参与者的角色，欧洲就必须以一个声音发言。在整个危机期间，欧洲各国别无选择，只能听从美国的指示。在美国迫使英国和法国放弃它们对苏伊士运河区的攻击之后不久，联邦德国第一任总理康拉德·阿登纳就对当时的法国外交部部长克里斯汀·皮诺说了这样一番话："法国和英国将永远不可能再成为与美国和苏联平起平坐的强大国家，德国也一样。要在世界上发挥决定性的作用，欧洲只有一个选择——团结为一个整体。"[1]

到了20世纪50年代中期，西欧各国领导人都意识到，要先在经济领域建立一个统一的市场，这是通往政治联盟的最佳路径。其中部分领导人已经有了非常明确的想法。1950年，长期担任法国总统查尔斯·戴高乐顾问一职的法国经济学家雅克·吕埃夫宣称，"要实现欧洲的统一大业，只能通过货币的统一，否则就会一事无成"。[2] 在1955年6月召开的墨西哥会议上通过的《斯巴克报告》充分反映了吕埃夫的观点。[3]《斯巴克报告》呼吁，为了推进欧洲统一大业，欧洲各国必须建立更紧密的经济合作关系，并创建一个共同市场。

1957年3月25日，欧洲煤钢共同体6个成员国的政治领导人在罗马举行会谈，决定建立欧洲原子能共同体（European Atomic Energy Community，Euratom）和欧洲经济共同体（European Economic Community，EEC）。此后不久，欧洲委员会（European Commission）

---

[1] 阿登纳上述言论转引自基辛格，1994，第547页。
[2] 吕埃夫上述言论转引自马歇尔，1999，第169页。吕埃夫是一位令人着迷的历史人物，关于他的生平与事迹，请参见 Chivvis，2010。半个多世纪之后，欧洲中央银行首届执行委员会委员、来自德国的奥特马·伊辛（人们公认伊辛是欧洲中央银行成立后最初几年的政策的主要制定者之一）对吕埃夫的话进行了如下的重新表述："欧洲只能建立在稳定的货币之上，否则就会一事无成。"请参见伊辛，2002，第40页。
[3]《斯巴克报告》是以该委员会主席、比利时外交部部长保罗-亨利·斯巴克的名字命名的。

也宣告成立，它负责执行欧洲经济共同体的日常事务。欧洲经济共同体的目标并不仅限于全面整合其6个创始成员国（西德、法国、意大利、荷兰、比利时和卢森堡）的经济活动，它还致力于消除阻碍贸易的关税壁垒，促进货物、服务、人员和资本的自由流动。虽然其活动集中在经济一体化方面，但是毫无疑问，欧洲经济共同体有更远大的目标，用欧洲研究中心教授戴维·库姆斯的话来说，那就是，"很显然，《罗马条约》……最终将导致政治上的联盟"。①

在《罗马条约》通过后不久，欧洲货币委员会（European Monetary Committee）于1958年3月成立。该委员会的主要任务是协调欧洲经济共同体各成员国的货币政策，其成员包括各成员国的财政部部长和中央银行行长。1964年，出于类似的目标，中央银行行长委员会（Committee of Central Bank Governors）也宣告成立。

1962年，欧洲经济共同体开始实施共同农业政策（Common Agricultural Policy, CAP）计划。这个计划涉及一系列极其复杂的对农业进行价格补贴的政策，其主要受益者则是法国农场主。到了1960年代中期，当货币价值的剧烈波动危及共同农业政策的继续实施时，来自法国的欧洲委员会委员罗伯特·马若兰，强烈建议在欧洲经济共同体内部消除货币波动。鉴于法国农民尤其能够从共同的农业政策中受益，他的这种主张并不令人意外。1965年，马若兰宣称，建立货币联盟是"一个无可避免的义务"。②

魏尔纳计划

1969年，欧洲委员会发布了一份备忘录，敦促强化欧洲各国经济和货币领域的协调工作。该备忘录被称为巴雷计划，是以当时担任欧洲委员会副主席、后来成了法国总理的雷蒙德·巴雷的名字命

---

① 库姆斯，1970，第54页。
② 马若兰上述言论转引自萨斯，1999，第8页。

名的。这并不是巧合,在该备忘录的背后,主要的推动力来自一群法国技术专家。因为在这个时候,法国人已经越来越清楚地意识到,要对法国边境以东的各经济强国施加影响,唯有通过这种方式。

对于巴雷计划,获得了荷兰支持的德国的反应则有些谨慎。德国有所迟疑的主要原因是,该计划要求各成员国在经济政策上相互衔接起来,而德国政府却并不愿意在经济政策上做出过多的妥协。在那些年里,德国的经济发展确实优于包括法国在内的其他欧洲共同体国家。德国采取保守的财政政策和货币政策,就业水平很高,通货膨胀率很低,而且一直保持稳定,同时国民个人收入水平也较高。但是,其他欧洲国家的政府一般都比较"左"倾,它们不喜欢偏于保守的德国政策。

不过,德国政府官员虽然冷藏了巴雷计划,但是这并不影响他们建立一个货币联盟的热情和兴趣,因为他们正在为所谓的"美元问题"而苦恼。在1960年代末,国际货币的紧张局势迅速升级,同时美国的通货膨胀政策也破坏了美元的稳定,而美元原本是第二次世界大战后整个国际货币体系的锚。[1] 为了使德国免受美国的通货膨胀政策的危害,当时在德意志联邦银行(即西德的中央银行)负责国际货币事务的奥特马尔·埃明格尔要求德国马克升值(埃明格尔后来成了德意志联邦银行行长)。[2] 德意志联邦银行和阿登纳政府就这一提议进行了激烈的辩论,因为后者担心紧缩性货币政策对经济增长和就业形势的影响。最终,德国马克和荷兰盾在1961年升值了5%。

1969年12月,欧洲经济共同体首脑会议在海牙召开,会议达成了协议,决定成立一个由卢森堡首相皮埃尔·魏尔纳担任主席的委

---

[1] 法国在戴高乐领导下大肆攻击美国人凭借布雷顿森林体系所享受到的"过分的特权"。这种"过分的特权"的基本特征是,从根本上说,美国人可以随心所欲地印制无限多的美钞来弥补赤字。对于这种"过分的特权"的最新论述,请参阅埃森格林,2011。
[2] 请参阅埃明格尔,1977、1986。

员会，由这个委员会制定了一个逐步实现欧洲经济与货币联盟的计划。

1970年10月，魏尔纳计划正式公开面世。曾经就欧洲货币一体化问题撰写过多本相关著作的戴维·马什评论道，这个计划"晦涩难懂，充斥着模棱两可的语言，夹杂着半心半意的妥协"。① 的确，该计划确实是将许多不同观念拼凑起来的结果，因为就如何创建一个货币联盟，有关各方的差异非常大，而且这些差异尚未得到调和。由德国和荷兰阐述的"北方愿景"，与由法国和意大利阐述的"南方愿景"，存在着根本性的反差。

魏尔纳计划提出一个时间表，要求在十年内分三个阶段建立欧洲经济与货币联盟。② 在第一个阶段，限制汇率波动的强度、强化各成员国之间货币政策和财政政策的协调。在第二个阶段，汇率波动和各成员国之间价格走势的差异将进一步缩小。在第三个阶段，即最后一个阶段，汇率将永久性地固定下来，并建立一个管辖权力遍及整个经济共同体的中央银行系统。围绕着魏尔纳的计划，各国之间进行了激烈的争辩，这些争辩划出了一条清晰的界线：一边是德国人，他们一直得到荷兰人的支持；另一边是法国人，通常可以得到意大利人和比利时人的支持。

对于德国来说，很重要的一个问题是，德国马克已经成了一种象征，它标志着德国已经从第二次世界大战的废墟中恢复了繁荣，并重新赢得了国家尊严。1985年，德国总理赫尔穆特·科尔说："德国马克是我们的旗帜，它是我们战后重建活动的根基，是我们的民族自豪感的重要组成部分。除了德国马克，我们并没有太多其他东西。"③

即便是法国政界人士，也能够理解德国人为什么不愿放弃德国

---

① 请参阅马什，2009，第54页。
② 魏尔纳计划，1970。
③ 科尔上述言论转引自吉古，2000，第73页。

马克。1987年，法国总统密特朗承认，"德国马克是德国国力的集中体现。这是一个根本性的深层次问题，远远超越了银行家的思维能力，甚至超越了一般政治"。①

德国政治家的基本立场是，要创建一个成功的货币联盟，必须创建一个政治联盟。他们仍然坚持由德意志联邦银行行长卡尔·布勒森于1960年代初提出的观点：货币联盟要求各成员国拥有"一个共同的贸易政策、一个共同的财政政策和预算政策、一个共同的经济政策、一个共同的社会和工资政策，总而言之，全方位的共同政策"。②说到底，如果没有一个全面的政治联盟，如此高度一致的政策协调是很难想象的。

在长达10年之久的争论中，德国一直坚持要建立货币联盟必须先有一个政治联盟的立场。此外，德国政治家、中央银行行长和经济学家，往往会给人一种印象，那就是，他们之所以在这个问题上坚持政治联盟优先，恰恰是因为政治联盟是根本无法实现的，因此，这种立场其实是一个用来阻止货币联盟建立的取巧的方法。

同时，德国也十分重视中央银行应该独立于政府、不受政治影响这种观念。20世纪20年代和30年代，德国曾经出现过经济崩溃和货币混乱的状况，为了防止乱象再次出现，1957年出台的《德意志联邦银行法》明确规定，中央银行必须独立于政府。德国人坚持认为，欧洲中央银行也应该保持同样的独立性。

作为另外一方的法国则不愿意看到把一系列原属于一国政府层面的制定政策的权力转移到欧洲层面的前景。法国人认为，中央银行最终必须处于政府的监督之下。法国政治家们特别关注魏尔纳计划的第一阶段，他们坚持不懈地强调，逆差国和顺差国都有同样的责任保证彼此顺利衔接。如果同意这种观点，那就意味着，德国（德国与荷兰都是传统上的顺差国）不能对法国和意大利施加政策影

---

① 密特朗上述言论转引自马什，2009，第115页。
② 布勒森上述言论转引自马什，2009，第40页。

响（后者是传统的赤字国）。时至今日，魏尔纳计划提出已经超过40年了，但德国和法国之间的上述分歧依然存在。

隧道中的蛇形浮动

1971年3月，欧洲经济共同体最重要的决策机构部长理事会（Council of Ministers）决定采纳一个"打了折扣的"魏尔纳计划。部长理事会由欧洲经济共同体6个成员国的国家元首和政府领导人组成。从一开始，由于国际货币形势动荡复杂，魏尔纳计划提出的缩小欧洲经济共同体6个成员国之间汇率波动空间的目标就被复杂化了。①

这种动乱局势导致了1971年5月部长理事会决定让德国马克的汇率在货币市场浮动，其顶点最终出现在1971年8月尼克松政府停止美元自由兑换黄金的那一刻。这个决策立即造成了美元的大幅贬值。1972年3月，欧洲经济共同体各成员国的货币的汇率的波动幅度已经收窄至2.25%。各方终于达成了协议，接受这种被称为"隧道中的蛇形浮动"（snake in the tunnel）的汇率体系。② 1973年1月1日，丹麦、爱尔兰和英国也接受了这种蛇形浮动体系，成为欧洲经济共同体的新成员，使其成员国总数增加到了9个。③

---

① 事实上，6个成员国只有5种货币，因为比利时和卢森堡都使用同一种法郎。
② 这种局势与如下事实相关：在当时达成国际协议时，预测各成员国的货币对美元的汇率的波动幅度在4.5%之内。而使问题变得更复杂的是，"在蛇形浮动的隧道中还存在着某种虫状蠕动"，即比、荷、卢经济联盟各国（比利时、荷兰、卢森堡）把货币汇率波幅限定在1.5%之内。
③ 在此之后，欧洲经济共同体（以及日后的欧洲联盟）的成员国在四分之一个世纪内扩展到了27个。1981年希腊加入；1986年，西班牙和葡萄牙加入；1995年奥地利、芬兰和瑞典加入；2004年，塞浦路斯、捷克共和国、爱沙尼亚、匈牙利、拉脱维亚、立陶宛、马耳他、波兰、斯洛伐克和斯洛文尼亚加入；2007年，保加利亚和罗马尼亚加入。至于人们常说的"欧盟15国"，则是指1995年之前已经加入欧盟的15个国家。

然而，几乎在同时，当美国让美元对这些最重要的货币也自由浮动时，欧洲的"蛇"就被从隧道中引出来了。有几种欧洲货币脱离了蛇形浮动机制，不过也有几种恢复了蛇形浮动机制。总体而言，正如云科尔所总结的，"魏尔纳计划有如石沉大海，它的目标一个都没有实现"。[1] 经济政策和货币政策的协调不力是这个计划失败的主要原因。

由欧洲委员会设立并由罗伯特·马若兰担任主席的一个工作小组则提出了更加严厉的批评，"现在，欧洲离建立一个经济和货币联盟的距离并没有比1969年时更接近。事实上，如果一定要说已经采取了什么行动的话，那么我们反而在后退：过去25年来，各国的经济政策和货币政策从来没有像今天这样不一致和差异丛生过"。[2]

魏尔纳计划的失败是深层次的根本问题所导致的一个表象。这个根本性的问题是，几乎没有人为欧洲的最佳利益着想过（或行动过），大多数领导人都只想利用这个计划为自己的国家谋取利益，尤其是法国和德国，这两个大国依然都只专注于自己的利益。直到今天，人类进入21世纪已经超过10年了，这些国家内部的民族主义情绪仍然很难加以克服。

蛇形浮动机制继续蹒跚前行，许多国家的货币汇率都曾经偏离过隧道，然后过了一段时间后又返回来（比如说法国的法郎就如此这般地重复了许多次）；也有一些国家的货币经历了先贬值再升值的过程。1973—1974年发生的第一次石油危机，使情况变得更加混乱。德国遵循了更传统的政策，试图遏制通货膨胀、削减过高的预算赤字，但是大多数欧洲经济共同体国家却都争相通过增加政府支出、扩大赤字规模来抗衡经济衰退。欧洲并没有出现一个货币联盟，恰恰相反，欧洲各国在事实上结成了德国马克集团。对于这种情形，戴维·马什评论道，"显然，德意志联邦银行的浮动汇率政策取得了

---

[1] 云科尔，1996，第81页。
[2] 马若兰研究小组，1975，第6页。

胜利,欧洲共同体则群龙无首,失去了方向"。①

欧洲货币体系

1978年春天,两位前财政部部长——德国总理赫尔穆特·施密特和法国总统吉斯卡尔·德斯坦一致认为,必须采取一些行动来促使货币体系重新恢复正常。法国人一如既往地想方设法削弱德国的主导地位。对于这一点,吉斯卡尔·德斯坦总统说得非常清楚,"我希望由法国来确保在欧洲至少有两个旗鼓相当的国家,它们的影响力不相上下,那就是德国和法国……我们需要把整个欧洲都组织起来,这样才能避免被德国支配"。② 另一方面,德国则越来越关注美元资本外逃的情况。德国马克面临着巨大的升值压力,这给德国的出口导向型经济增长模式造成了非常大的困难,同时也使得德国基于国内需求的独立货币政策变得更加难以实施。③ 施密特总理还担心,如果德国在欧洲货币和经济领域都占支配地位的话,那么可能会在政治上带来不利影响。④

施密特总理和德斯坦总统提供了足够强大的政治驱动力,不过,具体的工作是主要由3位技术官员完成的,他们是:施密特总理的最亲密的顾问霍斯特·舒尔曼,吉斯卡尔本人的红颜知己、法兰西银行行长伯纳德·克莱比娅,比利时人雅克·斯特里乌,后者曾在1978—1979年间担任金融委员会主席,并致力于推动法国和德国互相妥协。⑤ 在1977—1981年间担任过欧洲委员会主席的英国人罗伊·詹金斯,曾经描述过舒尔曼和克莱比娅为自己能得到施密特和

---

① 马什,2009,第65页。
② 吉斯卡尔·德斯坦上述言论转引自马什,2009,第69页。
③ 请参阅埃明格尔,1977,1986。
④ 请参阅施密特为1993年8月6日的德国《时代周报》撰写的文章。
⑤ 关于雅克·斯特里乌,请参阅冯·奥弗特韦尔德,2003,特别是第2章的脚注㉔。

吉斯卡尔无条件的信任而兴高采烈的样子，还说他们越过所有其他人，自行决定一切事务。①

1979年1月1日，欧洲货币体系（European Monetary System, EMS）正式启动，其核心是一个汇率机制（Exchange Rate Mechanism, ERM）。根据这个机制，任意两个成员国之间的货币平价都将固定下来，汇率上下波动的范围则被限定在平价的±2.25%之内（一个例外是，由于意大利存在着高通胀率，意大利里拉的波动范围为平价的±6%）。英国也加入了欧洲货币体系，但是英镑没有加入汇率机制。在欧洲货币体系内，还创建了欧洲货币单位（European Currency Unit, ECU）。欧洲货币单位是一个计价尺度，它是一个人造的货币单位，其根据是欧洲货币体系内各货币的价值。每个国家的货币在欧洲货币单位中的权重，根据该国经济的总量在欧洲货币体系内所占的比重来确定。

为了压制德国的支配地位，法国试图确立欧洲货币单位在欧洲货币体系内的核心地位。但是，德国人巧妙地抵制了法国人的图谋。曾经担任过德意志联邦银行副行长的卡尔·奥托·波尔回忆起这段往事时，难掩其得意之情，他说："德意志联邦银行成功地使最强大的货币成了欧洲货币体系的标尺，从而扭转了整个体系的方向。"② 德国的支配地位也得到了后来担任意大利财政部部长和中央银行行长的意大利经济学家托马索·派多亚-夏欧帕的明确认可："从20世纪70年代初一直到90年代后期，德国马克取代了美元，成了欧洲各国货币的锚。"③

为了建立欧洲货币体系，谈判过程漫长而痛苦。一个焦点问题是，由谁去支持较弱的那些货币。正如人们所预料的，法国认为，应该让顺差国家去支持较弱的货币，德国人当然不同意。这时候，

---

① 詹金斯，1991，第481页。
② 波尔上述言论转引自马什，1992，第233页。
③ 马索·派多亚-夏欧帕上述言论转引自马什，2009，第11页。

雅克·斯特里乌设计的所谓的比利时式的妥协机制登场了——采用某个离散性指标来划定各国的责任。但是，这个机制从来没有真正奏效过。德国马克和德意志联邦银行的主导地位意味着，如果一种或多种货币受到了压力，那么德意志联邦银行就可以简单地决定是不是进行干预。

在接下来的几年内，由于1979—1980年的第二次石油危机的爆发导致了严重的经济衰退，同时法国又开始进行社会主义试验，因此欧洲货币体系处于持续的动荡当中。法国新当选总统密特朗试图证明，这个世界上还存在着某种可以替代自由市场的制度——当时美国总统罗纳德·里根、英国首相玛格丽特·撒切尔夫人都在各自的国内推行自由市场政策。密特朗推出了一系列新经济政策，这些政策的着眼点是激进的国有化和大规模的财政刺激（后者的本质是通过更高的政府支出刺激经济）。很快地，这些政策就导致了更严重的通货膨胀、失业率的上升、不断激化的社会矛盾、频繁发生的罢工，以及持续增加的巨额贸易赤字和预算赤字，从而给欧洲货币体系内的法国法郎带来了越来越大的压力。在此期间，法国法郎数度贬值——有几次是单独贬值的，有几次是与意大利里拉和比利时法郎一起贬值。

其结果是，面对德国人强硬的货币政策，法国人的心情沮丧到了极点。到了1983年初，法国甚至准备脱离该汇率机制。幸运的是，法国财政部部长雅克·德洛尔最终说服了密特朗总统和法国政府的其他领导人，使他们相信法国的经济政策和货币政策需要从根本上重新进行设计。接着，德洛尔开始沿着正统的德国思路重新构建法国的经济政策和货币政策。1987年上半年，法国法郎再一次贬值，不过这已经是最后一次贬值了。维持强势法郎并在外汇交易市场上将它与德国马克紧密地联系起来，成了法国经济政策和货币政策的一个基石。[1] 1986年3月，在法国议会选举中，社会主义者被

---

[1] 关于这一策略，读者可参阅吉亚瓦兹和吉拉尼尼，1989。

戴高乐主义者和保守派组成的联合阵营击败,这一选举结果对法国的经济政策和货币政策的演化起到了关键性的催化作用。密特朗总统不得不做出妥协,从其坚守的社会主义原则开始后退。

法国法郎最后一次贬值之后,欧洲货币体系迎来了一个难得的平静时期。各成员国在通货膨胀率上面的差异大幅度缩小,这样一来,各国相互之间的货币平价的调整就显得不那么紧迫了。且此后不久,各国达成了一个所谓的巴塞尔-尼堡共识(Basel-Nyborg consensus),这也是一个稳定的因素。

1987年9月,欧洲货币体系各成员国的中央银行行长在瑞士巴塞尔举行了会谈。巴塞尔是"中央银行的银行"——国际清算银行的总部所在地。中央银行行长们一致同意,欧洲货币体系的汇率必须保持固定不变,同时各国的货币政策都要根据这个目标来进行调整。用经济学家们熟悉的术语来说,这也就意味着,外部均衡(固定汇率)比内部均衡(经济增长和就业)更加重要。该协议还规定了汇率面对市场压力时的干预措施。几天之后,欧洲货币体系各成员国的财政部部长们在丹麦尼堡举行了另一次会议,上述原则得到了进一步重申。这一新共识对金融市场产生了深远影响,而且随着时间的推移,市场还将会对各国在欧洲货币领域展现出来的政治决心"留下更加深刻的印象"。

前进!雅克!

在这一时期,整个欧洲处于一个剧烈而快速的转型过程当中。1985年,德洛尔被任命为欧洲委员会主席,他上任后即着手修改原来的欧洲经济共同体条约。不过,德国、荷兰和英国等国给他的努力设置了一些障碍。此外,德洛尔还试图改革欧洲货币体系。

然而,德洛尔终究取得了成功。1987年7月1日,德洛尔推动达成的一项一揽子协议——《单一欧洲法案》(Single European Act)正式生效。该法案规定,1992年之前,欧洲经济共同体内必须实现服务和资本的完全自由流动。受到这一成功的鼓舞,乐观的德洛尔开始着手推进货币一体化。① 这一次,背后的动力依然是法国试图撼动德国在货币领域的主导地位。

1988年6月举行的欧洲理事会首脑会议决定成立一个专家委员会,以此来管理经济和货币联盟的日常事务(该专家委员会由德洛尔掌舵)。欧洲理事会要求该专家委员会在下一次首脑会议之前提出具体建议。法国的最终目的是将德意志联邦银行的决策权瓜分掉,由所有欧洲国家的中央银行分享。

当然,这种提议遭到了德意志联邦银行的强烈反对。但是,出于政治原因,德国外交部部长汉斯-迪特里希·根舍实际上并没有真正采取措施去抵制法国的图谋。在那个时候,根舍已经感觉到,中欧和东欧即将发生翻天覆地的变化。② 根舍认为,如果德国想要重新在该地区发挥其在历史上曾经发挥过的作用,同时又不至于太过明显地触动战争埋在人们心中的阴影,那么德国就必须向西欧各合作伙伴国表明足够的善意,尤其是法国和英国。根舍对东欧共产主义国家的未来走向的预感很快就被历史证明是无比正确的。

1989年4月,德洛尔提交了关于如何实现欧洲经济与货币联盟的报告。③ 德洛尔报告的核心观点是,应该把欧洲经济与货币联盟视为"《单一欧洲法案》的自然结果,这一结果甚至可以说是不可避免的"。④ 然而,欧洲经济与货币联盟要发挥作用,其理论前提在很大程度上是建立在一个不可能成立的"三位一体"上面的,它所依据的原则实际上是一个三难选择(Trilemma principle)。⑤ 货币理论和历史经验都表明,在固定汇率、资本流动和自主的货币政策这

---

① 韦普洛兹,2006,第210页。
② 根舍,1995。
③ 经济与货币联盟研究会报告,1989。
④ 韦普洛兹,2006,第212页。
⑤ 读者如果想了解更多关于"三难困境"的信息,请参阅奥波斯特菲尔德、香博和泰勒,2005。

三个基本目标当中,最多只有两个目标可以同时实现。一个国家如果要执行独立的货币政策,就不得不放弃资本自由流动或固定汇率,只有在汇率是灵活有弹性的条件下,独立的货币政策和资本完全流动的这一组合才是可能实现的。① 如果想同时实现固定汇率和资本自由流动(这两者是任何一个货币联盟都应该具备的基本特征),那就必须放弃自主的货币政策。

与魏尔纳计划类似,德洛尔报告设定了一个时间表:分三个阶段、花费十年时间建成欧洲经济与货币联盟。它们之间的主要区别是:魏尔纳计划在国家预算能力方面走得更远,它要求达到欧洲经济共同体的水平;德洛尔计划的最终目的是确立固定汇率制度,并在欧洲经济与货币联盟内实行单一货币政策,由欧洲中央银行系统(European System of Central Banks,ESCB)来执行。当然,用单一欧洲货币来取代各国货币也是其中的一个选择。

总而言之,正如戴维·马什所总结的,"德洛尔报告就像一个巨大的拼图,其中有许多重要组成部分都失散不见了。到哪里才能找到它们?德洛尔报告几乎没有给出任何线索;什么时候才能找到它们?德洛尔报告也只给出了一个含糊的时间表"。② 甚至连身为德洛尔委员会成员之一的波尔也形容该报告"令人迷惑不解"。③ 在政治上达成妥协的需要被摆在了最重要的位置上,结果就造成了许多经济上的不一致,甚至货币联盟的整个构架本身都是完全错误的。在欧洲经济与货币联盟的诞生过程中,这其实是一个反复出现的主题。

密特朗手辣无情

在 12 个欧共体成员国中,英国对德洛尔计划的反对是最强烈

---

① 对于保持汇率弹性的重要性,最有说服力的论述来弗里德曼,1950。
② 马什,2009,第 120 页。
③ 波尔上述言论转引自马什,2009,第 123 页。

的。由于法国总统密特朗施展了巧妙的地缘政治战略,德国反对德洛尔计划的声浪反而明显要低很多。德国外交部部长根舍发出了微妙的政治信号,摆出了愿意在政治上与法国"礼尚往来"的姿态,这一切都没有逃脱老谋深算的法国总统的法眼。密特朗在几乎十年前就已经意识到柏林墙的倒塌、东西德重新统一是不可避免的。

作为参加过第二次世界大战的老兵,密特朗总统其实并不愿意看到一个统一的德国重新崛起,但他更清楚的是,无论如何,自己都无法阻止这件事情的发生。因此,这位法国总统审时度势,决心尽可能利用这个事件来为本国争取利益。虽然密特朗对具体的货币政策和经济事务没有什么兴趣,但是他确实看到了一个实施重大战略交易的历史性机遇,而且在看准了之后,他就开始采用一贯的无情手段来实现。[1]

对于历史上的这一幕,闻名遐迩的德国经济学家汉斯-魏尔纳·辛恩是这样评论的:"当科尔总理和密特朗总统在1990年初宣布将在荷兰马斯特里赫特市举行高峰会谈时,密特朗总统口口声声地承诺支持德国的统一。这是一个令人惊讶的步骤,因为在1989年年末,密特朗总统还在尽其所能地阻止德国统一。他曾试图努力稳定东德政权,并设法说服米哈伊尔·戈尔巴乔夫反对两德统一,不过他们没能取得成功。为了收买法国,让它同意两德统一,德国不得不牺牲德国马克。这是一个公开的秘密。"[2] 曾经在1988—1991年期间担任法国总理的米歇尔·罗卡尔的说法则显得有几分隐晦:"德国重新统一与欧洲经济与货币联盟的建立,这两者之间维持着某种微妙的平衡……密特朗总统不得不接受两德统一的时间比他自己所预想的提前很多这一事实;同样地,科尔总理也不得不接受欧洲经济与货币联盟的成立比他预期的更快这一事实。"[3]

---

[1] 关于密特朗个性当中的这一面,马什也给出了一个例子,请参阅马什,2009,第103、107页。

[2] 辛恩,1996,第1页。

[3] 罗卡尔上述言论转引自马什,2009,第137页。

撒切尔夫人、密特朗和科尔在各自的回忆录中披露的内情为新恩的看法和罗卡尔所称的"平衡术"提供了证据支持。根据撒切尔夫人的说法,"基于以往的历史事实和未来不确定性的认识,我和密特朗总统在戈尔巴乔夫总统不那么有力的帮助下,曾经试图尽量延缓德国统一的步伐。不过,最后我们失败了"。① 戴维·马什描述过撒切尔夫人在1990年3月接见一个历史学家代表团时的情景,当时,撒切尔夫人对重新统一后的德国将可能成为一个好战的德国的观点表示了某种认同。根据撒切尔夫人的私人秘书查尔斯·鲍威尔的回忆,当时各国领袖的一个共识是,德国人"经常焦虑,富有侵略性,过于自信,欺凌弱小,注重利己主义,同时又不时自卑且多愁善感"。② 在回忆录中,科尔声称,"随着档案的开放,当时我所怀疑的现在都已经得到了证实:撒切尔夫人曾经用一切可能的手段阻碍德国统一"。③ 科尔还用同样的口吻指责密特朗几次欺骗他。

在科尔和密特朗的领导下(他们两人在1985年秋季曾第一次认真地讨论了欧洲经济与货币联盟的前景),从1989年下半年开始,一切都开始加速了。11月28日,科尔向德国议会提交了德国统一的十项计划,这令其他欧洲国家的领导人大吃一惊。11月30日,怒不可遏的密特朗总统在巴黎爱丽舍宫会见了德国外交部部长汉斯-迪特里希·根舍。密特朗总统要求德国立即签订成立欧洲货币联盟的条约。他威胁说,如若不然,他将迫使德国陷入完全孤立的状态——面对由法国、英国和苏联组成的统一战线。④ 对此,戴维·马什的结论是:"面对如此极端的威胁,科尔最终让步了。"⑤

欧洲理事会举行了好几次首脑会谈,还举行了两次政府间会议,

---

① 撒切尔夫人,2002,第2页。也请参阅密特朗,1996。这些资料表明,这位法国总统(密特朗)对德国统一带来的战略性机遇有非常清醒的认识。
② 马什,1994,第15页。
③ 科尔,2005,第937页。
④ 关于这个历史事件,请参阅根舍,1995;吉古,2000;阿塔利,2005。
⑤ 马什,2009,第137页。

就修订欧洲经济共同体条约的可能性进行商讨。在此期间，各有关方面还就欧洲经济与货币联盟成立的时间表和步骤、欧洲中央银行的性质等问题展开了密集磋商。1991年12月初，欧洲理事会开始在荷兰的马斯特里赫特市举行一系列会议，并最终在1992年2月7日正式签署了《马斯特里赫特条约》。该条约给出了欧洲理事会关于建立一个政治、经济和货币联盟的新框架，同时确定了渐进和求同存异的原则。

马斯特里赫特"真言"

《马斯特里赫特条约》的渐进主义倾向，体现在它所规定的启动欧洲经济与货币联盟的路径上。根据《马斯特里赫特条约》，整个启动过程将分为如下三个阶段：

第一阶段从1990年7月1日开始。该阶段的目标是在欧洲实现资本的完全自由流动，同时国与国之间的合作和协调不断加强、日益趋同，并开始着手筹备第三阶段的工作。

第二阶段从1994年1月1日开始。该阶段的主要工作包括：建立欧洲货币研究所（European Monetary Institure，EMI），它是欧洲中央银行的前身；通过欧洲货币研究所强化各国货币政策之间的协调（虽然货币政策的实施仍然是各国职权机构的权限）；确立各国中央银行的独立性；进一步筹备第三阶段的工作。

第三阶段将从1999年1月1日起正式开始。该阶段的目标是：建立不可撤销的固定汇率体制；引入单一货币；[①] 各国制定和实施货币政策的职责向欧洲中央银行转移。

《马斯特里赫特条约》规定的趋同标准清楚地表明，在应该怎样构建一个货币体系问题上，德国几乎没有做出什么让步：即便政治联盟是不可能建立起来的，但只要对经济政策和预算政策施加明确的限制，也会在某种意义上生成事实上的政治联盟。对于那些符合

---

① 早在1995年12月，单一货币的名称就已经确定为欧元。

曾经引发激烈争论的趋同标准的国家来说，进入货币联盟是唯一可行的道路了。趋同标准如下：

- 通货膨胀率不能高于3个通货膨胀率最低的候选国家的平均水平的1.5%。
- 长期利率不得高于3个通货膨胀率最低的国家中可观察到的平均水平的2%。
- 必须是欧洲货币体系汇率机制的成员国，而且在进入联盟前两年内未发生过货币贬值。
- 政府财政预算赤字占国内生产总值的比例不得高于3%；赤字应每年都连续显著下降，并越来越接近于3%的标准；或者，对3%这一标准的偏离是例外情况，而且是暂时的，并且保持在接近3%的水平上。
- 政府债务占国内生产总值的比例不得超过60%（如果一个国家的政府债务占国内生产总值的比例在60%以上，那么政府债务应持续显著减少，并以令人满意的速度接近60%）。

接下来的几年的实践证明，《马斯特里赫特条约》还有两项规定也非常重要。首先，各国中央银行或欧洲中央银行不得以任何形式直接为政府预算赤字融资。其次，该条约还规定了一个不得援助条款：无论是欧洲经济共同体整体，还是欧洲经济与货币联盟的任何一个成员国，都不得为某个成员国的财政承诺承担责任。

德国财政部部长西奥·魏格尔曾经宣称，"经过漫长而激烈的谈判后签订的欧洲经济与货币联盟条约打上了德国的印记，因为我们稳定的政策已经成了未来的货币体系的主旨了"。[①] 从上述条件和标

[①] 魏格尔上述言论转引自1991年12月的《欧罗巴访谈》杂志。不过，所有这一切并不意味着德国对于《马斯特里赫特条约》完全没有任何抵制。例如，其中的一个事实是，德意志联邦银行中央委员会的成员威廉·诺林就对其提出尖锐的批评。请参阅诺林，1993。

准来看，他这种说法似乎没有多少虚夸的成分，至少从纸面上、从那个时点上看，确实如此。

对于巴塞尔—尼堡共识的稳定性的信念，再加上《马斯特里赫特条约》的迅速达成（与欧洲经济共同体和欧洲理事会通常的谈判时间相比，这种快捷是不寻常的），这一切对金融市场产生了深刻的影响。在金融市场上，相信欧洲货币体系的固定平价汇率机制（必将成功实施）的信念也主导了市场心理。1989年6月，西班牙加入了汇率机制；1990年10月，英国也加入了进来；然后是1992年4月加进来的葡萄牙。成员国的不断增加，进一步强化了这种市场态度。这3个国家都选择了更大的波动幅度——±6%，而意大利则在1989年转而采用较小的波动幅度——±2.25%。

1992年，两位最受尊敬的欧洲货币联盟专家丹尼尔·格罗斯和尼尔斯·泰格森得出的结论是："从整体上看，在20世纪90年代，几乎没有……任何理由可以让我们相信，欧洲货币体系会在自我实现的随机冲击下出现不稳定的状况。"① 然而，事实上真正冲击欧洲货币体系的并不是什么自我实现的随机攻击。1993年8月，在一系列很大程度上不属于随机事件的危机的重压下，欧洲货币体系很快就分崩离析了。

欧洲货币体系的根基被掏空了

欧洲货币体系和汇率机制面临危机有四大原因。第一个原因与德国统一后的情况有关。为了实现统一，德国政府采取的经济政策和货币政策造成了欧洲货币体系内部的紧张。德国的统一使德国政府背上了持续增加的巨额预算赤字的包袱。转移支付源源不断地从富裕的西部流向贫穷的东部。由于确定东、西德马克之间的兑换比例为1∶1，导致货币供应量大幅度增加，与实体经济活动严重脱节。

---

① 格罗斯和泰格森，1992，第166页。

德意志联邦银行相信，要避免出现通货膨胀在需求刺激下进一步加剧的困境，必须采取紧缩性货币政策，这样做带来的结果只能是利率居高不下。

在德国政府采取扩张性财政政策的时候，德意志联邦银行却坚持紧缩性货币政策，这种政策组合使德国马克面临着越来越大的升值压力。在这种情况下，欧洲货币体系的其他成员国只剩下了两个选择：要么尽量维持本国货币与德国马克之间的汇率水平不变，但这样就不得不承受高利率之苦；要么听任本国货币对德国马克贬值，这样就可以避免利率过高。①

一直到 1992 年夏天，德国在欧洲货币体系内的其他伙伴国家才做出了选择，它们选择了上述两项中的第一项，结果严重拖累了德国境外的经济活动。在法国和英国，失业率都上升到了超过 10% 的极高水平。市场已经感觉到，在政治层面上，德意志联邦银行的货币政策已经使欧洲货币体系内的绝大多数成员国无法承受了。

国际货币基金组织放松对被称为"收敛游戏"（convergence play）的投机交易的限制，是第二个导致欧洲货币体系危机的因素②（在本世纪，这种交易被称为"套利交易"）。"收敛游戏"交易基于如下信念：各国货币之间的汇率从根本上来说最终是固定的。从这个信念出发，投资者就看到了一种无风险套利的机会——只需从低利率国家借入资金，到高利率国家进行再投资即可（理论上讲，这样做会带来另一个结果，即两国的利率都将趋于收敛）。

例如，在 1990 年，欧洲货币体系部分成员国的平均短期利率水平分别如下：德国 8.5%，法国 10.3%，意大利 12.2%，英国 14.8%，西班牙 15.2%。国际货币基金组织估计，到 1992 年春之前，至少有 3 000 亿美元的资金在这种"收敛游戏"交易中循环。③

---

① 对于这个问题的进一步论述，请参阅德·格劳威，1994；辛恩，1996。
② 国际货币基金组织，1993。
③ 国际货币基金组织，1993。

无须多说,对固定汇率制度的信念一旦动摇,这种所谓的无风险套利机会也就无影无踪了。此外,"收敛游戏"在进行过程中,当投资者"建仓"或"平仓"时,所涉及的国家的货币升值或贬值的趋势会被放大。

《马斯特里赫特条约》本身是第三个不稳定的因素。该条约须经各国批准才能生效,而这就取决于各国的政治形势,它有很大的不确定性。1992年6月,丹麦选民否决了《马斯特里赫特条约》。当时担任法国财政部部长、后来出任欧洲中央银行行长的让-克劳德·特里谢评论说,"丹麦应该因这种愚蠢的行为而受到惩罚"。①而另一方面,德意志联邦银行国际部总裁沃尔夫冈·雷基则把丹麦选民的拒绝视为"一个来得非常及时的警告"。②

1992年9月,法国以最微弱的优势通过了《马斯特里赫特条约》。该条约所规定的"两年期限"标准(一个国家在加入欧洲经济与货币联盟之前的两年内没有发生过货币贬值)也增加了不确定性。各国普遍担心,因为许多国家可能会在两年期限开始前抢先让本国货币贬值,以此保证竞争优势。接下来的事实也证明,这种重新调整的预期一旦形成,就更可能在现实中发生。

德意志联邦银行的最高领导人的态度是使欧洲货币体系陷入危机的第四个也是最后一个因素。戴维·马什把他们这些人描述为是"一贯顽固不化、间或残酷无情的德国经济官僚"。③这个强大的中央银行一而再、再而三地向世人证明,它的首要职责是用货币手段管理德国经济。法国和其他欧洲国家的领导人一再要求德国采取较为宽松的货币政策,但是德意志联邦银行的领导人不为所动,他们顽固地捍卫了自己的立场。正如日后出任欧洲中央银行首任行长的荷兰人维姆·德伊森贝赫所说的那样,"德意志联邦银行就像一摊摊

---

① 特里谢上述言论转引自马什,2009,第150页。事实上,特里谢这番话激怒了好几个国家的领导人,其中当然也包括德国的领导人。
② 雷基上述言论转引自马什,2009,第150页。
③ 马什,2009,第10页。

奶油，你掼打得越凶，它反而变得越硬"。①

　　德意志联邦银行之所以长期以来一贯坚持顽固的立场，主要有如下三个原因。首先，银行的高层领导们长期以来一直坚信，欧洲经济与货币联盟是注定要失败的。1991年1月，德意志联邦银行行长卡尔·波尔曾警告欧洲议会，货币联盟将是"一场灾难"，从而传达了一个信息，即德国可能不会加入欧洲经济与货币联盟。② 其次，德意志联邦银行确信自己的货币政策是最好的，不需要任何调整。再次，德意志联邦银行的技术官僚们知道，德国大众尊重他们的程度超过政治家。对此，雅克·德洛尔曾经说过这样的话，"不是所有的德国人都相信上帝，但是所有的德国人都信任德意志联邦银行"。③ 据此，金融市场人士得出的结论是，在公众支持德意志联邦银行的"顽固立场"的前提下，欧洲货币体系内部将日趋紧张，汇率机制其他成员国最终将不得不认输。后来发生的事实正是如此。

欧洲货币体系的崩塌

　　1992年6月，德意志联邦银行将基准利率从8%上调至8.75%，欧洲货币体系内部的紧张局势达到了顶点。各国中央银行的干预强度再怎么大，也不可能继续令本国货币汇率在欧洲货币体系允许的范围内波动。④ 1992年9月，汇率机制骤然停止运作。首先，意大利里拉贬值。随后，英国英镑脱离汇率机制。⑤ 再接下来，西班牙比塞塔贬值了5%。最后，意大利里拉也退出了汇率机制。

---

① 德伊森贝赫上述言论转引自2000年10月30日的《国际先驱论坛报》。
② 波尔上述言论转引自辛恩，1996，第22页（脚注⑲）。
③ 德洛尔上述言论转引自伊辛，1996，第36页。
④ 根据国际清算银行提供的数据，1992年9月至1993年9月，各国中央银行的干预涉及的总金额至少达2 500亿美元之巨。
⑤ 匈牙利出生的美国亿万富翁乔治·索罗斯单枪匹马地迫使英镑退出欧洲货币体系的故事已经成了一个传奇。

在成员国广泛的干预下,针对法国法郎的投机交易活动遭到了狙击。法国人和德国人再一次争吵了起来。法国人希望德国人给予法国法郎更多的支持,德国人(尤其是德意志联邦银行的高级官员们)则认为自己已经给了法国法郎太多的支持了。德意志联邦银行行长赫尔穆特·施莱辛格认为,"中央银行以支持弱势货币为目的而对市场进行干预,是投机炒作的强大动力"。① 当时,作为一位原则性非常强的职业银行家,施莱辛格刚刚取代波尔成为德意志联邦银行行长,后者因为在德国统一的融资问题上与德国政府意见不一致而在1991年5月辞职。

风暴逐渐平息下来。但是,树欲静而风不止,到了1993年夏天,法国法郎承受的压力又加大了。关于如何拯救欧洲货币体系的争论再度升温。这一次,法国政界和德国政界结成了统一战线,一起对抗德意志联邦银行的领导人。施莱辛格甚至公开反对德国财政部部长魏格尔。现在的问题不再是欧洲货币体系会不会崩溃的问题,而是它什么时候崩溃。

法国希望德国脱离欧洲货币体系,因为这样做就能够为法国法郎成为欧洲货币体系的锚铺平道路。但是,比利时和荷兰宣布,如果德国脱离,它们也将脱离。面对这种局势,法国不得不退缩了。法国人担心的是,这样最终会令法国的威信荡然无存,并强化德国的主导地位。

1993年8月2日,根据法兰西银行行长雅克·德拉罗西埃的建议,欧洲货币体系内各国货币汇率的波动范围被戏剧性地扩大到了±15%。这样一来,欧洲货币体系的原初理念也就化成灰烬了,并很快就消失得无影无踪。不久之后,德意志联邦银行行长施莱辛格离任,其职位由副手汉斯·蒂特迈耶接任。人们认为蒂特迈耶更能认同并接受科尔政府的计划,但后来的事实证明,这种看法是不正确的。

---

① 施莱辛格上述言论转引自1992年12月2日的《金融时报》。

在接下来的几周内，德意志联邦银行就放宽了货币政策。德国的基准利率从 1992 年 8 月的 8.75% 下降至 1993 年 8 月的 6.75%。此后还继续下调：1994 年 5 月降为 4.50%，1995 年 8 月则进一步下调至 3.50%。这样看来，德意志联邦银行的战略领导者们确实一直在扮演着强硬人物的角色，而其他各国也都谨慎地跟随德意志联邦银行的步伐下调基准利率。这段相对平静的时期的出现，又让一些人幻想欧洲货币体系或许依然可以维持下去。

1995 年 3 月，西班牙和葡萄牙的货币都出现了贬值的情况，但这并没有使局势更加紧张。不过，法国在欧洲委员会负责经济和货币事务的官员伊夫－蒂博·德·西尔基还是利用这个机会发出了警告，他说，"如果不能建成单一货币体制，那么单一市场的存在也将受到威胁"。① 1995 年 1 月，奥地利克朗也加入了欧洲货币体系。随后，芬兰马克也于 1996 年 10 月加入进来。1996 年 11 月，意大利里拉也重新回到了欧洲货币体系内。意大利这样做，只是出于无奈：距离 1999 年 1 月 1 日已经相当近了，根据加入欧洲经济与货币联盟前两年内货币不得贬值的规定，关键时刻已经到了。

马斯特里赫特的"巫毒咒"

随着 1999 年 1 月 1 日这个重要日子的临近，《马斯特里赫特条约》所规定的预算赤字和政府债务的标准如大山一样压在各国政府的身上，政府要员们进行了激烈的争辩，也导致产生了各种各样的操纵数据的行为。大多数欧洲经济与货币联盟候选国都提供了足够"好看"的数据，表明自己符合标准。希望加入欧洲经济与货币联盟的国家，政府财政预算赤字占国内生产总值的比例不得高于 3%，而

---

① 德·西尔基上述言论转引自马什，2009，第 184 页。事实上，德·西尔基的警告也是一个含蓄的恫吓：法国可能会针对货币贬值的那些国家（例如西班牙和葡萄牙）采取报复性的保护主义措施。

且其政府债务占国内生产总值的比例不得超过60%。这是重要的警告，达不到这些标准的国家至少必须努力接近该标准。①

当初，在签订《马斯特里赫特条约》时，许多希望加入欧洲经济与货币联盟的国家都不符合条约所规定的预算赤字和政府债务标准。例如，在1993年年底，比利时的政府债务占国内生产总值的141%，意大利则占116%。预算赤字超过国内生产总值3%的国家的数量更多。意大利1993年预算赤字占国内生产总值的10%，芬兰则占8%，比利时和西班牙都占到了7%，法国也占6%。②《马斯特里赫特条约》规定的标准实际上超出了许多国家的能力。为了达标，这些国家的政治机器超速运转起来。虽然确实有几个国家真正认真地采取某些政策措施去削减预算赤字，但是其他大多数国家都玩起了人为降低预算赤字指标的数据操纵游戏。

"接近"3%的赤字标准或60%的债务水平究竟是什么意思？在许多时候，恰恰是这个问题引发了激烈辩论。比利时中央银行行长冯斯·弗普莱特绷着脸一本正经地辩称，3.999%的赤字水平就已经相当于3%了，而该国的政府部长们竟然也都点头表示同意。在制定1997年年度预算的时候，这类辩论和数据操纵行为达到了一个顶点，因为这一年的数据将直接决定哪些国家将获准加入欧洲经济与货币联盟。

几乎每个国家都把进入欧洲经济与货币联盟当成首要目标，为此，它们纷纷利用各种统计技巧，甚至不惜伪造账目。这些技巧和伎俩包括：

- 支出不入账；
- 出售政府资产并把它们记为经常性收入；

---

① 这里所确定的3%和60%的标准其实是相当武断的。关于这一点，请读者参阅布伊特等人，1992。
② 所有数据均来源于欧洲经济合作与发展组织的《经济展望》。

- 违背与财政欺诈、社会诈骗行为作斗争的承诺,公然夸大预期收入;
- 宣称节约支出,但从不执行;宣称增加税收,但永远不能真正生效;
- 对名义国内生产总值数据进行巧妙的操纵,使赤字和债务水平占国内生产总值的比例缩小。

有造假嫌疑的国家的名单相当长,意大利、希腊、西班牙、比利时等国显然位居前几位。其实,即便是德国,也难脱干系,德国政府曾试图利用德意志联邦银行的黄金储备。① 至于法国,就更不用说了,法国政府建议利用电信巨头法兰西电信的养老保险资金来制造预算赤字减少的假象。稍后,比利时政府也玩弄了这个伎俩。欧洲委员会不得不加强对预算制定过程的控制,但是很显然,政治上的需要和考虑仍将一如既往地优先于经济和货币政策。因此,毫不奇怪,对于这类鬼把戏,欧洲委员会的抗议既不可能明确,也不可能有力。

在此期间,有关欧洲经济与货币联盟的政治决策仍然继续推进。1993年10月,有关各方决定在法兰克福成立欧洲货币研究所。法兰克福是德意志联邦银行的总部所在地,而欧洲货币研究所是欧洲中央银行的前身。德国希望这样做,可以确保欧洲中央银行与德意志联邦银行保持一致。为了削弱这种联系,法国及其盟国建议让欧洲货币研究所迁往前西德首都波恩,但是科尔总理拒绝了法兰克福之外的所有其他选择。法国同意了。密特朗总统对法国总理爱德华·巴拉迪尔解释说,"要让德国同意放弃使用德国马克,就必须同意在

---

① 1997年5月,德国财政部部长魏格尔建议德意志联邦银行根据市场价格重估其黄金储备的价值。魏格尔的意图是,利用这一重估过程伺机减少政府赤字。然而,德意志联邦银行巧妙地利用了公众的反对意见,成功地搁置了这一建议。

法兰克福成立欧洲货币研究所,这样才能消除德国人的疑虑"。①

出生于匈牙利的比利时人亚历山大·兰法鲁斯成了欧洲货币研究所的主管。兰法鲁斯原是位于瑞士巴塞尔的国际清算银行的总经理,他是一位经验非常丰富的货币问题专家,德语、法语和英语都说得非常流利。人们认为,兰法鲁斯精明强干,擅长沟通,能够协调各种关于如何设立欧洲中央银行并让它运转起来的不同意见。更具体地说,兰法鲁斯必须调和德国和法国的立场:德国希望看到一个政治上独立的欧洲中央银行,而法国人则渴求在欧洲经济与货币联盟下建立一个直接监督单一货币政策的政治机构。

兰法鲁斯要解决的首要问题之一是,欧洲中央银行应该怎样在金融市场上进行操作。法国人希望各种交易活动都能够在各国中央银行的交易柜台上完成,这主要是为了防止当这些活动集中到法兰克福后,德国能从中获益(并使巴黎受到损害)。但是,这一次德国人胜出了:在法兰克福的欧洲货币研究所设立了一个中央交易室。

推迟,还是不推迟?

哪些国家将在欧洲经济与货币联盟成立的第一天(1999年1月1日)就加入进去,成为创始成员国?到了1994年,关于这个问题的争论变得更加棘手了。德国和它的主要盟友国荷兰一起提议,应该由一些国家组成一个"核心组",它们将成为创始国。这些国家包括德国、法国和比荷卢经济联盟国家(尽管比利时的政府债务水平非常高)。② 意大利和西班牙则反对这项提议。

1995年,在竞选法国总统的过程中,雅克·希拉克对欧洲经济与货币联盟成立的时间表的现实性提出了疑问。1995年9月,似乎

---

① 密特朗上述言论转引自马什,2009,第187页。
② 一个例子是,德意志联邦银行前行长施莱辛格的观点。请参阅施莱辛格,1996。

是害怕遭到冷遇，意大利总理兰贝托·迪尼也忙不迭地请求将第三阶段（即最后阶段）推迟两年或三年。而在德国方面，奥特马·伊辛在1996年警告说，整个计划的时间表完全是一个错误，"把货币联盟当做达成政治联盟的途径，这是一种完全本末倒置的低劣策略"。① 1997年9月，德意志联邦银行行长汉斯·蒂特迈耶宣称，就算货币联盟启动时间被推迟了，"天也不会塌下来"。②

在整个欧洲范围内，德国境内反对货币联盟的呼声最高。1998年2月，155位德国大学教授发表了一封联名公开信，强烈主张推迟欧洲经济与货币联盟的启动时间。而在此之前的几个星期，4位德国教授——其中一位是宪法专家卡尔·阿尔布雷希特·沙赫特施奈德，另外3位是经济学家威廉·汉克尔、约阿希姆·斯塔贝提和威廉·诺林——已经向德国联邦宪法法院呈交了一份长达352页的诉状，正式对欧洲经济与货币联盟提起申诉，他们认为欧洲经济与货币联盟的规定违背了德国宪法。③ 德国前总理赫尔穆特·施密特说这是一个"四人帮"，还说他们是4个"没有历史使命感的白痴"。④ 1998年3月，新当选的德国总理格哈德·施罗德却把欧元形容为一个"体弱多病的早产的孩子"。⑤ 在20世纪90年代末，还出现了许多理论性的文章，它们主要出自美国的经济学家之手，其基本结论是，欧洲经济与货币联盟的整体设想很可能是错误的。

1997年2月，世界主要国家的中央银行行长们在国际清算银行的总部所在地举行会谈。会议上，行长们对欧洲经济与货币联盟推迟成立的问题进行了激烈的辩论。⑥ 令其他在场的欧洲人目瞪口呆

---

① 伊辛上述言论转引自1996年1月15日德国的《明镜周刊》。不过，到了2002年，伊辛对这个问题的立场有了很大的变化，请参阅伊辛，2002。
② 蒂特迈耶上述言论转引自马什，2009，第198页。
③ 威廉·诺林是汉堡州中央银行的前行长，他还曾经担任过德意志联邦银行的中央委员会委员。
④ 施密特上述言论转引自2010年6月30日的《明镜在线》。
⑤ 施罗德上述言论转引自1998年3月26日的《图片报》。
⑥ 这是马歇尔所描述的场景，请参阅马歇尔，1999，第1–14页。

的是，当时担任国际清算银行行长、同时身兼荷兰中央银行（荷兰银行）行长的维姆·德伊森贝赫，竟然对英格兰中央银行行长艾迪·乔治提出的推迟成立欧洲经济与货币联盟的建议大加赞赏。因为在那个时候，德伊森贝赫已经开始竞选活动了，谋求成为欧洲中央银行第一任行长。① 当时担任法国财政部部长的让－克劳德·特里谢注意到德国代表显得犹豫不决，就宣称拖延"既荒谬又危险"。在接受《世界报》的采访时，法国总统吉斯卡尔·德斯坦非常明确地表示，如果欧洲经济与货币联盟没能按计划如期成立，"法国就将面临一个非常危险的局面……长期以来的欧洲的法—德核心将瓦解，并将过渡为德国独占优势"。②

此外，指导各成员国的政策的原则究竟应该有哪些？对此，各国的行长们也进行了激烈的辩论。这就使得哪些国家应成为欧洲经济与货币联盟的初始创始国这个问题变得更加复杂化了。不难预见，这方面的辩论有利于德国及其盟友国荷兰对抗法国、意大利以及其他南欧国家。

1995年12月，欧洲首脑会议在马德里举行。欧洲各国领导人同意魏格尔提出的《稳定公约》（Stability Pact）的一揽子计划。正是在这次首脑会议上，欧洲各国领导人决定，欧洲经济与货币联盟的单一货币的名称定为"欧元"；同样是在这次首脑会议上，欧洲各国领导人还决定，欧洲经济与货币联盟的时间表已经明确，不再更改。1999年1月1日，欧洲经济与货币联盟各成员国的货币汇率将不可撤销地锁定。3年后，欧元纸币和硬币将投入流通，所有参加会议的会员国的本国货币都将被取代。

魏格尔提出的《稳定公约》的基本内容是：各成员国的预算赤

---

① 1993年，有关方面要求德伊森贝赫掌管欧洲货币研究所，但他却拒绝了，公开的理由是，因为他是荷兰中央银行的负责人，分身乏术。不过，实际上，德伊森贝赫之所以拒绝，是因为他当时认为欧洲经济与货币联盟能否成功依然有太多的不确定性。
② 吉斯卡尔·德斯坦上述言论转引自1997年7月12日的《世界报》。

字不得高于其国内生产总值的 3%；如果超出，就要罚款。1996 年 12 月，欧洲各国首脑会议在都柏林举行。在这次首脑会议上，围绕着《稳定公约》的内容，德国总理科尔和法国总统希拉克发生了激烈的冲突。经过紧张而激烈的磋商，该公约被更名为《稳定与增长公约》（Stability and Growth Pact，SGP）。虽然原来的内容大体上都保留了下来，但是该公约的惩戒作用却被大大削弱了。另一方面，几乎在同一时间，经济学家们就发出了警告：从现实政治环境来看，对民选政府罚款并没有可操作性。①

多年以后，日内瓦研究院的国际经济学教授、欧洲经济与货币联盟问题专家查尔斯·韦普洛兹，把《稳定与增长公约》称为整个体系的第三道安全防线，前两道安全防线分别是：《禁止援助条款》和《限制欧洲中央银行直接为公共债务融资的条款》。韦普洛兹认为，在欧元诞生的时候，"除非有严格的财政规则的保障，否则货币联盟就无法实现价格稳定。这一点是显而易见的。正是因为清醒地认识到了这个'原罪'，《马斯特里赫特条约》的设计者才不得已引进了这三道安全防线"。② 但是，从 2009 年秋季开始的欧元危机表明，所有这些安全防线就像纸牌搭成的房子一样不堪一击。

都柏林首脑会议结束后，在接下来的几个月内，在与德国争夺货币联盟的管理权的过程中，法国又取得了一个小小的胜利。各方商定，成立一个由欧元区各国财政部部长组成的欧元工作小组，定期与欧洲中央银行讨论有关政策事宜。该小组的成立使法国有机会对欧洲中央银行的决策施加一些政治影响。法国在这个问题上的态度表现得非常坚定，这一点可以从法国总理米歇尔·罗卡尔的声明中看出来："保持欧洲中央银行的独立性，只是为了争取德国同意建

---

① 埃森格林和韦普洛兹给出了一个极好的例子，请参阅埃森格林和韦普洛兹，1997。事实将证明，他们的结论是非常正确的。
② 请参阅韦普洛兹被收录在鲍德温、格罗斯和莱文编辑的文集中的论文，2010。根据韦普洛兹的分析，《马斯特里赫特条约》规定的超额赤字条款直接促成了《稳定与增长公约》的出现。

立货币联盟而采取的一种手段,最终成立的欧洲经济与货币联盟绝不会是这样的。"① 然而,该欧元工作小组对于货币政策的影响其实非常有限。

动荡的最后一页,抑或良好的开端?

同样是在都柏林首脑会议期间,各方决定由维姆·德伊森贝赫接替亚历山大·兰法鲁斯出任欧洲货币研究所管理委员会负责人。事实上,早在1996年6月,德伊森贝赫就已经作为候选人被提名了。那之后不久,法国和德国之间又发生了一个新的冲突。德国人认为,德伊森贝赫显然是首任欧洲中央银行行长的最佳人选,但是法国人却认为,由各国中央银行行长自行选举欧洲中央银行的首任行长的做法非常离谱。

希拉克总统提出了自己的候选人——法国中央银行(法兰西银行)行长让－克劳德·特里谢。不过,特里谢和希拉克其实算不上是很要好的朋友,他们之间也经常发生冲突,因为特里谢坚持实施强势法郎政策。② 但是这位法国总统没有其他选择,因为在此之前,德国已经否决了法国对米歇尔·康德苏的候选人资格。康德苏是一位法国人,当时领导着国际货币基金组织,但是德国人不喜欢他。

谈判整整拖延了好几个月,争论也变得越来越激烈。到了1997年年底,德意志联邦银行董事局成员赫尔穆特·黑塞在法国一份报纸上宣布,"现在只有一件事是肯定的,那就是,欧洲中央银行首任行长绝对不会是法国人"。③ 1998年4月,德意志联邦银行行长汉斯·蒂特迈耶宣布公开支持德伊森贝赫。④

1998年5月,欧洲各国首脑会议在布鲁塞尔举行。谈判在这次

---

① 罗卡尔上述言论转引自马什,2009,第206页。
② 请参见特里谢,1992。
③ 赫尔穆特·黑塞上述言论转引自1997年11月6日的《世界报》。
④ 请参见蒂特迈耶1998年4月26日发表在《独立报》上的文章。

会议期间面临着一个决定成败的紧急关头。首脑会议主席、英国首相托尼·布莱尔说，谈判场上一地鸡毛：法国人的傲慢与荷兰人的固执相冲撞，而且还有德国人的利益在当中搅和。① 法国总统希拉克与荷兰总理韦恩·科克的争执变得火药味十足。事实上，奥地利总理维克托·克利马表示，在他整个政治生涯中，从来没有目睹过如此激烈的争吵。②

希拉克总统对德伊森贝赫的候选资格仍然非常不满，他坚持认为，德伊森贝赫即便就任欧洲中央银行首任行长，也应该在2002年7月离职。终于，1998年5月2日，首脑会议正式宣布德伊森贝赫将出任欧洲中央银行首任行长，副行长一职则将由法国财政部部长克里斯汀·诺亚担任。在布鲁塞尔首脑会议结束后举行的新闻发布会上，希拉克总统声称，德伊森贝赫本人坚持要提前离任。听到这番话，在场的新闻记者哄堂大笑，愤怒的希拉克试图反击，但哄笑声却反而变得更加响亮。仅仅几天后，德伊森贝赫就对欧洲议会表示，他很可能会完成自己的8年任期。事实上，希拉克和德伊森贝赫之间的关系从来就没有正常过。

1998年春天发布的一些官方报告指出，已经有11个国家达到了《马斯特里赫特条约》规定的趋同标准。③ 不过，根据1998年的数据来看，只有4个欧盟成员国——丹麦、英国、卢森堡和法国——在严格意义上符合《马斯特里赫特条约》的条件，但是，这4个国家中只有卢森堡和法国准备加入货币联盟。创始成员国还包括意大利，虽然该国的加入受到了强烈的抵制。接替德伊森贝赫出任荷兰中央银行行长的诺特·魏霖克说："1997年的某一天，德伊森贝赫告诉他，'我们将在1999年1月1日如期成立欧洲经济与货币联盟，而且无论发生什么事情，意大利都会是其中的一员。'"魏霖克还补

---

① 布莱尔，2010。
② 维克托·克利马上述言论，请参见1998年5月4日的《国际先驱论坛报》。
③ 我们特别需要提及的是欧洲委员会与欧洲货币研究所1998年3月发布的《共同报告》。

充说:"意大利是欧洲经济共同体的创始成员国。这些(意大利)人知道如何炮制数据,以保证意大利的经济表现满足《马斯特里赫特条约》规定的趋同标准。"①

1998年6月1日,欧洲货币研究所摇身一变,成了欧洲中央银行。几乎在一夜之间,欧洲中央银行就成了全世界第二重要的中央银行,并且是最独立的中央银行,它在世界上的重要性或许比不上美联储,但是独立性肯定更胜一筹。美国国会有权改变美联储的法规,相比之下,无论是欧洲议会,还是欧洲经济与货币联盟各成员国的议会,都无法对欧洲中央银行行使权力。欧洲中央银行的主要决策机构是执行委员会和管理委员会。执行委员会由欧洲中央银行行长和其他5名委员组成;管理委员会则由执行委员会委员与加入欧洲经济与货币联盟的各个国家的中央银行行长组成。执行委员会每位成员任期7年,而且不可连任。

欧洲中央银行正式开始运行后的几个月,管理委员会就对保持物价稳定这个压倒一切的最重要的目标进行了澄清。欧洲中央银行声称,它希望整个欧元区的消费者物价指数上升的幅度能够控制在"中期低于2%"的水平上。因为这个目标过于苛刻,而且是不对称的(它没有充分考虑到通货紧缩的潜在可能性及其对货币政策产生的影响),所以遭到了广泛的批评。2003年,欧洲中央银行对这一批评做出了回应,它把自己稳定价格的政策目标修订为"物价上涨的幅度低于且接近于2%"。

1999年1月1日,欧洲经济与货币联盟终于变成了现实,不过此时欧元依然只是一种记账单位。创始成员国包括奥地利、比利时、芬兰、法国、德国、意大利、爱尔兰、卢森堡、荷兰、葡萄牙和西班牙。此后,希腊于2001年加入了欧元俱乐部,随后是在2007年斯洛文尼亚加入,接下来是在2008年塞浦路斯和马耳他也加入,再后来是斯洛伐克和爱沙尼亚分别在2009年和2011年加入了这个大

---

① 魏霖克上述言论转引自马什,2009,第198页。

家庭。对于这场彻底改变欧洲经济面貌和货币形势的激进变革,戴维·马什把它形容为"一场由官僚主导的不流血的、静悄悄的革命。但是,无论从哪个角度来看,它都是一场真正的革命:各成员国的国家特权实现了自我废除。这一点与其他革命别无二致"。①

2002 年 1 月 1 日,欧洲经济与货币联盟各成员国的国家货币被欧元取代,过渡显得相当顺利。2003 年 11 月 1 日,特里谢接替德伊森贝赫担任欧洲中央银行行长。② 在那个时候,欧元的地位早就稳固地确立下来了。欧洲经济与货币联盟的成功看起来已经成了一个不争的事实。曾预测这项事业将走向自我毁灭的卡珊德拉们(Cassandras)似乎都被世人遗忘了,偶然想起来时,也被公开嘲笑。

持久和有效的货币联盟有什么要求?在这方面的经济学理论研究已经取得了大量成果。本书下一章将拿这方面的研究成果与人们普通持有的对欧洲经济与货币联盟和欧元的乐观看法进行对比。欧洲经济与货币联盟和欧元的未来将会怎样?如果运用最优货币区理论来考察欧洲经济与货币联盟的构架,所得到的结论即使不能说是完全悲观的,也必定是发人深省的。

---

① 马什,2009,第 207 页。
② 希拉克在 1998 年 5 月初在布鲁塞尔举行的那场著名的记者招待会上公开声称,德伊森贝赫必须提前离任,但是德伊森贝赫的任职时间比希拉克所称的时间还多了一年半,这是一个漂亮的"复仇"。

第2章 未竟之业

欧洲经济与货币联盟和欧元终于同时起航了，一起驶向充满不确定的未来。很多人把这看做是整个欧洲实现完全统一的第一步，他们相信，由此欧洲大陆数百年之久的冲突终于可以画上一个句号了。整个欧洲都沉浸在一种亢奋的气氛当中，如果有人竟然甘冒大不韪去批评欧洲经济与货币联盟和欧元，就会被认为是"政治上的不正确"。在这里，我们不妨引用一下保罗·克鲁格曼的原话：

> 全欧洲的政治领导人都被这个拥有如此浪漫主义气质的计划深深吸引住了，以至于任何一个只表示了一丁点儿怀疑的人，都会被认为是脱离了主流……人们普遍认为，欧元创立这一刻成了历史上最完美的时刻，因为欧元是一项伟大的、崇高的事业的结果，是几代人长期努力的结果。这个在历史上饱受战争蹂躏的大陆将由此进入和平、民主和共同繁荣的新时代。①

但是，这些乐观主义梦想真的切合实际吗？货币联盟真能平稳高效地运转吗？它真能使欧洲踏上许多人梦寐以求的和平统一吗？

上世纪90年代，当欧洲各国政治家们铆足了劲启动欧洲经济与货币联盟的时候，他们把它说得天花乱坠，说它将为久旱的欧洲带来甘霖。在一些国家，如果不如此这般地夸大其辞，就休想赢得民

---

① 克鲁格曼，2011。

众的支持。但是，许多美国经济学家都对这种乐观的看法提出了质疑。① 这些质疑的声音最引人注目的一个特点是，它们来自美国意识形态各翼的代表人物。右翼的代表是货币学家米尔顿·弗里德曼，他认为"这（欧元）是不可能取得成功的"。② 左翼的代表凯恩斯主义经济学家弗兰科·莫迪利亚尼则指出，"一个采用固定汇率的货币体系将面临许多巨大的困难"，而且，"在这样一个体系中，由于各成员国的生产率差异较大，同时又经常面临外部冲击，这就对工资调整的灵活性提出了极高的要求"。③

欧洲内部的批评者则寥寥无几。出生于德国的哲学家和社会学家拉尔夫·达仁道夫是少数几个批评者之一，在1998年初，他写道：

> 欧洲人民很快就会认识到，他们的领导人许下的各种重大承诺都不可能真的实现。经济增长仍然将一如既往地取决于原来那些内部因素和外部因素，同时亚洲将比这个所谓的经济与货币联盟更重要。④

多年之前，有关机构曾发布过一个著名的报告——《单一市场，单一货币》，该报告认为货币联盟所带来的收益将超过其成本。这份报告以及类似的相关报告的客观性是值得怀疑的。我本人曾经与这些报告的起草者有过几次非正式的交谈，从中获得的信息为克鲁格曼讲的情况提供了佐证：

---

① 关于美国经济学界对于这一问题的看法，乔农和德瑞给出了一个极好的综述，请参阅乔农和德瑞，2009。
② 弗里德曼于2000年5月2日接受了采访，他上面这段话转引自萨缪尔森和巴奈特，2007，第160页。
③ 弗兰科·莫迪利亚尼于1999年11月5日接受了采访，他上面这段话转引自萨缪尔森和巴奈特，2007，第104页。
④ 请参见达仁道夫发表于1998年2月20日《新政治家》上的一篇文章。

早在上世纪90年代，参与推进欧元的一些人士就跟我讲过这样一个故事：一开始，欧洲委员会的工作人员得到的指示是，起草一份关于单一货币的成本和收益的报告。但是，当他们的上司看了其中部分的初步成果后，指令就发生了改变：在报告中只需讲述单一货币的益处就可以了。公平地说，当我把这个故事告诉其他高级官员时，他们确实提出过异议。但是，不管这个故事是否真实，确实有人在这样说。这一事实本身就足以反映那个时代的"精神气质"了。①

要想更好地理解各种支持和反对货币联盟的论据，我们就必须在一个前后一致的理论框架内分析货币联盟的优点和缺点。最佳货币区理论为我们提供了这样一个理论框架。

多重益处

不可否认，货币联盟有许多明显的优点，② 举其要者如下：单一货币体制下，货币转换成本为零，从而有利于经济效率的提高；不同国家的价格透明度将变得更高，这有助于促进竞争，从而推动价格下降，保持低通货膨胀率和低利率可能会更容易；金融市场实现一体化后，金融中介服务和投资活动也会变得更有效率。所有这些优点，都能促进经济活动的扩展和深入，从而推动经济增长。另外，欧洲中央银行在政治上保持独立并把关注焦点集中在价格稳定上面，也有助于降低所有的经济主体所面对的不确定性。

有了单一货币，在货币联盟内部，汇率风险将不复存在，这样就可以减少不确定性，从而刺激贸易、投资和其他经济活动。单一

---

① 克鲁格曼，2011。
② 对于与成本—收益分析有关的问题的深入评述，请参阅阿莱西纳和巴罗，2002，以及德·格劳威，2003。

货币体制下，货币贬值的恶性竞争现象也将消失，这可以减少贸易冲突，抑制保护主义倾向，促进共同市场商品和服务的流动。20世纪20年代和30年代，货币汇率的剧烈振荡曾经对当时毁灭性的经济和政治危机起到过推波助澜的作用。货币联盟成立后，过去的各种货币冲突不会再发生。

在货币联盟成立的早期阶段，陷入慢性通货膨胀和经济不稳定状态的那些成员国可以得到很大的好处，这主要是通过低利率来实现的。从本质上看，这些国家都成功地搭了德国的便车（作为区域强国的德国是欧洲经济与货币联盟的"锚"），即它们获得了无成本享受德国低通货膨胀率的信誉的机会。① 然而，由于各国对利率高度敏感的那些经济领域过度扩张，最终造成了严重的失衡。此外，由于利率维持在很低的水平上，各成员国政府对预算赤字和未偿还债务的增加也变得更加漫不经心了。本书第3章，将再一次回过头来讨论这些问题。

货币联盟还有另外一个优势。2007—2009年的金融危机使这个优势凸显了出来。欧洲经济与货币联盟内的小成员国，特别是那些与主要银行体系有密切联系的成员国，由于有了欧元区这个大保护伞，更好地经受住了危机的打击。即便是尚未成为货币联盟成员国的丹麦，也从中得到了好处。丹麦中央银行行长尼尔斯·伯恩斯坦承认，"作为欧元区中的一员，丹麦在危机期间受益匪浅，这是因为（欧元区）对金融风暴的防护更有力，而且丹麦能够利用欧元体系内的资源"。②

由于这次金融危机，许多未加入欧洲经济与货币联盟的国家，比如说冰岛和匈牙利，货币汇率都崩盘了，这反过来又加剧了这些国家的银行部门的危机。在短期内，欧元区各成员国成功地避免了这种极端状况的出现，但是这不过是创造了一种虚假的安全幻象，

---

① 吉亚瓦兹和吉拉尼尼，1989。
② 尼尔斯·伯恩斯坦上述言论转引自2009年10月1日的《爱尔兰独立报》。

只能起到迷惑政治决策者们的作用。像冰岛这样的非成员国家,不得不独自面对危机。但是,从另一个角度来说,当危机结束、经济进入复苏阶段时,像冰岛这些国家也会因为自己的货币能够自由贬值而获得更多的帮助。

美元以及其他货币

支持欧洲经济与货币联盟的诸多理由中,最有说服力的一个或许是,采用单一货币体制后,各成员国对美元的依赖将大为减少。要知道,美元作为一种在全球范围都占据了主导地位的货币,其波动幅度是非常大的。而整个欧盟的人口数量和经济规模为欧元在国际经济和金融舞台上争取与美元平起平坐的地位提供了牢固的基础。

例如,如果美元急剧上涨,就会推动欧洲能源和原材料价格急剧上升(其中大部分都以美元计价),进而刺激通货膨胀率上扬,并迫使各国中央银行转而采用紧缩性的、不那么有利于经济增长的货币政策。反过来,如果美元迅速下跌,又会给欧洲各国的主要出口部门带来沉重的竞争压力。

令欧洲的政治决策者们最感到失意的是,美国官方部门对欧洲各国关于美元汇率的反复无常的抱怨往往不闻不问。例如,在1973—1974年期间,美元汇率直线下降,面对欧洲政治家们的抱怨,在理查德·尼克松总统任内担任美国财政部部长的约翰·康纳利的反应却显得非常冷淡,"美元是我们的货币,问题是你们的问题"。

之所以要建立欧洲货币联盟,不仅仅在于欧洲各国的政治家们想凭借它促进金融稳定和提高经济效率,还有地缘政治方面的考虑。欧洲的政治家们决心防止欧洲大陆再度遭受毁灭性的世界大战的打击,而为了实现欧洲的和平,德国和法国就必须抛开历史恩怨。欧洲经济与货币联盟和欧元是达到这一远大目标的两大驱动力量。

对于那些曾经遭受过德国侵略的国家来说,"德国问题"是一个非常现实的问题。法国政治家们的终极性的解决办法是,促进欧洲大陆统一,把德国融入一个更大的政治共同体内。德国政治家们为他们自己的国家在第二次世界大战期间给别国造成的灾难深感羞愧,同样迫切希望避免未来的冲突。2010 年 5 月,在庆祝自己 80 周岁生日的时候,赫尔穆特·科尔对一位来访者表示,"到了今天,我比以往任何时候都更加相信,欧洲统一大业关系着欧洲大陆的战争与和平问题。欧元是我们为了保证和平所做的种种努力中的一种"。①

然而,不幸的是,政治上的考量压倒了货币问题和经济问题。用霍华德·戴维斯和戴维·格林的话讲就是,"政治上的愿望实在太过于强烈了,这很可能会蒙蔽某些创建人的眼睛,使他们对单一货币体制在实践中必定会出现的问题视而不见"。② 也有人提出了针锋相对的观点,例如雅克·德洛尔就认为,"有关各方沉迷于关于预算标准的讨论之中,这可能意味着人们经常会忘记欧洲统一大业的政治目标。任何赞成单一货币的论点都必须以欧洲各国渴望和平相处这一愿望为根本出发点"。③

永远都将众口难调

虽然货币联盟拥有如上所述的诸多实实在在的优点,但是这些优点如何落到实处却是另外一回事。如果真的能够成功地防范成员国之间再度陷入战争之中,那确实可以算得上是一项重大成就。现在的问题是,货币联盟能维护和平这种说法本身又有多高的可信度呢?在欧洲经济与货币联盟正式成立前好几年,一位顶尖的美国经济学家马丁·费尔德斯坦曾说,货币联盟不但不能防止欧洲国家之

---

① 赫尔穆特·科尔上述言论转引自 2010 年 5 月 10 日的《欧洲华尔街日报》,第 6 页。
② 戴维斯和格林,2010,第 183 页。
③ 德洛尔上述言论转引自普里奥·万德斯福德和哈切,2005,第 23 页。

间爆发战争,恰恰相反,它将挑起战事。① 当然,幸运的是,这样的事情迄今为止仍未发生。

但是,货币联盟在经济、政治以及其他方面能够带来的好处,全部都是建立在联盟能够平稳高效地运行这个假设的基础上的。如果金融和经济不能保持稳定的话,那么所有的一切——更低的交易成本、更高的价格透明度、更稳定的汇率以及一体化程度更高的金融体系——都将毫无价值。归根结底,某个货币联盟的长期生存能力取决于联盟的制度环境是否足够坚实,以及能不能防止一般的缺陷演变为重大的金融不稳定。

加入货币联盟所带来的主要害处是,这将导致一个国家丧失独立的货币政策。而且,在货币政策问题上,众口难调是一个永久性的问题。联盟的某项货币政策对某个成员国来说,可能显得太紧,而对另一个成员国又会显得太松。就某个具体的成员国来说,联盟最终所选定的货币政策也可能与该国的最佳货币政策没有什么不同,但是,一旦出现重大的偏差,就可能会导致该国出现严重的通货膨胀、大量的失业和巨额赤字。

一个国家失去制定货币政策的权力,就会导致许多严重的后果。对于一个货币联盟来说,尽快消除各成员国之间的经济失衡现象,是符合它自己的最佳利益的。然而,要消除各国之间的经济失衡状况,最可取的方法是让市场力量发挥作用。只有当通过这个途径无法完全解决问题时(例如,因为现有法规的限制,或者因为存在强大的利益集团的阻碍),有关国家政府和当局才能采用各种非货币政策。可惜的是,在欧元出现后的第一个十年内,这种观点对欧洲政治家们来说却显得太理论化了,他们认为它脱离现实。然而,到了2009年,它就成了千真万确的东西了。

无法再运用汇率自由浮动这种经济政策工具,是加入货币联盟所带来的另一个不利之处。当一个国家的内部成本上升到高于国际

---

① 费尔德斯坦,1997。

成本的时候,如果采用可变汇率制度,那么就可以使该国的货币贬值,从而保持本国的竞争力。同样地,当一个国家受到非对称冲击时,汇率调整也更有助于经济的复苏。①

比利时的例子

比利时是欧洲经济与货币联盟的创始成员国之一,它是一个经济规模比较小但经济体系完全开放的国家。比利时给我们提供了一个极佳的例子,它告诉我们,货币联盟先天具有的各种缺陷是如何危及一个国家的(经济)的。

1981年年底,比利时遭遇了一场严重的社会和经济危机。当时,比利时国内的失业率快速上升,贸易收支状况每况愈下,预算赤字不断增加。在这种情况下,比利时法郎对德国马克的汇率再也无法通过对货币市场的定期干预(那只能耗尽比利时的国际储备)和高利率来维持了。有关当局实施的各种干预措施反而造成了一个恶性循环,使比利时经济一蹶不振。

1981年年底,比利时中央银行(比利时国家银行,Nationale Bank van België,NBB)的行长们与比利时主要的社会经济组织的代表举行了会谈。比利时国家银行首席经济学家罗兰·博沃瓦指出,比利时所面临的最大的问题有两个:一个是由于工资成本的上升而导致国际竞争力的丧失;第二个是预算赤字迅速增加。为了解决这两个问题,博沃瓦提出了一个计划,要求所有比利时人都放弃其工资总额的10%——其中的5%留给雇主,以降低劳动力成本;另外5%交给政府,以减少预算赤字。社会主义工会联盟领袖乔治·德布内宣布,如果这项政策付诸实施,他就要"把整个国家都点燃起

---

① 非对称的冲击是指这样一种冲击,即它以不同的方式冲击同一个货币联盟的不同成员。例如,如果石油价格急剧上升,那么所有的石油都依赖进口的国家遇到的困难将会比本国能够生产石油的国家要大得多。

来"。比利时国家银行行长塞西尔·德·史赛克很清楚，比利时政府绝对无法承受罢工和街头示威的压力，因此他的回答是，"那好吧，先生们，货币贬值就是现在剩下来的唯一的政策选择"。

直到1981年年底以前，比利时国家银行都一直拒绝将比利时法郎贬值。比利时是一个完全开放的经济体，本国货币一旦贬值，就会立即推高进口产品价格，从而使居民消费价格指数上升。而由于比利时采取了工资指数化政策，这样一来就会导致新一轮的工资增加和通货膨胀，于是公司将面临破产，工作岗位将丧失，政府预算赤字也将进一步增加。比利时国家银行警告说，如果没有其他政策措施使失衡的经济恢复到正常水平，那么货币贬值最多只能算是一个临时性的解决办法。银行方面还怀疑比利时政府推行这类政策的决心。由于没有其他政策可供选择，再加上国际货币基金组织又施加了相当大的压力，比利时国家银行最终不得不在1982年2月使比利时法郎贬值了8.5%。

比利时国家银行的重大失误是低估了货币贬值带来的震撼性效果。与比利时国家银行的预期恰恰相反，比利时货币贬值为其他政策措施的出台打开了通道，这些政策在此前是根本不可想象的。工资指数化制度被暂停了；社会保障体系的节余被用来减少预算赤字；鼓励创业精神、刺激风险投资的各种税收政策也出台了。几乎在一夜之间，比利时法郎贬值就使比利时公司在国际上的竞争力得到了极大的提高，净出口也因之增加了。货币贬值的综合效果是，外部需求的增加在很大程度上弥补了由于削减开支和税收增加造成的内部需求的下降。在货币贬值以后，比利时的经济在很长一段时间内都表现得相当出色。

比利时的故事的真谛是什么？它告诉我们，对于一个没有加入货币联盟的国家来说，在经济陷入危机或经济发展失衡的时候，它所拥有的可以采用独立的货币政策这种自由就会体现出价值来。例如，当某个国家的劳动力成本与竞争者相比太高时，或者在受到非对称冲击时，货币贬值是一种合理的做法。货币贬值不仅能够立即拉低本国产品的成本,而且贬值所带来的冲击还可以为其他新的政策打开空间,这一点已经为比利时的经验所证明。①

因为货币联盟无法使其成员国货币贬值,所以它们在面临上述问题时,就只剩下了内部通货紧缩这一政策可以选择。内部通货紧缩是直接使内部成本(尤其是劳动力成本)在名义上降下来。然而,这种通货紧缩政策很难实施,特别是在民主国家,因为会遭到大的利益集团的强烈抵制。鉴于可用的政策实在有限,而且肯定会受到种种限制,那么加入货币联盟的国家的最好选择就只能是防患于未然,从一开始就杜绝发生重大失衡的可能性。然而,这又谈何容易?

一份可供对照的清单

况且,仅仅当每个成员国加入货币联盟所得到的好处大于可选择政策工具丧失所导致的损失时,一个货币联盟才可以说是成功的。经济学中已经出现了大量有关最优货币区理论的文献,我根据这些文献总结出了一个货币联盟要想平稳运行必须具备的八大要素。②这八大要素具体如下:

1. 生产要素(特别是劳动力)的流动性。罗伯特·蒙代尔对最优货币区理论做出了开创性的贡献,这项因素是他的研究的一个基石。③ 生产要素的流动性越大,在面对非对称冲击时,经济体系的调整能力就越强,因而失去独立货币政策所导致的成本也越低。

---

① 对于那些把本国货币连续贬值当做经济政策工具箱的基本特征之一的国家来说,这种观点并不怎么适用。人们往往认为意大利就是这样一个国家,第二次世界大战之后尤其如此。
② 在这里,我们依据的是弗兰西斯科·蒙格理给出的总结。请参阅布堤等人,2010,第115–180页。
③ 蒙代尔,1961。

2. 价格与工资的灵活性。专门研究货币问题的著名学者马克思·戈登强调价格和工资必须具备高度的灵活性。① 因为具备了这种灵活性之后，就可以有效地防止货币联盟内各成员国之间通货膨胀率和失业率的差异过大，也有助于消除成员国之间过大的成本差异。

3. 各成员国之间相近的通货膨胀率。如果各成员国之间的通货膨胀率比较接近，而且长期都能维持在很低的水平上，那么这些国家之间的贸易条件也将变得相当稳定，也就不再需要频繁调整名义汇率了。② 而如果各国之间通货膨胀率差异过大，那么就必然会导致高通胀率国家出现明显的成本劣势。

4. 各经济体的开放程度。一个经济体的开放程度越高，汇率调整作为纠正非对称冲击或扭转成本劣势的政策工具的效果就越低。因此，经济体越开放，加入货币联盟所带来的劣势就越小。③

5. 各经济体内部的经济多样化程度。如果某个成员国内部经济多样化程度很高，那么该经济体内的特定经济部门受到冲击后所带来的影响就会比较小。一个经济体在实现了经济多样化之后，就不怎么需要调整本国货币的汇率。④

6. 金融一体化程度。如果货币联盟内各成员国的金融市场已经很好地实现了一体化，那么利率的细微差异就会导致资本流动的发生，从而自动地减轻不利扰动所带来的影响。金融一体化还将使需要采用汇率调整这一政策工具的机会减少。⑤ 罗伯特·蒙代尔认为，金融一体化之所以有利于维持货币区的稳定，是因为资产特有的跨国化与外汇储备的集中化对减轻非对

---

① 戈登，1972。
② 弗莱明，1971。
③ 麦金农，1963。
④ 凯南，1969。
⑤ 英格拉姆，1962。

称冲击的影响非常有利。①

7. 财政一体化。为了实现尽可能平稳地应对各种非对称冲击的目标,需要由货币联盟来重新分配资金,这就要求建立高度透明的财政转移机制。财政一体化也将使各国对独立的货币政策和自主调整汇率的需要减少。②

8. 政治一体化。政治一体化的意愿体现在"促进遵守共同承诺,维持在各种经济政策上的合作,鼓励建立更多的制度性联系"方面上。③ 奥地利经济学家戈特弗里德·哈伯勒强调,各成员国之间秉持相近的政治—政策立场和信念是极其重要的。④ 政治一体化显然有助于使各国间政策相互趋同,进而推动各国在经济发展方面也走上趋同的道路(这又会减少各国退回到采取自主的货币政策的需要)。

如果上述八项条件全部都得到了满足,那么整个货币联盟内各国的经济周期都将纳入同一个轨道。如果各成员国的经济周期都是同步的,那么也就不怎么需要有针对特定国家的宏观经济政策了。然而,即使货币联盟已经实现了高度同步,但各成员国在遭到同一个外部冲击时,各自的最佳的政策反应仍然可能会有所不同。这是因为各国毕竟有各国的特殊情况,例如国家初始经济地位、国内税收结构、贸易反应敏感度以及国家偏好等。⑤

从最优货币区理论的角度反观欧洲经济与货币联盟,就可以发现,它从一开始就遭到了广泛的误解。例如,有一种完全错误的观

---

① 蒙代尔,1973。
② 凯南,1969。
③ 见弗兰西斯科·蒙格理收录于布堤等人编的文集中的论文。请参阅布堤,2010,第118页。读者也可以参阅明茨,1970。
④ 哈伯勒,1970。
⑤ 梅里兹,1991。

点认为,"最优货币区理论最初的预测是欧元将永远不会诞生"。①事实上,最优货币区理论的预测是,如果不能满足如上所述的各项条件,那么货币联盟将无法发挥其最大作用。现实状况和理论最优之间存在着巨大的差异,这就意味着各成员国必须承担相应的经济代价,并使货币联盟最终走向瓦解的机会大大提高。

红旗仍在飘扬

很难说欧洲经济与货币联盟的11个创始成员国都满足我们在上一节中列出的全部条件。显然,劳动力自由流动、工资和价格的高度灵活性、财政一体化以及政治一体化这些条件基本上都没有得到满足,或者最多只能说勉强够格。不过,在其他几个条件上(即通货膨胀率相互接近、开放程度很高、各国经济都实现了多样化以及金融一体化),欧洲经济与货币联盟还是比较符合最优货币区理论给出的标准的。总而言之,如果那些一直在推动欧洲经济与货币联盟成立的决策者们曾经认真考虑过最优货币区理论,那么红旗在20世纪90年代就可以高高飘扬了。

围绕欧洲经济与货币联盟是否符合最优货币区理论给出的标准的问题,出现了一系列争论。新西兰储备银行行长助理戴维·阿彻敏锐地觉察到了在这些争论中隐含的微妙气息,但他自己则认为,人们不应该过于轻易就接受。

关于欧洲经济与货币联盟与最优货币区理论之间真的存在着某种联系的观点,在欧洲经济与货币联盟成立前夕,我参加过几次讨论该联盟的前景的会议。在那些会议上,只有盎格鲁-撒克逊的经济学家(而且主要是来自北美洲的经济学家)从最优货币区理论的角度出发讨论过这个问题。欧洲经济学家要

---

① 雅各布·克尔凯郭尔,2010,第7页。

么只注意到了目前大家所公认的那些政治动机,要么只关注其他一些与最优货币区理论无关的经济问题。①

欧洲各国决定无视来自美国的批评意见,这种拒绝是全面的,因而非常引人注目。美国经济学家一直将他们自己的单一货币联盟与欧洲经济与货币联盟进行比较。② 这是因为,毕竟是美国给世人提供了一个可以被认为是"世界上最成功的单一货币联盟"的例子。③ 对此,克鲁格曼是这样写的:"美国有一个一直在稳定运行着的货币联盟,而且我们都知道它为什么能够如此成功,因为它是与一个国家共生的——这是一个拥有强大的政府、共同的语言和共同的文化传统的国家,但是在欧洲却不存在这些。"④

美国在联邦层面构建了一个透明的财政转移支付制度,制定了一系列清晰而明确的规则,以此来纠正各种失衡问题。⑤ 根据泽维尔·萨拉-马丁和杰弗里·萨克斯两人的计算结果,在美国,地方收入降幅中的40%都是通过财政转移支付的形式抵消掉的。⑥

此外,早在货币联盟出现之前的很长一段时间内,美国各殖民地之间的劳动力和资本就能够自由流动了。⑦ 时至今日,美国劳动力市场和工资的刚性仍然显著低于欧洲经济与货币联盟各成员国。在欧元区,从一个国家永久性地移民到另一个国家的人数占总人口的比例小于0.1%;而在美国,从某个州永久性地移民到另一个州的

---

① 阿彻这段话转引自阿提斯,2002,第23页。
② 关于美国货币联盟的历史,读者请参阅弗里德曼和施瓦茨,1963;对于美国的历史经验与欧洲经济与货币联盟之间的比较,请参阅埃森格林,1997;波尔多和乔农,2000;波尔多,2004。
③ 提尔福德,2006,第11页。
④ 克鲁格曼,2011。
⑤ 美国财政联邦制的形成经历了长期的、有时甚至是痛苦的探索过程。有关详情,读者可参阅罗顿,2006。
⑥ 萨拉—马丁和萨克斯,1992。
⑦ 金与马戈,1998。

人数占总人口的比例则高达2.5%。① 从这两个可比数据中可以看出，美国劳动力的流动性是欧元区的3倍。②

而且，在应对非对称冲击方面，美国货币联盟的手段也要比欧洲经济与货币联盟多得多。在美国，简单的劳动力外流就能够在很大程度上将区域性的经济冲击消解于无形；而在欧洲，同样的冲击却很可能导致失业率大幅上升。③

在美国货币联盟与欧洲经济与货币联盟这两者之间，存在着一个非常重大的区别，这就是，它们实现政治联盟与货币联盟的时间不同。在美国，政治联盟在货币联盟出现前几十年就已经存在了；而在欧洲，货币联盟却被很多人看做是创建政治联盟的手段和途径。例如，欧洲中央银行首任行长德伊森贝赫就曾经宣称，"欧洲经济与货币联盟是而且将永远是我们通往一个统一的欧洲的道路上的一块踏脚石"。④ 欧洲人之所以不愿意认真考虑一个高效的、永久性的货币联盟必须具备哪些经济条件这个问题，上述立场与态度可能是其中一个重要的原因。

不过，并非所有欧洲人都对最优货币区理论给出的标准视而不见。英国拒绝加入欧洲经济与货币联盟，说明它已经认识到许多成员国都不符合最优货币区理论给出的标准。对此，1997年，英国财政大臣（财政部部长）戈登·布朗曾指出：

> 欧元是有风险的，因为适合欧元区某个成员国的某种利率水平却不一定适合另一个成员国。欧元之所以是有风险的，还因为所有的国家不可能都步调一致地共同发展，并且欧洲国家似乎还不具备针对经济危机迅速调整经济所需要的高度灵活性，

---

① 欧洲委员会，2002。
② 经济合作与发展组织，1999。读者也可以参阅莫洛伊、史密斯和沃兹尼亚克，2011。
③ 克鲁格曼："马萨诸塞州带给欧洲经济与货币联盟的历史教训"，1993。
④ 德伊森贝赫上述言论转引自林恩，第30页。

也不拥有单一货币体制所必不可少的严格纪律。①

最优货币区理论并不管用？

正因为政治上的需要完全压倒了经济标准，所以欧洲经济与货币联盟的主要决策者们往往无视各种根据最优货币区理论提出的观点。② 不过，偶尔也出现过一些例外。例如，1997年，当时担任法兰西银行行长、后来接替德伊森贝赫继任欧洲中央银行行长的特里谢说，"一切的努力，都是为了构建一个符合'最优货币区'标准的欧元区"。③ 这种表述在当时实在算得上是凤毛麟角。

德国总理科尔和法国总统密特朗对最优货币区理论的态度也与当时的欧洲主流一致。戴维·马什曾经指出，这两位国家领导人有一个共同点，那就是"都注意吸取历史的教训，能够做到以史为鉴，但是他们都丝毫不重视经济学理论"。④ 20世纪90年代，秉持这一立场的政客们在理论上都得到了一些支持，因为当时出现了许多质疑最优货币区理论与欧洲经济与货币联盟的实践之间是不是真的存在关联的观点。

1987年，彼得·罗宾逊认为，从根本上看，最优货币区理论仍然缺少一个可以用来对货币联盟取得成功必须具备的各种条件进行对比研究的统一的理论框架。⑤ 最优货币区理论只是简单地罗列出了一系列条件，并没有给出确定哪个条件最重要以及哪个条件最不重要的量化指标。乔治·塔弗拉斯把这种状况称为"无法得出最后

---

① 布朗，2010，第186页。
② 在讨论欧元区的经济问题时竟然完全没有涉及最优货币区理论，这是极不寻常的。这种漠视的一个典型例子是（但是绝对不会是唯一的一个例子），范·伯盖伊克、伯恩德森和扬森等人的研究，2000。
③ 请参阅特里谢在德国中央莱茵兰—普法尔茨州和萨尔州土地银行的演讲。
④ 马什，2009，第103页。
⑤ 请参阅罗宾逊，1987。至于相反的观点，一个例子是阿提斯，2002。

的结论",这会导致产生一些问题。① 举一个例子来说,如果八项条件中有五项条件已经完全得到了满足,而只剩三项条件尚未得到满足,那么应该得出什么结论呢?是不是可以说在某种非常有限的意义上已经符合标准了呢?另外,是不是其中某些条件是必须严格并且完全得到满足的(必须具备这些条件),而另一些条件则是有弹性的(最好具备这些条件)?如果是这样,那么又怎样进行权衡和取舍呢?例如,假设劳动力在整个货币联盟范围内是不可自由流动的,那么如果其他生产要素流动性非常高(比如说资本实现了完全自由流动),是不是可以在某种程度上弥补这个缺陷呢?有人还指出,从最优货币区理论本身就可以推导出显著的不一致性。② 例如,那些非常开放的经济体往往也是不具备经济多样性的比较单一的且规模较小的经济体。因此,开放性和多样性这两个标准很可能是不兼容的。

1992年,《单一市场,单一货币》的作者们(该报告堪称欧洲经济与货币联盟的支持者心目中的"圣经")认为,在所有现成的理论中,没有任何一个能够恰当地评估货币联盟的成本和收益。③ 这些作者相信,最优货币区理论的缺陷很可能就在于低估货币联盟成员国的收益。平心而论,他们提出这个观点实质上只不过是想为欧洲经济与货币联盟的实践提供辩护,因为它虽然未能满足最优货币区理论给出的部分标准,却一直在向前推进。

以芝加哥大学教授、诺贝尔经济学奖得主罗伯特·卢卡斯为首的新古典经济学家们,则从另一个方向攻击最优货币区理论与欧洲经济与货币联盟的实践的相关性。他们的研究结果对政府是否能够明智地、高技巧地运用货币政策和财政政策的能力提出了深刻质疑。④ 从更深层次上看,这些研究成果也意味着,对于一个国家来

---

① 塔弗拉斯,1993,1994。
② 关于这种不一致的问题的进一步讨论,请参见塔弗拉斯,1994。
③ 艾默生等人,1992。
④ 威廉·布伊特把这个发现称为"微调谬误"(fine-tuning fallacy)。请参阅布伊特,1999。

说，虽然加入货币联盟后将不能再采用独立的货币政策，也不能再自主地调节汇率，但这并没有什么关系，因为这些政策工具的运用原本就不可能是恰当的，事实上，只能证明它们带来负面的结果。①

内生性是场"及时雨"

从维护欧洲经济与货币联盟的支持者的角度看，将最优货币区理论放入棺材并钉上最后一颗钉子的是两位经济学家的一项研究结论。经济学家杰弗里·弗兰克尔和安德鲁·罗斯发现，不符合最优货币区理论给出的标准的那些国家，在加入货币联盟后若干年，就可能变得符合标准。② 一些经济学家把这种现象称为最优货币区的内生性。用更通俗的语言来说，这就意味着欧元区很可能在启动后演变成为一个最优货币区。因此，尽管大胆地启动它吧，只要运行起来了，一个运转良好的货币联盟就将出现！

还有一些经济学家，其中包括彼得·凯南和巴里·埃森格林观察到，货币联盟将会强化各成员国之间的贸易关系。③ 这一观察结果引导杰弗里·弗兰克尔和安德鲁·罗斯得出了如下的预测性结论：

> 我们可能预期，持续的欧洲贸易自由化将会使欧洲各国的经济周期更加紧密相关，而这又会使欧洲单一货币体系更可能实现并更值得拥有。事实上，货币联盟本身也能够进一步推动贸易一体化的进程，并促使各国商业周期变得更加对称。加入欧洲经济与货币联盟的各国，不管它们的动机是什么，到后来最终都将会符合最优货币区理论给出的标准，即使它们在加入前并不符合。④

---

① 关于这个问题的进一步讨论，请参阅卡尔沃和莱因哈特，2000。
② 这种观点的一个例子，请参见弗兰克尔和罗斯，1996、1997。
③ 凯南，1969；埃森格林，1992。
④ 弗兰克尔和罗斯，1996，第2、3页。

这个论点遭到了许多学者的激烈反对。一些经济学家根据美国的经验得到的结论是，一体化持续推进后，专业化程度将持续提高，而这会使非对称冲击的后果更加严重，从而降低货币联盟的可行性。①

遵循弗兰克尔和罗斯的研究思路，另一些研究人员考察了其他几种可能强化最优货币区条件内生性的路径。保罗·德·格劳威和弗朗切斯科·蒙格理通过价格变动和贸易流动、经济冲击的对称性、产品市场和劳动力市场来观察金融一体化与经济一体化的过程，他们得出的结论是："趋向最优货币区……有许多种内生性因素在起作用。不过，这些内生性因素有多强、它们发挥作用的速度有多快，则有待进一步研究。"②

在针对最优货币区理论的诸多批评当中，上述最优货币区可以内生的观点对欧洲经济与货币联盟的支持者最为重要，它简直是上天赐予他们的礼物！一言以蔽之，这种观点意味着政治家们可以信心十足地宣称：欧洲经济与货币联盟一旦启动，运行良好的货币联盟所需要的条件就会自动得到满足。既然如此，为什么还要在启动前担心这些东西呢？

这样看来，各国在那个阶段签署的《马斯特里赫特条约》，并没有依据最优货币区理论就加入货币联盟的标准作出规定，这并不是偶然的。因为事实恰恰相反，各国的政治决策者们只是提出了趋同的标准。③ 而且，因为工会和左翼政党的反对（例如，他们反对明确提及劳动力自由流动的必要性），许多最优货币区标准都被排除在了趋同标准之外。至于财政联邦制和政治联盟等标准，对"催生"货币联盟而言更属于遥不可及的"奢侈品"，把这些标准纳入货币联盟的标准将导致整个计划完全无法实施。因此，政治决策者们选择的标准都是针对通货膨胀、利率、预算赤字和政府债务的。

---

① 克鲁格曼和维纳布尔斯，1996。
② 德·格劳威和蒙格理，2005，第29页。
③ 请读者回头看本书第1章的"马斯特里赫特'巫毒咒'"一节所述的《马斯特里赫特条约》中规定的趋同标准。

随着时间的推移，赤字和债务标准也许能够防止政府债务的扩张（以免破坏经济稳定），并使欧洲中央银行不再需要继续将政府债务货币化。此外，在遭受非对称冲击的时候，即便缺乏财政再分配机制，但只要各国严格遵守赤字和债务标准，整个体系所受到的冲击将会轻很多。这些标准都与财政稳健性有关，欧洲经济与货币联盟的各成员国只要认真履行，公共财政状况肯定会得到改善。另外，《马斯特里赫特条约》中规定的通货膨胀率趋同标准，则反映了"各成员国通货膨胀率相近"这一最优货币区条件的要求；同时，长期利率趋同则接近于最优货币区标准中的"金融一体化和经济开放"。

屡起屡仆

《马斯特里赫特条约》中规定的趋同标准充其量只是部分地反映了传统的最优货币区理论给出的条件。趋同标准主要关注的是周期性变动的金融指标，如预算赤字和政府债务。但是，在最优货币区理论给出的条件中至关重要的实体经济指标，则完全没有进入《马斯特里赫特条约》规定的标准中。

欧洲经济与货币联盟启动时，至少有四个最优货币区条件基本上没有得到满足，或者说根本没有得到满足。这些条件可以分为两类：第一类包括政治一体化和财政一体化；第二类包括劳动力的流动性、价格和工资的灵活性。2009年秋季，当欧元危机爆发时，这些没有得到满足的条件就凸显在公众面前了。

2010年春，都铎投资公司主管全球经济事务的董事安吉尔·尤比德认为，"欧洲的政治领导人现在必须作出准确无误的抉择：他们要么继续前进，完善欧洲经济与货币联盟，以便为欧元提供支持；要么维持现状，并承担欧元区整体溃败的风险"。[①] 换言之，为了避

---

① 请参阅尤比德被收录在鲍德温、格罗斯和莱文编辑的文集中的论文，2010，第45页。

免欧元区的失败，欧洲的政治领导人必须保证另外的那四个最优货币区标准条件也得到满足。

首先来看第一类未得到满足的条件。事实上，欧洲在推进政治联盟或财政联盟方面几乎没有取得真正的进展。起初，欧洲经济与货币联盟各成员国之间似乎出现了一些深层次的财政趋同现象，但是事实很快证明，那只不过是一种幻象。① 不过，还是有几位观察家——其中包括已故著名经济学家、曾任欧洲中央银行执行委员会委员的托马索·派多亚-夏欧帕——却认为，欧洲货币与经济联盟在21世纪初期构建起来的政策和条约体系，在功能上已经大体上相当于一个部分完成的政治联盟。②

但是，原本似乎可以在政治联盟、财政联盟仍然不存在的情况下提供一些规则的《稳定与增长公约》却惨遭滑铁卢。制定《稳定与增长公约》的最初目的是确立永久性的财政规则。与《马斯特里赫特条约》的规定相一致，《稳定与增长公约》也规定，欧洲货币联盟各成员国每年的预算赤字占其国内生产总值的比例必须低于3%，同时政府债务必须低于或接近于国内生产总值的60%。违背这些规则的成员国必须向欧洲委员会提交一个补救计划。而如果某个成员国连续三年违背规则，则将被处以罚金，最高罚款额为该国国内生产总值的0.5%。

这里就需要考虑道德风险问题。由于违背规则的成员国可能会通过操纵有关公共财政支出的数据来逃避处罚，因此至关重要的问题是如何制约这种行为。各成员国政府虽然都知道其所拥有的欧洲经济与货币联盟的成员资格本质上是一个安全保障问题，但是依然可能会采取（而且很可能真的会采取）不同的行动。欧洲经济与货币联盟面临的道德风险与此有关。某个成员国在面临着严重的财政问题时，即便置已经签订的协议于不顾，甚至采取与协议完全相反

---

① 德·格劳威和蒙格理，2000。
② 派多亚-夏欧帕，2000。

的行动，也仍然有可能得到来自其他成员国的帮助。最重要的是，欧洲中央银行可能会提供额外的保险。虽然欧洲中央银行的法规明确禁止出于为公共债务融资的目的而创造货币，但是这并不能完全排除如下可能性：它可能被迫向某个成员国提供直接或间接的援助，将其从债务泥潭中拯救出来。①

事实证明，《稳定与增长公约》"只不过是一只纸老虎"。② 它遭到完全失败的原因有两个：首先，它是一只"没有牙齿的老虎"；其次，它所定义的债务过于狭隘。对此，欧洲顶尖的经济学家之一的查尔斯·韦普洛兹是这样说的：

> 这个公约（《稳定与增长公约》）从来没有真正发挥过作用，事实上，它也永远不可能发挥作用。这是因为，它以为自己可以规定一个主权国家的政府应该怎样制定预算……财政规则现在依然是而且未来仍将是专属各个国家的政府和议会的一种根深蒂固的国家特权。《稳定与增长公约》的失败告诉我们，"稳定条约"必须是非集权的，属于各个国家行使主权的范围。③

根据德国经济学家迈克尔·布尔达和斯特凡·格拉赫的观点，

> 《稳定与增长公约》之所以必然失败，是因为某成员国政府违背规则时，什么也不会发生……该公约过于轻率地提出了如下假设：各国政府在任何时候都能够控制自己的收入和支出，而且它们会将长期财政稳定置于短期政治考虑之上。公约还一厢情愿地希望，任何违背规则的行为都将置于众目睽睽之下，

---

① 戈登，2002。
② 拉赫曼，2010，第11页。
③ 见韦普洛兹被收录在鲍德温、格罗斯和莱文编辑的文集中的论文，2010，第34、35页。

并迅速受到惩处。①

2002年10月，当时担任欧洲委员会主席的意大利人罗马诺·普罗迪说《稳定与增长公约》"愚蠢之极"。从一开始，《稳定与增长公约》规定的补救计划和对各国政府的制约就是一个无法当真的笑话。这项计划的实质内容还是其次，关键的问题是如何让市场和公众接受它。2003年，德国和法国公然违背《稳定与增长公约》规定的预算限制，从而在实质上扼杀了这一公约。

需要注意的是，德国决策层一贯以来都高调地坚持严格的预算限制和债务"天花板"，这在很大程度上意味着他们想说服德国公众：欧元不可能被欧洲南部那些成员国采取的不负责任的财政政策拖垮。因此，这一次连德国也无法达到《稳定与增长公约》规定的标准，就显得特别具有讽刺意味了。到了2005年，《稳定与增长公约》的修订被摆上了议事日程，目的是使它的规则更加灵活。尽管投入了大量的政治资本，花费了大量的时间和精力，但这一尝试依然遭到了失败。令人惊讶的是，一直到2010年，仍然有一些评论家坚持认为《稳定与增长公约》就是欧洲经济与货币联盟所需要的财政联盟。②

德国指明了方向

现在我们来考虑一下第二类趋同标准，即劳动要素的流动性与价格和工资调整的灵活性。对这些因素的关注，就把我们的注意力吸引到了劳动力市场、产品市场和金融市场上来。经济合作与发展组织早就观察到，这几个市场之间在许多方面都存在着密切联系。

---

① 见布尔达和格拉赫被收录在鲍德温、格罗斯和莱文编辑的文集中的论文，2010，第65、66页。
② 乔农，2010。

例如，对产品市场进行严厉管制的国家更倾向于制定限制性的就业保障法规。① 对这些因素的研究，为我们提供了一个难得的机会——可以对最优货币区各标准均具有内生性的理论假说进行检验。货币联盟的建立真的能使劳动力流动性更高、价格和工资更具灵活性吗？

迄今为止，对欧元区内市场运行机制的研究还不能为上述问题提供一个明确的答案，不过，总体上看，得出负面的结论的可能性比较大。例如，一篇被广泛引用的研究性论文的结论是：欧洲经济与货币联盟成立以后，能够增进各市场灵活性的结构性变迁反而放慢了。这个结论与（货币联盟）内生性理论完全相反。② 后来的研究还发现，"商品市场上结构性变革的速度与欧元的推广'显著相关'，不过，并没有证据表明欧元的推广加快了劳动力市场的改革"。③

此外，在能源和电信等经济部门中，竞争有所增强，这符合消费者的利益。但是总体而言，在构建能够及时而平稳地进行经济调整的机制方面投入的资源显然并不充分，尤其是在劳动力市场的制度化上面。正如2010年的一项研究性结论中所指出的：

> 尽管与工人自由流动权利有关的法律和政治框架已经有了许多改进，同时欧盟公民的自由旅行权利的落实也得到了舆论的赞赏，但是不可否认的事实是，劳动力的流动性仍然非常非常低……无论是从法律的角度、还是从行政管理的角度抑或从文化传统和行为模式的角度来看，各种壁垒依然广泛存在。④

欧洲经济与货币联盟各成员国针对劳动力市场和产品市场进行

---

① 欧洲经济合作与发展组织，2000。
② 请参阅杜瓦尔和埃尔梅斯柯夫，2006。
③ 见阿莱西纳、阿德格纳和加拉索被收录在阿莱西纳和和吉亚瓦兹主编的论文集中的论文，2010，第59页。
④ 西美吉尔，2010，第38页。

结构调整的力度各不相同,特别是在欧洲南部,许多国家都未能改善它们的市场体系。希腊和葡萄牙等国似乎根本不知道东欧国家加入欧洲经济与货币联盟会影响它们本国的竞争力。① 在波兰、匈牙利、斯洛伐克和捷克等国家,劳动力成本更低,而且这些国家的人力资源也非常丰富,至少不低于欧洲南部各国。因此,东欧国家的竞争力将很快超过希腊和葡萄牙。

与欧元区多数成员国不同,德国确实一直在推进经济结构的转变,特别是对其国内劳动力市场着力甚多。东、西德统一之后,德国的经济表现令人沮丧。德国的经济增长率落后于欧洲经济与货币联盟的大多数成员国。德国的失业率也一直居高不下:从1992年的7.5%上升到1997年的11.5%,2001年略微下降到9.5%,但是到2005年又上升到接近12%的新高。德国在21世纪初的经济表现,在很大程度上向我们展现了加入一个汇率过高的经济与货币联盟将会带来的种种后果。

为了在经济政策上推进革命性的变革,德国组成了社会主义者和绿党的联合政府。2003年,担任德国总理的社会主义者格哈德·施罗德推出了"2010年复兴计划",旨在彻底扭转一直困扰德国十多年的社会和经济衰退。构成该计划的核心是劳动力市场现代服务业委员会(Committee for Modern Services in the Labor Market)提出的一系列建议(《哈茨建议》)。劳动力市场现代服务业委员会还有一个更广为人知的名字:哈茨委员会。这是用其主席、大众汽车集团人力资源经理彼得·哈茨的名字来命名的。②

《哈茨建议》共分四个阶段实施,其中的第四个阶段(哈茨Ⅳ)包含着最彻底的变革。公共就业服务部门将进行重组,培训计划也将重新设计,许多意在削减工资补贴、刺激创业的新机制也将建立

---

① 安德烈·萨菲尔使我注意到了这一论点的重要性。
② 关于《哈茨建议》的具体内容及其初步成效,有兴趣的读者可以参阅雅可比和克鲁弗,2006。

起来。随着时间的推移,哈茨 IV 全面实施后,失业救济金将受到限制,那些不参加工作又拒绝接受培训的人的福利将被大幅削减。它还显著地放宽了对企业裁员的限制。在急于保住已经受到严重威胁的工作职位的会员的强大压力下,工会也同意在长时间内维持适度的工资要求。

德国近年来的经济形势好转是不是哈茨 IV 所推动的?虽然部分经济学家对此仍然有不同意见,但是大多数经济学家都认为它确实起了重要作用。① 到了 2006 年,德国的经济增长率已经超过了欧元区各国的平均水平。经历了第二次世界大战以来最严重的经济衰退后,德国的经济活力又一次强于欧元区的任何其他国家。到了 2008 年,德国的失业率下降到了 7.2%,这是证明德国经济复苏的最有力的指标。2000 年,德国的就业率(或有效就业者占适龄劳动人口的百分比)只有 69%,而到了 2008 年,这一指标已经上升到了 74%。剧烈而痛苦的结构调整使德国成了欧元区最具经济竞争力的国家。

"没有母国的货币"

货币联盟能够带来的益处是实实在在的,但是与之相关的代价也是实实在在的。货币联盟偏离最优货币区标准的距离越远,它的成本也就越高。在欧洲经济与货币联盟成立前的那几年,这个问题被轻描淡写地一带而过了。当时,货币联盟的优点被无限放大,而缺点则都被有意无意地掩盖起来了。

欧元的主要缺点与许多人所称的欧洲经济与货币联盟那种"前所未有的制度架构"密不可分。这一制度架构把由欧洲中央银行管理的单一货币政策,与由各成员国独立的由政府负责的各种经济政

---

① 但是,德国选民并不同意这种看法。社会主义者和德国绿党(die Grünen)组成的联盟在 2005 年选举中被击败,施罗德的总理生涯也告结束。

策、预算政策和管制法规衔接到了一起。① 许多分析家认为,欧盟的政策与其成员国的各种独立政策是互不匹配的,这才是"欧元所面临的根本性问题"。他们的结论是,"欧元成了一种没有母国的货币"。②

在金融危机期间,欧元区各国在银行体系和金融市场等方面缺乏协调,这一点非常明显。这也成了欧元区从危机中复苏的主要障碍。比利时鲁汶大学经济学教授保罗·德·格劳威在2003年写道:"欧元区的银行系统已经实现了一体化。在这样一个体系内,当前在监督和控制方面存在的压力使它难以防范和应对金融危机。人们只能希望下一次金融危机发生前,能够进行必要的制度变革。"③

欧洲理事会于2000年3月通过的《里斯本议程》(Lisbon Agenda),为针对各竞争性市场的各种经济政策的协调提供了蓝图,而在所有市场中,劳动力市场是核心。《里斯本议程》的起草者在不知不觉中借用了最优货币区理论的结论。该议程的最终目的是在2010之前把欧洲改造成世界上最具活力和竞争力的经济体。④ 如果真能实现这一目标,那么各成员国的经济表现将更加趋同,当然,第一步需要解决的问题是生产率过低和经济增长停滞问题。

然而,在《里斯本议程》通过10周年之际,人们普遍认为它遭到了近乎彻底的失败。对该议程所带来的结果进行了全面分析后,欧洲改革中心的经济学家西蒙·提尔福德和菲利普·怀特得出了如下结论:

> 几乎没有几个成员国能够接近它们自己于2000年设立的目标,同时经济表现最好的成员国与表现最差的成员国之间的差距在2010年反而比在2000年时变得更大了……实在很难摆脱

---

① 布堤等人,2010,第9页。
② 请参阅本杰明·科恩被收录在戴森选编的文集中的论文,2008,第38页。
③ 德·格劳威,2003,第174页。
④ 读者如果想了解《里斯本议程》受到的批评,请参阅科克集团(Kok Group),2004;韦普洛兹,2010。

如下这种很令某些人着恼的怀疑：即便《里斯本议程》从来没有存在过，但大多数欧盟成员国的改革路径也不会有很大的不同。因为欧盟内部各成员国之间的政策的趋同程度，较之欧盟各国与经济合作与发展组织各国之间的政策的趋同程度，实在说不上有什么差别。①

从其启动阶段开始，欧洲经济与货币联盟就存在着许多不足之处和结构性的缺陷。政治上的考虑迫使经济问题不得不退居次席。无论是从经济结构、生产力水平还是从主要政策观点上看，各成员国之间都存在着巨大差异，因此，欧洲经济与货币联盟的创建者们承受了巨大的风险。在货币联盟成立后的最初几年，承受这些风险似乎是值得的，但是到了21世纪的第一个10年已经结束后的今天，其值得的程度就降低了许多。

---

① 请参见提尔福德和怀特，2010，第3页。

第3章 一切归零

2008年1月，德国的财政部部长佩尔·施泰因布吕克宣称，"我为欧元的成功而深感欢欣鼓舞。它是欧洲共同体历史上最伟大的成就之一"。① 在欧洲，对欧元前10年的历程持这种看法的人绝不止施泰因布吕克一个。2008年5月，欧洲委员会是这样描述欧洲货币联盟的：

> 它是一个巨大的成功……在10年的时间里，（欧元）显然已经成为世界上第二重要的货币了。它为欧洲带来了经济的稳定，推动了经济一体化和金融一体化，促进了各成员国的经济增长和相互之间的贸易往来。它所构建的公共财政框架是健全的，而且具有可持续性，因而有助于确保我们的子孙后代能够继续从欧洲以公正著称的社会制度中获益。②

人们普遍认为，在1998—2006年间担任欧洲中央银行执行委员会委员的奥特马·伊辛，是欧洲中央银行初创期的战略和工作程序的主要构建者。2008年6月，伊辛认为欧元已经功德圆满，他说，"在今天，已经很难找到一个敢出言否认欧元已经取得了巨大成就的人了"。③ 几个月后，欧洲委员会负责经济和货币事务的委员杰奎

---

① 施泰因布吕克上述言论转引自马什，2009，第219页。
② 欧洲委员会，2008。
③ 请参见伊辛被收录在戈德曼·萨克斯编辑的文集中的论文，2008，第17页。

英·阿尔穆尼亚的话也传达了同样的意思：

> 欧元……已经凭借其可靠性和稳定性获得了巨大的声誉，并且为欧洲经济带来了无可估量的好处，无论是市场还是企业，都大为获益……怀疑论者认为欧元是不可能成功的，卡桑德拉论者则预测这将会是一场灾难，我们现在已经证明他们都是错误的……欧洲经济与货币联盟为其所有成员国带来的经济优势是压倒性的。①

几乎与此同时，欧洲中央银行行长特里谢在一次讲话中也说，"欧元是一个历史性的成就。它在诞生后第一个 10 年内已经取得了成功……整个欧洲都应该为此而感到非常自豪"。② 当然，戈登·布朗的工党政府的商务部长彼得·曼德尔森也不可能不同意这个评价。2009 年 6 月，由于把欧元说成是"一个伟大的成功"，并且表示强烈支持英国加入货币联盟，曼德尔森甚至在英国制造了一个不大不小的混乱。③

对欧洲经济与货币联盟和欧元的歌功颂德不仅来自政府官员，而且许多来自私营机构的经济学家们也显得热情高涨。例如，高盛欧洲公司首席经济学家埃里克·尼尔森在 2008 年 6 月写道："迄今为止，欧洲中央银行、欧盟和欧元区经济已经具备了成功的所有特征，其中包括……使金融体系实现了前所未有的稳定。"④ 2009 年 1 月 1 日，当欧洲经济与货币联盟及其皇冠上的明珠——欧元——共庆 10 周年诞辰时，无数的欧洲政治家、经济学家和评论家都似乎对此达成了共识。

---

① 布堤等人，2010，第 17 页。
② 参见特里谢于 2009 年 2 月 12 日在德国奥斯纳布吕克发表的演讲，该资料可从欧洲中央银行网站上得到。
③ 曼德尔森上述言论转引自 2009 年 6 月 12 日的《每日邮报》。
④ 戈德曼·萨克斯，2008，第 12 页。

不合时宜的庆祝活动

乍一看来,欧洲的政治家们、私人分析师们和经济学家们似乎确实有理由乐观。欧元的引入显得非常顺利,而且在金融危机达到顶峰时,货币联盟也很好地保护了比利时和爱尔兰等银行部门规模过于庞大的小国。而非会员国,如冰岛和匈牙利,则都出现了银行系统危机和货币危机,进而导致了严重的经济衰退,造成了失业率的急剧上升和财政赤字的大幅增加。

欧洲中央银行的稳健表现被认为欧洲经济与货币联盟之所以能够取得成功的重要因素。欧洲中央银行似乎顺利地继承了其行为榜样——德意志联邦银行——的信誉。执行委员会和管理委员会满怀信心地为货币政策掌舵。欧洲中央银行执著地坚持了"低于,但接近于2%"的通货膨胀率目标(虽然有些时候甚至显得有些火力过猛),它以此为基准处理各种危机的方式,为它赢得了广泛赞誉。在这10年间,欧元区挺过了接连不断的内外部冲击,包括网络泡沫的破灭、2001年9月11日的恐怖袭击、美军在伊拉克和阿富汗发动的战争、2008年石油价格的急剧上升,当然还有2007年夏天开始的全球金融危机。

与欧洲中央银行的良好运转相伴而来的是欧元区经济的不凡成就。只要与美国作一个对比,我们就会发现,欧元区在欧元诞生后第一个10年内的表现实在可圈可点。虽然欧元区的经济增长没有跑赢美国,但是它也没有落后多少(请参见下表3.1)。在欧元诞生后的第一个10年中,欧元区的实际经济增长率为2.1%(平均),比美国在这10年内的平均增长率2.6%差不了多少。如果按人均指标计算,那么这10年内欧元区的人均国内生产总值增长率与美国同等。在就业方面,欧元区的就业率增长较快,但是平均失业率仍然远高于美国。欧元区的平均通货膨胀率则低于美国。欧元区的政府债务与美国几乎同等,但是就政府赤字而言,则是欧元区的表现略胜一筹。在贸易盈余方面，欧元区实现了一定规模的外部盈余（相当于国内生产总值的0.4%），而美国仍然深深地陷在了已经持续多年的贸易赤字当中（2008年美国的贸易逆差占国内生产总值的比例高达4.7%）。

表3.1　　　　　　　　　　欧元的第一个10年

欧元区与美国的比较（1999–2008）		
实际国内生产总值增长率	欧元区	美国
·按年计算	2.1	2.6
·按人均计算	1.6	1.0
就业状况		
·就业平均增长率	1.3	1.0
失业状况		
·平均失业率	8.3	5.0
通货膨胀状况		
·平均通货膨胀率	2.2	2.9
政府预算赤字		
·占国内生产总值的百分比	-1.8	-2.4
政府债务		
·占国内生产总值的百分比（期末）	67.2	67.5
外部状况（国际收支状况）		
·占国内生产总值的百分比	0.4	-4.7

数据来源：布堤等人，2010。

山雨欲来风满楼

但是，在欧元区表面光鲜的整体经济表象背后，隐藏着严重的失衡现象。主要的失衡体现在以下5个方面：

1. 庞大的经常账户赤字（请注意，赤字意味着对进入赤字国的外国资本的依赖）。
2. 与过度信用创造如影随形的巨大资产泡沫（会因此加大银行偿付能力的风险）。
3. 巨额政府赤字。

4. 债台高筑。
5. 若干成员国已经丧失了国际竞争力。

上述这些失衡都互相联系在了一起。例如，过度的信用创造助长了通货膨胀，这反过来又促使工资成本迅速增加，从而损害国际竞争力。所有这些，再加上越来越严重的政府赤字，抬高经常项目下的账户赤字。

所有这些危险的信号是怎样被忽视的？现在回想起来，这几乎令人难以置信。然而，欧洲的政治决策者们依然沉浸在盲目的乐观中不可自拔，对任何批评货币联盟的意见都充耳不闻。虽然在非公开的会议上，欧洲中央银行、欧洲委员会、经济合作与发展组织、国际货币基金组织以及一些主要智库也曾经发出过一些警告，但是这些警告极少为外界所知，当然它们进入最终的政治决策过程的机会就更少了。批评意见得到的最好待遇最多也不过是被有失礼貌地忽视了。

不过，终究还是有一些经济学家们看到了不祥的乌云正在聚集，而且拒绝继续保持沉默。正当欧洲各国为欧元诞生10周年而大张旗鼓地举办各种庆祝活动达到沸点的时候，总部位于伦敦的欧洲改革中心发布了一份由其首席经济学家西蒙·提尔福德撰写的报告。在该报告的开篇中提尔福德写道："欧元正在外汇市场上呼风唤雨，金融危机留下的迹象也表明，欧元大家庭为欧元区各成员国提供了一个安全的避风港。在这种情况下，对货币联盟的稳定性提出质疑似乎是一个奇怪的举动。""但是，"提尔福德接着写道，"经济危机的威胁可能使隐藏在欧元区内部的深层失衡状况更趋恶化，从而给它的一些成员国造成困难，"这又会进一步导致投资者更加关注"一些成员国经济陷入停滞的可能性，最终会诱使投资者对这些国家的偿付能力的担忧加深，甚至连它们能否保住继续留在欧元区的资格都会成为投资者疑虑的对象"。[1]

---

[1] 提尔福德，2009，第1—2页。

其实早在三年前，提尔福德就曾经在一篇题为"欧元区会分裂吗？"的论文中振聋发聩地发出过警告。在一片溢美声中，提尔福德警告说：

> 现在要谈论欧洲经济与货币联盟的成功还为时过早。人们寄希望于单一货币体制促进欧洲统一，但它也可能成为一个经济混乱和政治分裂的根源……绝大多数成员国都严重地低估了趋向成功所必不可少的规则的严肃性，这无疑会损害单一货币的长期生存能力……微观层面的经济创新和宏观层面的制度变革都被严重地延误了，这将会加大欧洲经济与货币联盟崩溃的风险。①

就在提尔福德不合时宜地发出警告的那段时间里，另一位英国公民也发出了一些不中听的预言。2007年4月，曾经在撒切尔夫人的政府中担任过财政大臣并一直对欧洲货币联盟持怀疑态度的尼格尔·劳森指出：

> 欧洲经济与货币联盟是一个意义非凡的成就。然而，当年前苏联把宇航员送入太空的壮举，也同样是一个令人惊叹的成就。尽管不一定一切都将以眼泪告终——既然已经投入了这么多的政治决心，欧洲联盟各国的政客们就算是上天入地，也必定会尽其所能，使欧元看起来显得成功，但是它究竟能不能带来重大的利益，这个问题却不是现在就能给出明确答案的。尤里·加加林刚刚进入太空时，我们也不知道后果将会怎样。②

---

① 提尔福德，2006，第1、57、58页。
② 尼格尔·劳森这番话转引自马什，2009，第247页。

帕潘德里欧点燃了引爆点

在货币联盟成立后的第一个 10 年，内部失衡一直在逐渐地恶化。2008 年年底，当经济衰退真的出现时，市场突然意识到局势确实无法再维持下去了。一旦经济衰退的严重性变得清晰，欧元区内金融危机就开始以闪电般的速度发展。市场担心这次经济衰退将进一步加剧业已存在的失衡。事实证明，这个担心是正确的。

任何一个严重的金融危机都有其引爆点。金融危机往往是由一个看似无关紧要的声明或事件甚至单纯的怀疑引发的。这些不起眼的小事却产生了无比重要的作用——使金融危机的列车开动起来。就 2007—2009 年的严重的金融危机而言，它最早是由美国次级抵押贷款市场崩溃引发的，但是很快一切都变得很明显：金融体系、银行部门以及涉及范围更广的经济部门面临的问题，要比由一大堆不值钱的甚至是欺诈性的美国抵押贷款引发的问题要严重得多。

对此，英国经济学家罗杰·布特尔是这样说的："把 2007—2009 年的金融危机发生的原因归结为次贷危机这种说法，比把第一次世界大战的爆发归因于 1914 年弗朗茨·斐迪南大公在萨拉热窝遇刺的说法根本好不到哪里去。当时的金融体系的问题就摆在那里，即便没有发生次贷危机，也会出现别的什么东西引发金融危机。"[①]

就当前的欧元危机而言，希腊新当选的总理乔治·帕潘德里欧在 2009 年 10 月承认，他的国家的财政赤字比以往任何人正式承认的要大得多，这确实是一个引爆点。当帕潘德里欧宣布，2009 年希腊的预算赤字至少比前任政府所宣布的数额（占国内生产总值的 6%）还要大一倍以上时，欧洲公众和金融市场都惊呆了。

在 2009 年年初，希腊政府所承诺的财政赤字规模是占国内生产总值的 3.7%。但是，事情很快就清楚，为了加入欧洲经济与货币联

---

① 布特尔，2009，第 20 页。

盟，希腊政府在有关预算赤字的数字上做了手脚。来自美国的投资银行高盛，通过一些"非常有创意"的金融工程手段，帮助雅典隐藏了相当大的一部分财政赤字和政府债务。① 希腊的公共财政状况之所以会完全失控，其主要驱动力在于臃肿的公共部门、卫生保健、养老金及其他方面的庞大支出，普遍的腐败现象和弱得像几乎不存在一般的税收征管也是重要的因素。

为了避免误解，我希望说得再明白一些。即使帕潘德里欧没有坦承这一切，也会出现其他什么事件或别的什么东西引发欧洲主权债务危机。整个局面已经完全无法再维持下去了，希腊只不过是冰山一角。希腊自爆谎言之后，欧元区的其他重大问题立即引起了普遍关注：从经常账户的巨额赤字，到欧洲银行业的脆弱性。

令人不安的还有另外一个事实：即使在经济历经多年的强劲增长之后，好几个成员国的长期财政状况也没有显著改善，在某些情况下，反而连维持原有水平也无法做到。② 拯救金融体系和银行系统所花费的巨额财政成本与愈演愈烈的经济衰退使这些问题雪上加霜，而且变得更加明显，再也无法遮掩下去了。分析师和投资者都开始普遍地意识到，欧元区所面临的危机是全局性的，绝不是少数几个成员国因管理不善而陷入困难这么简单。现实已经出现的危机、潜在可能发生的更大危机，都与货币联盟本身的根本性缺陷有直接关系。

退一步说，即便暂且先不考虑欧元区的整体情势，帕潘德里欧的"供认"本身也足以对全世界的金融市场和政治生态造成重大冲

---

① 德国《明镜周刊》披露，高盛积极参与了希腊操纵数据的活动。请读者参阅《明镜周刊》于 2010 年 2 月 28 日刊登的"高盛帮助希腊掩盖其真实的债务"一文。

② 在 2010 年底，威廉·布伊特和伊伯拉希姆·拉伯利列出了一个公共财政仍然在一个合理范围内的发达国家的名单，它们是：澳大利亚、新西兰、丹麦、挪威、瑞典、芬兰和瑞士。芬兰是唯一被列入这个名单中的欧元区成员国。请参阅布伊特和拉伯利，2010。

击。在1999年夏天，希腊财政部部长亚诺斯·帕潘托尼乌信誓旦旦地宣称："我们必定会满足全部标准，以'清白之躯'加入欧元区。"① 说明希腊一直在努力地制造金融稳定的幻象，这令后来所发生的一切更具讽刺意味。2000年3月，希腊正式提出加入欧洲经济与货币联盟的申请。同年7月，根据希腊提供的经过特殊操纵的数据，欧洲各国领导人在首脑会议上批准希腊加入欧元区。这成了这个国家历史上的一个重大转折点，因为它在预算和财政方面的可信度一直以来都甚为可疑。

不幸成了兴奋剂的低利率

加入欧洲经济与货币联盟后，希腊出现了某种奇迹。这与欧洲中央银行的货币政策有关。欧洲中央银行只有一个政策目标，那就是把欧元区作为一个整体，尽力为各成员国营造一个大体上均衡的经济环境。这样一来，欧洲中央银行的政策在很大程度上取决于德国、法国和意大利等欧元区"三巨头"的经济状况。当这三个国家之间的经济表现基本上实现了趋同时，这一点尤其明显。因此，1999年以后，由于"三巨头"都出现了低通货膨胀率、低增长率、高失业率共存的情况，欧洲中央银行就确定了一个相当低的名义政策利率（请参见下图3.1）。当然，欧元区其他成员国也都适用这一利率，尽管它们的通货膨胀率较高、经济增长也较快。欧元区其他成员国的市场利率和风险溢价很快就降了下来。

欧洲中央银承继了德意志联邦银行的信誉，希腊银行也因此幸运地搭上了顺风车。在希腊，10年期的实际利率从1999年的5%迅速下降到了2005年的0%（请参见下图3.2）。希腊的国家风险溢价几乎完全消失了。

随着希腊官方披露的"故事情节"的继续深入，市场及各评级

---

① 帕潘托尼乌上述言论转引自1999年8月23日的《世界新闻报》。

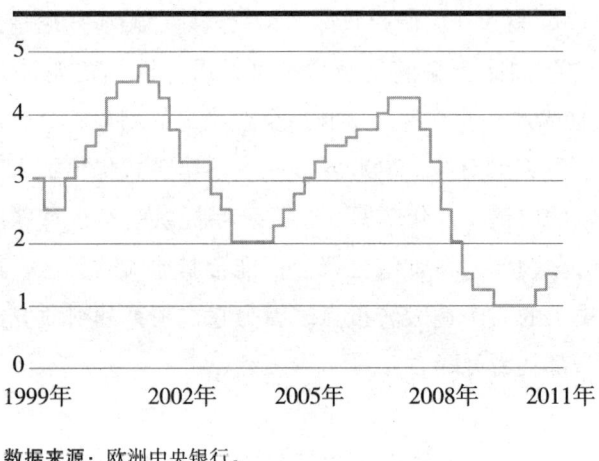

数据来源：欧洲中央银行。

图 3.1　欧洲中央银行的政策利率（%）

机构对希腊所面临的经济、预算、财政问题的严重性的认识越来越一致。在一个时期，希腊债券与德国债券的利差几乎不见了，这意味着希腊政府可以无限制地举债，而且其利率水平只需略微高于德国这个最有信誉的国家即可。[①] 对此，财经评论员马修·林恩是这样说的：

> 希腊不再是一个处于边缘的怪异国家了。如此低的利率水平鼓励了投机者，吸引了大量的市场资金。这是一个漫漫长路的终点。希腊摇身一变，加入了欧洲金融体系的主流。它获得了"A"的评级，变得"坚如磐石"，就像德国一样。[②]

成为欧洲经济与货币联盟一员，也为爱尔兰、葡萄牙和西班牙等国带来了奇迹。由于实际利率大幅下降（请参见图3.2），这些国家在债券市场上非常有吸引力，也使得借钱给它们变得十分有利可图。加入货币联盟后，这些国家得以尽享"成为欧洲大家庭一员的幸福"。

[①]　布伊特和西伯特，2006。
[②]　林恩，2011，第53页。

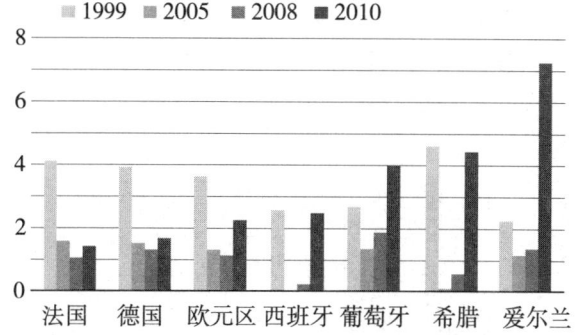

数据来源：比尼·斯马吉，2011a。图中显示的百分比值是 10 年期名义利率减去以消费者物价调和指数（HICP）计的通货膨胀率而得到的数值。

图 3.2　欧元区及区内部分国家的实际利率

当然，这些国家的实际利率的下降是一种必然的结果。因为名义利率必须保持在略高于德国以及整个欧元区的平均通货膨胀率的水平上（请参见图 3.3）。这些国家实际利率下降后，总需求出现了大幅上升，从而导致经济以较高速度增长（请参见图 3.4）。从图 3.4 中可以发现，在地中海各国中（一般认为希腊、意大利、爱尔

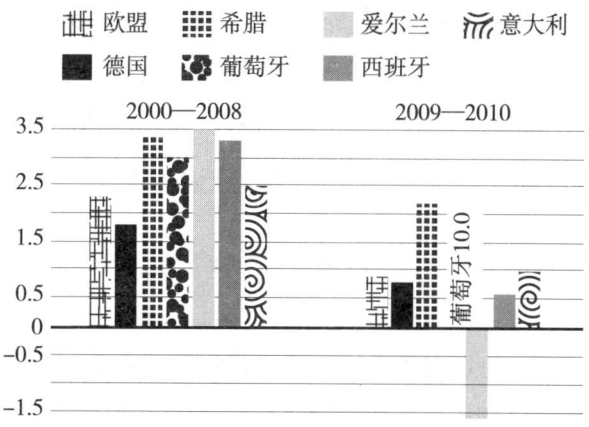

数据来源：经济合作与发展组织，"经济展望"。图中显示的是各期内的平均通货膨胀率。

图 3.3　欧元区及区内部分国家的通货膨胀率

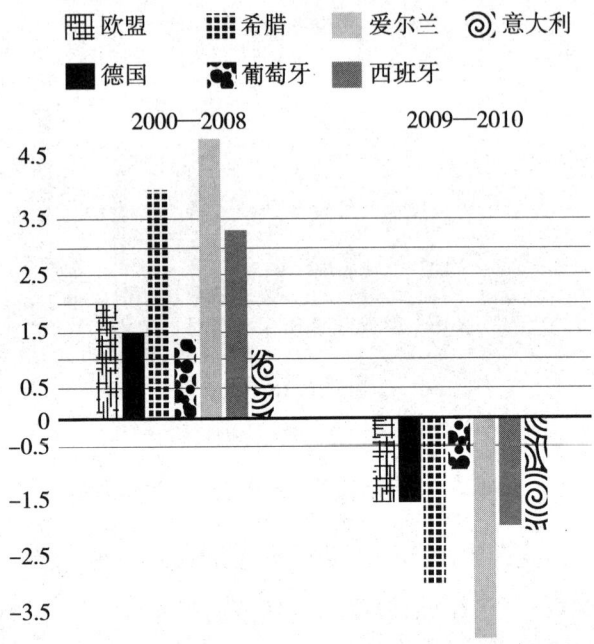

数据来源：经济合作与发展组织，"经济展望"。图中显示的是各期的平均通货膨胀率。

图 3.4　欧元区及区内部分国家的经济增长

兰、葡萄牙和西班牙都属于这个"俱乐部"），葡萄牙是经济增长最慢的国家之一，同时它的实际利率的跌幅也最低。这两者并不是偶然的巧合。"地中海俱乐部"中的各国经济之所以出现了强劲增长，是因为市场和决策者们没有关注到隐藏在更深层面上的根本性失衡问题。

由于经济增长率较高，这些国家的通货膨胀率也被逐步推高了，而这反过来又使借贷的真实成本进一步降低。事实上，在某些特定的情形下，借钱的真实成本甚至变成了负数。由于利率实在过于偏低，以至于通货膨胀率和国家风险溢价不再构成市场考虑的因素，因此，这些国家的国内消费额远远超过了国内生产值，最终导致它们的国际收支经常项目的账户的赤字迅速增大。要害在于，因为外国银行和其他金融机构都没有看到货币风险的存在，以为为这些赤字进行融资不会遇到任何问题。

与"地中海俱乐部"各国积累下来的巨大的经常项目账户赤字如影随形的是德国和荷兰等国家持续增加的经常项目账户盈余（参见图3.5）。整个欧洲的各种金融机构的资产负债表都被各赤字国家的债券和其他证明文件填满了。

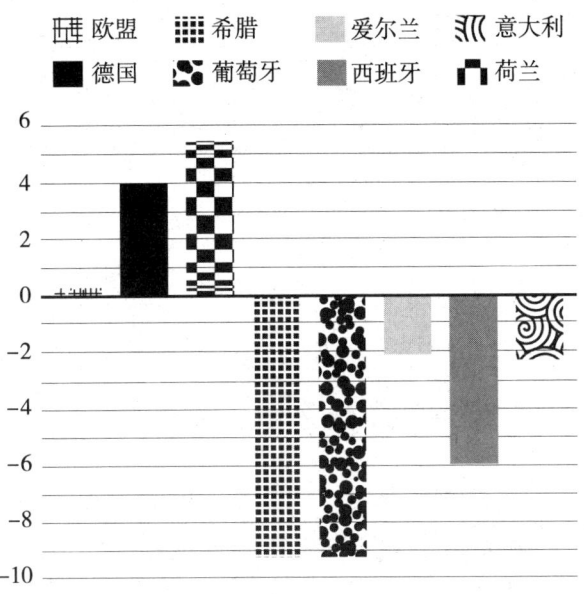

数据来源：经济合作与发展组织，"经济展望"。图中显示的是2000—2010年的赤字额占国内生产总值的比重。

图 3.5　欧元区及区内部分国家的经常项目账户

竞争力越来越低

"地中海俱乐部"各国凭着其身为欧洲经济与货币联盟成员国家的资格而享受到的非常低的实际利率（通货膨胀率调整后实际利率甚至可能为负），推动了国内的经济增长。各国都出现了房地产开发热潮，表现为房价不断攀升、新房屋建造热火朝天。爱尔兰和西班牙的情况最为突出，希腊的房价的涨幅也高于欧元区的平均涨幅（参见图3.6）。在一些欧洲货币联盟成员国当中，出现了比美国更明显的房地产泡沫。在2000—2007年间，希腊、爱尔兰和西班牙等国的住房建设投资实际增长均超过60%（参见图3.7），而在同一时期，作为一个整体的欧元区的平均水平只不过是12%。

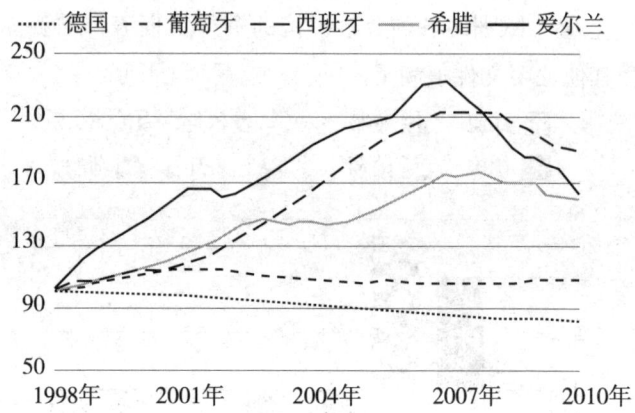

数据来源：比尼·斯马吉，2011a。以1998年第一季度为基期（100）。

图3.6　欧元区部分国家住宅物业的价格

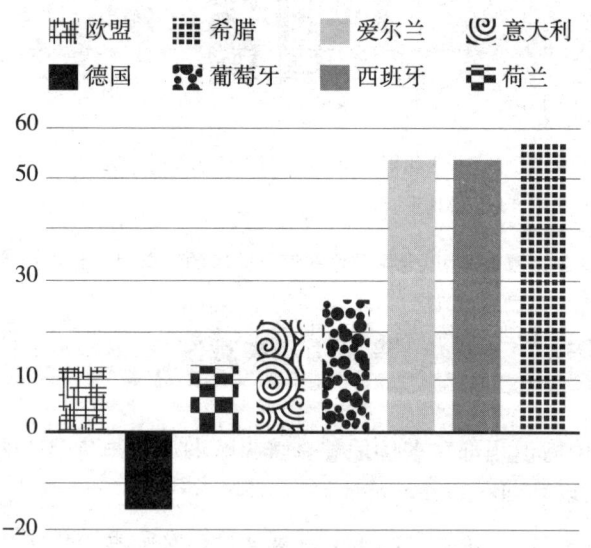

数据来源：比尼·斯马吉，2011a。

图3.7　欧元区部分国家在2000—2007年间住宅建设投资的增长情况

这是一切房地产泡沫的根源。同时，"地中海俱乐部"各国的信贷过度扩张又起到了火上浇油的作用（参见图3.8）。而在这些过度的信贷扩张中，相当一部分正是为了上述各国平衡其不断增加的经常项目账户赤字所需的资金需求而创造出来的。2011年上半年，意大利在欧洲中央银行执行委员会担任委员的洛伦佐·比尼·斯马吉却以中央银行行长惯有的轻描淡写的口吻发表了一个声明，他说：

> 在过量的信贷扩张当中，至少有一部分有其合理的基础，毕竟欧洲委员会在上世纪80、90年代的研究报告，就曾"许诺"单一市场和单一货币联盟将带来相当大的增长红利。但是，

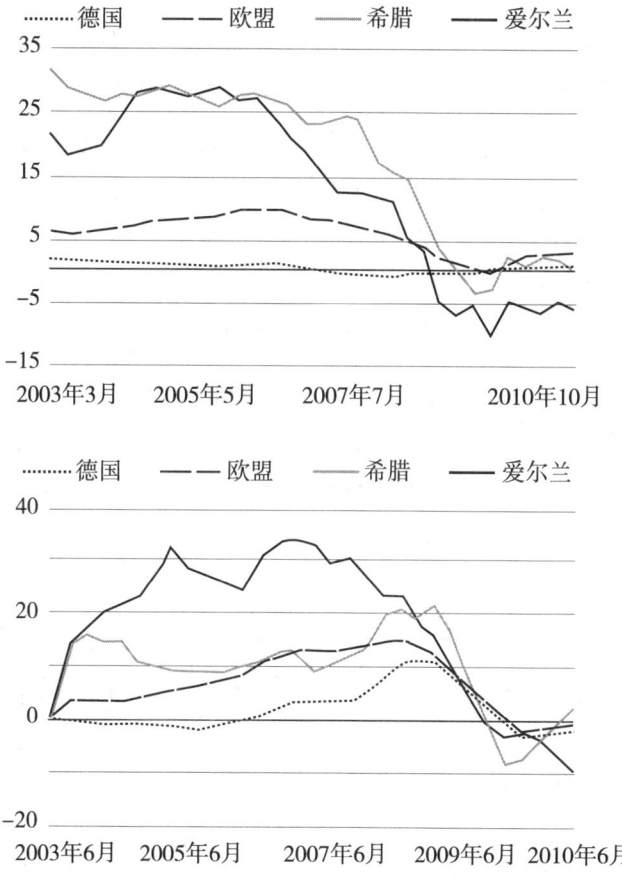

数据来源：比尼·斯马吉，2011a。

图3.8　欧元区及区内部分国家的信贷扩张（每年变动百分比）

在外围各经济体及其金融体系都发生了大规模的结构性变革的情况下，要把基本面得到改善所带来的影响从"泡沫化"行为中区别出来，是一项非常艰巨的任务。①

从理论上看，在房地产泡沫初起之时，"地中海俱乐部"各国原本是可以采取一些政策将之冷却下来的。例如，各国中央银行可以提高对银行业按揭贷款展期的准备金要求；财政部门应该重新评估刺激房地产行为的财政和金融政策；监管机构也有许多工作可以做。但是，正如《经济学家》杂志所发表的一篇文章所指出的，爱尔兰"金融监管机构是不称职的。从最坏的一面看，它只知任用亲信、搞裙带主义"。其实，"地中海俱乐部"的所有国家都难以逃脱这个指责。② 欧洲中央银行"一刀切"的货币政策，加上"地中海俱乐部"各国实际上的负利率，在短期内制造出了一个"房地产金矿"；葡萄牙、希腊政府的财政政策则起到了推波助澜的作用——葡萄牙的财政赤字规模非常大，希腊则更大（参见图 3.9）。

不过，爱尔兰和西班牙的政府预算则得到了控制。这两个国家的官方债务总额占国内生产总值的比例到了 2008 年甚至有所下降（参见图 3.10）。③ 一位观察家指出，"在金融危机之前，就财政政策而言，爱尔兰和西班牙政府还称得上尽职"。④ 但是，这两个国家的税收收入严重依赖于房地产交易，当房地产泡沫破灭后，税收收入也就随之"蒸发"了。

"地中海俱乐部"各国严重的房地产泡沫造成的一个主要后果是它们的国际竞争力下降。巨大的需求推高了房地产行业的工资水平，

---

① 比尼·斯马吉，2011a，第 2 页。
② 请参阅 2010 年 11 月 20 日的《经济学家》杂志。
③ 这个论点需要一些修正，这是因为，尤其是在爱尔兰，政府收入在相当大的程度上取决于房屋建筑业和不动产部门的"泡沫状"增长。
④ 请参见阿维纳什·佩尔绍德被收录在鲍德温、格罗斯和莱文编辑的文集中的论文，2010，第 56 页。

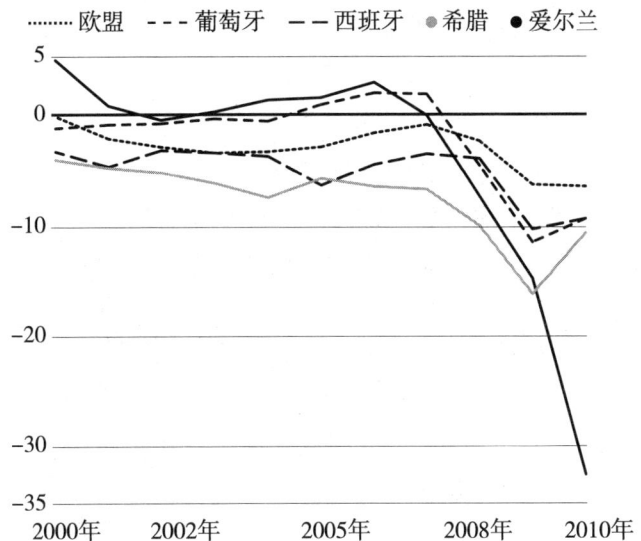

数据来源：经济合作与发展组织，"经济展望"。

图 3.9　欧元区及区内部分国家的预算赤字占国内生产总值的比例

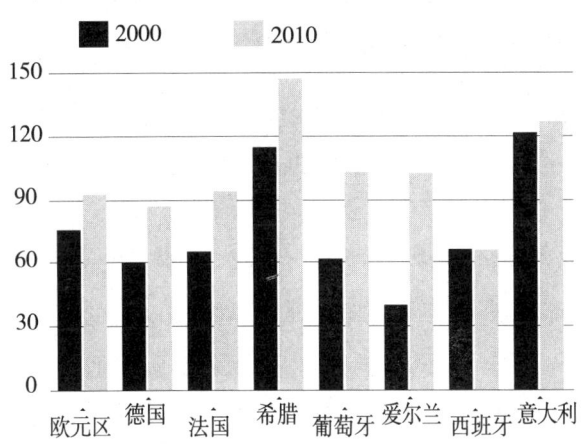

数据来源：经济合作与发展组织，"经济展望"。

图 3.10　欧元区及区内部分国家的政府债务（占其国内生产总值的比例）

掌控在政府手中的其他各行业的情况也是如此。另外，因为这些国家都有高度组织化的工会，所以工资上涨的浪潮很快波及大部分行业，包括那些面临残酷国际竞争压力的行业。由于生产率无法与工资保持同步增长,因此这些国家原本具备的用相对劳动成本来衡量的国际成本竞争力也就变成了泡影(参见图3.11)。无论与欧元区各国平均水平相比,还是与德国相比,"地中海俱乐部"各国国际竞争力的下降幅度都达到了触目惊心的程度。

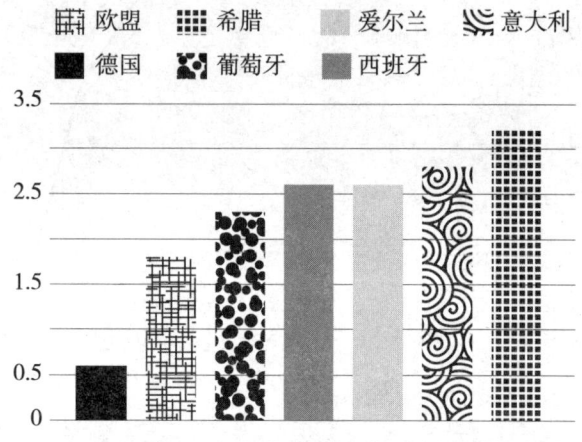

图3.11 欧元区及区内部分国家相对单位劳动成本
(2001—2010年间平均年增幅)

我在前面提到过的那种"享受欧元大家庭带来的幸福"的国民心态加剧了这些国家国际竞争力的丧失。"地中海俱乐部"各国被突然降临的货币奇迹砸晕了,它们沉浸在幸福当中,感受不到任何提高经济效率、促进创新、提升能力的紧迫感。在选举的敏感时刻,既然"欧元天国"降下了这么多的甘霖——强劲的经济增长、更多的就业机会,还有更好的福利,为什么还要提出那些不得人心的问题呢?因此,在这些国家,或者产品市场依然受到高度管制,或者裙带资本主义蓬勃发展,或者两者兼而有之。强大的工会力量,大量拜占庭式的管制法规,严格的限制流动政策,使"地中海俱乐部"各国的劳动力市场严重缺乏流动性和弹性。①

这些国家缺乏竞争力的程度可以从各种国际排名中清楚地看出

---

① 提尔福德和怀特,2010。

来。在世界银行统计的 183 个国家竞争力排行榜中,葡萄牙位列第 48,西班牙位列第 62,意大利位列第 78,希腊位列第 109。此外,在国际管理发展学院(International Institure for Management Development,IMD)的《2010 年世界竞争力年鉴》中,在所有 58 个国家中,爱尔兰排名第 21 位,西班牙排名第 36 位,葡萄牙排名第 37 位,意大利排名第 40 位,希腊则位于第 46 位。

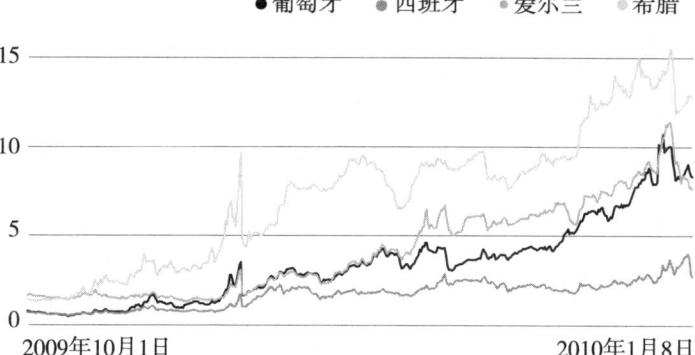

数据来源:彭博社。

图 3.12 "地中海俱乐部"国家 10 年期债券利差
(以德国为基准进行比较得到的偏离值)

旺盛的内部需求导致了巨额的经常项目账户赤字,使这些国家更加依赖于国际资金,而国际竞争力的丧失则进一步强化了这种依赖性。最令人吃惊的是,这种情况竟然持续了如此之久。当然,最终,欧洲的政治领导人和民众还是不得不痛苦地发现,任何轻易就能到手的东西必要付出代价,这就是所谓的斯坦因定律(Stein's Law)。该定律是美国前总统理查德·尼克松的顾问委员会主席赫伯特·斯坦因首先提出的,他的理论是:任何一件事情,如果它本身是不可持续的,那么必定会有结束的那一天。到了 2009 年底,欧元带来的幸福日子终于走到了尽头!

拯救希腊

1948 年以来，欧洲发达国家从来没有出现过主权债务违约的情况。然而，2010 年初，希腊差一点就打破这个保持了 62 年之久的纪录。帕潘德里欧承认希腊操纵数据的事实后，希腊国债与德国国债的利差急剧扩大（后者被认为是欧元区最安全的投资，请参见图 3.12）。投资者迅速抛售希腊证券，希腊政府则发现要筹集到资金弥补赤字变得极其困难。事实很快就变得很清楚：这绝不仅仅是一个流动性危机。金融市场的反应毫不含糊地表明，这个欧洲经济与货币联盟成员国的偿债能力已经岌岌可危了，欧元区内的主权债务危机已经凸显了。

希腊危机造成的恐慌使欧洲经济与货币联盟的其他成员国也卷入了风波当中，因为投资者必须规避可能接踵而至的其他金融风险。葡萄牙、爱尔兰和西班牙等国与德国的国债利差也显著扩大。金融市场对这几个国家的金融体系和经济的稳定性的疑虑也变得越来越大。

到了 2010 年年初，全面的欧元危机就在眼前，各国政治领导人拼命地安抚市场，但是似乎总是事与愿违。2010 年 2 月，欧洲理事会发表了一项声明，指出维护金融稳定是"集体责任"，并且明确地暗示，"在最高政治层面……欧洲理事会将会为了稳住欧元不惜一切代价"。[①] 然而，与此同时，德国总理默克尔却在荷兰、芬兰和奥地利等国的支持下，咬定牙根，坚决拒绝救援那些挥霍无度的联盟成员。

2010 年 3、4 月，希腊、葡萄牙和西班牙的信贷评级被进一步下调，危机也随之进一步加深了。人们已经开始认识并考虑希腊违约

[①] 丹尼尔·格罗斯："金融稳定：'集体领导'无法发挥作用"，载《CEPS 评论》，2011 年 3 月 9 日。

的问题。毫无疑问，这将即刻导致主权债务重组；然而，这样又会使原本已经十分脆弱的欧洲银行体系面临太大风险。到了这一年的5月初，"地中海俱乐部"的所有国家的国债利差都已经扩大了许多倍，进而使它们的融资成本也高到了无法承受的地步。希腊国债与德国国债的利差达到了创纪录的1 000个基点。

如果继续停留在操作层面上，希腊能够融到资金的可能性已经近乎于零了。为了防止希腊公开破产，欧洲各国提出了一个总额为1 100亿欧元的一揽子援助计划：其中欧盟各成员国提供800亿欧元，国际货币基金组织提供余下的300亿欧元。① 《马斯特里赫特条约》和《里斯本条约》确定的"不救援"原则早就被抛到了九霄云外。

该援助计划规定，希腊当局必须削减开支，必须增加税收来减少预算赤字，以防止政府债务继续不受控制地增加。此外，希腊政府必须采取重大措施，以提高本国的竞争力，同时调整和优化经济结构，提高经济数据的质量。雅典被置于国际货币基金组织和欧盟的监督之下，并必须每三个月提交一次进展情况报告。根据这个援助计划，在2012年之前，希腊将无须再到金融市场上融资，当然，前提是希腊政府必须遵守所有的规定。

几乎就在同时，市场对这一援助计划能否成功的前景表示了严重怀疑，因为它将使希腊面临进退维谷的窘境。一部分市场人士认为，不可能指望希腊会兑现承诺，并相信违约将是不可避免的。其他一些人则宁愿相信希腊政府会竭尽全力。然而，一切都从一开始就注定了。大规模地削减支出和增加税收同步推进，必将大大加快经济衰退，从而导致失业进一步增加，这反过来又会使政府的收入锐减，从而使预算赤字更加恶化。如果不顾一切地将紧缩政策执行到底，希腊政府将失去其最后仅存的一点信誉。

传统上，打破这样一个恶性循环的有效方法是货币贬值。因为

---

① 一开始，不同意国际货币基金组织介入欧元危机处置的意向相当强烈，尤其是在欧洲中央银行决策层内。

货币贬值能够促进外部需求，刺激内部生产。然而，对于一个货币联盟的成员国来说，货币贬值并不是一个恰当的政策。① 既然无法通过货币贬值来提升国际竞争力，那么另一个可能的选择是，通过大规模削减名义工资，即以内部通缩的方式来实现这一点。具体到希腊，大力削减赤字再加上实行内部通缩政策，这是一个炼狱般的政策组合，它能不能挺过来实在是一个非常大的疑问。

三级体制

即使有了上述这个总额达 1 110 亿欧元的一揽子援助计划，金融市场仍然拒希腊于千里之外。此外，葡萄牙、爱尔兰和西班牙等国将步希腊后尘陷入危机的可能性也依然在上升。主权债务危机继续蔓延和深化，就好像该援助计划完全不存在一样。更糟糕的是，市场人士普遍相信，欧元区某个成员国出现主权债务违约这种可能性即将变成现实，他们希望欧盟国家能够提出一个全面的解决方案。就在各方就上述援助计划达成协议后不久，局势就变得很明朗了：如果欧洲想使一切重新受到控制，就必须实施更多的援助措施。

政治领袖们认为，市场压力是由投机者的非理性行为造成的。虽然在一定程度上，这种说法也有正确的一面，但是，更应该指责的是各国当局处理危机的方式。对于危机的成因和抵抗危机的方法，各主要成员国一直未能达成一致意见。由于决策者们无法有效地遏制和解决危机，市场上的不确定性大为增加，投资者们不得不频繁调整投资组合。人们把这种行为称为投机实在有失公平，其实它是风险调整后的一种负责任的资产管理行为。

2010 年 5 月，迫于金融市场的强大压力，27 个欧盟成员国的财

---

① 一个处在希腊这样处境的国家可以从欧元对其他货币（比如说美元或日元）的贬值中获益。但是，那并不能提高希腊这样的国家在欧洲经济与货币联盟内部的竞争地位。

政部部长与欧洲中央银行、欧洲委员会和国际货币基金组织的代表达成协议，决定构建一个庞大的三级体制来实施援助计划。他们推出了一个总额达 7 500 亿欧元的援助基金，并从根本上重新定义欧洲中央银行的职能。但是，欧洲中央银行的高层官员们却显得非常不情愿，这影响了该援助计划的可行性。

三级体制的第一个层次是由两个部分组成的欧洲稳定机制（European Stabilisation Mechanism，ESM）。第一个组成部分更重要一些，它的名称是欧洲金融稳定机构（European Financila Stability Facility，EFSF），它将在欧元区各国提供担保的基础上再筹集 4 400 亿欧元。第二个组成部分是欧洲金融稳定机制（European Financila Stability Mechanism，EFSM），它是一个超国家的机制，管理总额达 600 亿欧元的资金，由欧洲委员会管理。

援助计划的第二个层次是由国际货币基金组织向欧洲稳定机制提供 2 500 亿欧元的补充资金。第三个层次是欧洲中央银行承诺进行干预，以防止重大的市场混乱和未受担保的违约。计划看似庞大，但实际上，主要是谈判伙伴之间不信任，彼此身份也不对等，这一切使得这个援助计划从诞生之日起就非常模糊和复杂。①

欧洲金融稳定机构要准备好并正式运行需要很多时间，因此不可能在 8 月前真正发挥作用。各方就援助计划达成了一致意见后的第一个星期一，金融市场上的反应表明，为了阻止危机蔓延，欧洲中央银行必须立即提供足够多的流动性。为此，欧洲中央银行开始实施证券市场计划（Securities Market Programme，SMP）。根据这个计划，欧洲中央银行可以在二级市场上购买任何私人和公共证券。在证券市场计划成立后的前 6 个月内，欧洲中央银行花了 700 亿欧元用于干预市场，其中大多数操作发生在 5、6 月。

但是，从主流观点来看，这种类型的干预显然偏离了欧洲中央

---

① 《经济学家》说这些建议是"极其复杂的"。请参见该杂志 2010 年 5 月 1 日的"查理曼大帝的笔记"专栏。

银行的独立性的真正含义。虽然欧洲中央银行行长让－克劳德·特里谢和管理委员会的其他委员坚持认为，干预不会导致新的货币创造；同时欧洲中央银行发言人也强调，干预是维持金融稳定所需，欧洲中央银行并不是因为担忧主权国家的流动性或偿债能力不足而启动干预。但是，这些论点显然缺乏可信度。① 由于试图混淆干预的真正性质，欧洲中央银行的声誉遭到了严重的质疑。

一切如戏

确定上述拯救计划的会谈原定于5月7至9日举行，但是实际上却一直推迟到了5月10日（星期一）凌晨2点才宣告结束。政治领袖们必须在亚洲金融市场开始交易前达成协议，这令他们承受着巨大的压力。谈判过程异常艰难，尤其是在涉及欧洲中央银行的新角色的时候。② 在绝大多数议题上，坐在谈判桌边的南欧诸国代表和北欧各国代表都产生了不同的意见。简单地说，这次会谈中再次形成了两个泾渭分明的阵营：一方以德国为首，包括荷兰、奥地利、芬兰等国；另一方以法国为首，包括除德国阵营以外的大多数其他成员国。许多争议其实是德国和法国之间的历史争议的延续。

德国及其合作伙伴希望能够在保证欧洲中央银行的独立性的前提下，采取果断措施，尽可能快地强化"地中海俱乐部"国家预算规则的严肃性，提升其国际竞争力并保持金融稳定；法国阵营则希望这些"北方国家"能够表现得更团结一些，并力图加强对欧洲中央银行的政治控制。

激烈的争论最终导致了一场直接的"搏斗"，真正的高潮出现了。被德国人的固执态度激怒的法国总统尼古拉斯·萨科齐甚至一

---

① 请参见拉伯利、米歇尔斯和吉亚尼，2011，第29页。
② 两位了解周末谈判内情的人士向本书作者披露，谈判过程中的争吵极其激烈。

度威胁要让法国退出欧洲经济与货币联盟。① 《经济学家》杂志上的一篇文章指出,"默克尔的(德国)政府认为,欧元区那些自食其果的成员国在得到援助之前必须先满足一系列严格的条件,如果本国政府因为坚持这一点而被指责为欧元怀疑主义者,那是不可容忍的"。德国人有一种强烈的感觉,认为南欧各国提出的要求的实质是想让德国为这场危机支付代价。②

默克尔总理的密友托马斯·迈齐埃,在2005—2009年期间担任这她的幕僚长,后来还担任过德国内政部部长,并在2011年出任德国国防部部长。在会谈结束几天后,托马斯·迈齐埃是这样总结德国的立场的:

> 德国希望根据自己的信誉情况提供贷款担保,它不愿意承担无限责任。所有的德国人都很努力,不然他们的金融状况就无法得到改善。如果要我们为某个陷入困境的国家提供贷款担保,我们也只会在同等条件下提供——我们在市场上遇到德国人时会怎样做,我们就会怎样做。我们不希望欧盟变成一个转移支付联盟。法国的要求从来不如我们严格。法国人表示,如果我们采用欧洲平均融资利率,就可以向市场发出一个强烈的信号,并增进法国融资成功的可能性。但是我们不同意这样做,这就是谈判为什么拖得这么晚的原因。③

即使在协议达成之后,戏剧性的场面仍然不断出现。创建欧洲

---

① 据西班牙报纸《国家报》报道,西班牙首相何塞·路易斯·萨帕特罗声称,在2010年5月8日和9日的那个周末,当欧元危机达到一个阶段性高点时,萨科齐"紧握拳头,猛敲桌子,威胁要退出欧元区"(这与《金融时报》2010年5月17日的报道相同)。然而,据我们所知,没有任何官方记录可以证明,这种威胁对默克尔和她的亲密顾问产生了任何影响。
② 我将在本书第4章更全面、更深入地探讨与德国有关的问题。
③ 托马斯·迈齐埃这番话转引自2010年5月2日的《经济学家》杂志的"查理曼大帝的笔记"专栏。

金融稳定机构的新闻一见报，关于它的根本性质的争论就出现了。协议规定，欧元区每个成员国都要根据其在欧洲中央银行的资本份额为欧洲金融稳定机构提供资金。

同时，为了让欧洲金融稳定机构获得 AAA 的评级，每个成员国都必须提供相当于其初始份额的 120% 的担保。这样做，是为了弥补一个缺陷：需要利用该机构的那些国家往往就是那些从一开始就没有能力认缴初始份额的国家。各评级机构表示，欧洲金融稳定机构要想获得 AAA 的评级，它借出的款项的总额就不能超过那些已经得到 AAA 评级的成员国所认缴的份额之和（符合条件的成员国包括德国、法国、荷兰、奥地利和卢森堡）。这样一来，也就意味着欧洲金融稳定机构可用的"财政弹药"只有 2 550 亿欧元，而不是原来的 4 400 亿欧元。另一个将导致事态复杂化的因素是，根据欧盟条约第 122 条，从根本上说，欧洲金融稳定机构只是一个临时性机构，2013 年 6 月 30 日以后，它就将不复存在了。

韦伯的单打独斗

与此同时，围绕着证券市场计划，另一场话剧也在上演。证券市场计划是各国政治领袖们强加给欧洲中央银行的。德意志联邦银行行长、欧洲中央银行管理委员会委员阿克塞尔·韦伯公开批评欧洲中央银行对政治议程亦步亦趋。这是不同寻常的，它违背了中央银行的"礼仪"。① 那个历史性的欧洲首脑会议一结束，韦伯就发表了一个声明，他声称，"（欧洲中央银行）购买政府债券的行为给金融稳定带来了显著的风险，这就是为什么我批评欧洲中央银行管理委员会做出这个决定的原因。即便在这种非同寻常的情况下也不应

---

① 后来的事实表明，欧洲中央银行管理委员会还有四位成员也在私底下反对证券市场计划。

该这样做"。①

韦伯的异议体现了德国处理这类危机时的典型立场。德国媒体对欧洲当局的金融援助行动几乎没有给出任何正面的评价。即使是以严肃、公正、不偏袒任何一方而著称的《法兰克福汇报》也认为，"既然已经有效地引进了一个转移支付联盟，并且欧洲中央银行也已经开始服从政治命令了，那么欧元成为一种软货币以及货币联盟走向失败的命运也就注定了"。② 一般的德国人都曾经亲身体验过德国统一的巨大代价，现在他们又不得不为南欧国家的不负责任的行为而支付代价。

在这个节骨眼上，曾经在1998年上半年向德国联邦宪法法院提起诉讼、试图阻止欧洲经济与货币联盟成立的德国"教授四人帮"又重新活跃起来了。这四位逆势英雄重出江湖，是德国民众当中普遍存在着的抗拒心理的一种象征。③ 虽然他们上一次起诉被否决了，但是这一次，在援助希腊的计划通过之际，他们又指出这一做法违背了《马斯特里赫特条约》确立的"不救市"条款。根据德国法律，这最终将致使全部与欧元有关的项目都脱不了违宪的干系。④ 好几项民意调查的结果都表明，他们的观点得到了广泛的支持，大约一半德国人都表明了希望德国马克回归的意愿。⑤

阿克塞尔·韦伯则成了德国反对以前述方法处理欧元危机的象征性人物。在证券市场计划推出后几个月，韦伯在纽约的一次研讨会上宣称：

没有任何证据表明，（欧洲中央银行）购买资产的行为对欧

---

① 韦伯上述言论转引自彭博社2010年5月10日的报道。
② 请参阅2010年5月10日的《法兰克福汇报》。
③ 本书第1章"推迟，还是不推迟？"一节描述了他们这次行动。
④ 他们的起诉再一次被法院驳回了。
⑤ 请参阅2010年12月2日的《经济学家》杂志。读者也可以参阅本书第4章将叙述的德国内部对货币联盟和欧元的反对意见。

元区主权债券的收益率产生了显著的影响。证券市场计划使财政政策和货币政策所能承担的不同责任变得模糊不清。考虑到证券市场计划的风险超过了它所能带来的益处,现在就应该将买入的这些证券永久性地逐步处置掉,因为它是我们非常规政策工具中的一部分。①

然而,仅仅几个星期之后,欧洲中央银行行长特里谢就在一个记者招待会上强调指出,"证券市场计划正在进行中,我再说一遍……它正在进行中";而且欧洲中央银行内部的"压倒性多数意见"是赞成继续以目前的形式实施债券购买计划。② 人们注意到,特里谢在提及欧洲中央银行的决定时,并没有用他最喜欢的那个词——"一致同意"。

9月间,韦伯曾与特里谢在欧洲中央银行管理委员会内发生过针锋相对的争论,从而撕裂了欧洲中央银行总能达成共识的遮羞布。到了10月,韦伯与默克尔公开站到了一起,后者曾宣称,如果未来发生债务危机,私人债券投资者应分担政府陷入财政困境的成本,而不能让纳税人来承担责任。这些言论给市场造成了相当大的冲击,并使韦伯成了非常有争议的人物。法国总统萨科齐也进行了回击,他传达了这样一个信息:如果韦伯成为欧洲中央银行行长,那将是完全不可接受的(一般估计,当现任欧洲中央银行行长特里谢的任期于2011年10月结束时,韦伯将接替他的职位)。

然而,韦伯却做出了一个出乎大多数人意料的决定。2011年2月,韦伯宣布,他将不再谋求连任德意志联邦银行行长的职位,这样一来,他就不能成为欧洲中央银行行长的候选人了。韦伯对默克尔政府处理欧元区危机的方式非常失望,同时他在欧洲中央银行管理委员会中也越来越孤立。坚守自己原则的韦伯心里很清楚,他已

---

① 韦伯,2010,第2页。
② 特里谢上述言论转引自 guardian.co.uk 网站于2010年12月2日的报道。

经没有其他路可以选择了。

韦伯的决定使默克尔遭到了重大挫折，因为这显然不利于她的解释工作。默克尔必须向疑虑重重的德国民众解释清楚的是：为什么欧洲当局要采取这样的危机管理方法。韦伯本人则重返学术界，成了美国芝加哥大学的一名教授。2011年2月中旬，德国政府决定，韦伯在德意志联邦银行的职位将由詹斯·魏德曼接任。魏德曼深得默克尔的信任，42年来一直担任默克尔的经济顾问。

水深火热中的储蓄银行

尽管这个三级体制的救市计划的诞生过程一波三折，但是它毕竟起到了安抚市场的作用。例如，10年期希腊国债与德国国债的利差从1 000个基点下降到了不到500个基点；而爱尔兰国债与德国国债的利差则从300多个基点下降到了不到200个基点。欧洲中央银行根据证券市场计划进行的干预活动是市场气氛得以改善的主要驱动力。然而，到了5月底，市场人士的神经再次绷紧了。市场对希腊、爱尔兰和葡萄牙这3国的稳定性有所怀疑，已经不再令人奇怪了。但是这一次，市场转而质疑西班牙，那就是完全不同的一回事了，因为西班牙的经济总量远远超过上述3个国家的总和。对此，保罗·克鲁格曼有一个生动的比喻："其他各国只不过是小吃，西班牙才是主菜。"①

5月24日，西班牙一家储蓄银行——南方储蓄银行，与另一家储蓄银行的合并计划破裂后，被西班牙中央银行（西班牙银行）接管。南方储蓄银行总部设在西班牙南部城市科尔多瓦，该银行是该国最大的45家储蓄银行之一，其资产总额高达180亿欧元，并在各地设立了500多个办事处（主要在西班牙南部）。由于在房地产泡沫快速增长的时期轻率贷出款项，南方储蓄银行积累了天量的不良贷

---

① 克鲁格曼上述言论转引自2010年11月30日的《国际先驱论坛报》。

款,其不良贷款率接近10%。

西班牙银行立即通过有序银行重组基金(Fund for Orderly Bank Restructuring, FROB)向病入膏肓的南方储蓄银行注入5.5亿欧元。就在南方储蓄银行被西班牙中央银行接管的同一天,西班牙又有4家储蓄银行宣布合并的意向。它们合并产生的实体将成为西班牙第5大银行,拥有1 350亿欧元的资产。

也就在同一天,国际货币基金组织正式针对西班牙经济的严峻局势发出警告:西班牙劳动力市场不规范,债务(包括私人债务及公共债务)规模过于庞大,生产率提升缓慢,国际竞争力很弱,因此西班牙银行业必须加快重组步伐;而且西班牙中央银行应及早做好准备,并在需要的时候随时进行干预。

在西班牙,储蓄银行控制着全国接近一半的银行业务。所有西班牙储蓄银行的运营方式都非常古老,而且都被当地的政治势力所控制。这样一来,清理其负债资产就成了一个极其复杂的政治事务。然而这样的工作又是绝对不可少的,因为许多储蓄银行都曾在西班牙的房地产泡沫中推波助澜而引火烧身。南方储蓄银行被接管,国际货币基金组织提出警告,再加上国际评级机构进一步下调了西班牙多家储蓄银行的评级,这一切证实了市场对西班牙银行业的担忧。西班牙必须有效地控制公共财政规模,同时开展结构性改革,不然就无从改善其黯淡的就业和经济前景。但是,市场怀疑西班牙政府没有能力做到这一切。

南方储蓄银行事件令欧洲各国不寒而栗。对某国政府偿债能力的担忧促使人们更加关注该国银行业的健康状况,反之亦然。在这个阶段,数据已经表明,法国和德国的各大银行为希腊、爱尔兰、葡萄牙和西班牙等国家的私人债务和公共债务提供的大量资金,并没有起到改善局势的作用。① 市场希望得到更多与欧洲各银行之间

---

① 国际清算银行每季度都会发布国际银行业务统计报告,表9A-9D给出了国际银行放款总额的汇总数据。

跨境业务有关的信息。进一步的压力来自欧洲中央银行，它一直都在暗示：对于那些债务偿付能力明显出了问题的金融机构，各国政府必须自行采取行动，因为欧洲中央银行不可能永远支持它们。

假测试，真压力

为了防止恐慌进一步蔓延，欧洲各银行都以最快的速度完成了压力测试。其实早在2009年9月，许多银行就已经进行过一轮压力测试了，但是结果从来没有公开过，所以其影响微乎其微。对于这一轮压力测试，市场的反应则要积极得多，因为可以将这轮压力测试与美国最大的19家银行在2009年春季进行的压力测试联系起来考虑。在美国进行的压力测试得出的结论是：这19家银行都存在资本金不足的问题，缺口达750亿美元。这些银行都被勒令补充资本金，它们也都非常及时地完成了这项任务。虽然在一开始的时候，美国的压力测试被批评为过于宽松，但是事实很快就证明，它是美国金融危机的一个重大转折点。这在很大程度上是因为公开发布的测试结果中包含了与这些金融机构有关的大量信息。

欧洲各银行的压力测试是由总部位于伦敦的欧洲银行监管委员会（Committee of European Banking Supervisors，CEBS）统一协调的，① 但是具体的压力测试，则是由各国的主管部门来进行的。这一轮压力测试覆盖了20个欧洲国家的91家银行，在整个过程中，都有欧洲中央银行的专家的密切参与。一家银行要想通过测试，其一级资本必须达到总资产的6%或更多。虽然事实上自2009年以来，欧洲各银行至少筹集了2 000亿欧元用于补充资本金，但是据市场人士估计，接受测试的91家银行中至少有20家必须进一步补充资本

---

① 在进行压力测试时，欧洲银行监管委员会只有大约30名雇员。一个对比是，仅英国一个国家的金融管制机构——金融服务管理局（Financial Services Authority），其雇员就超过3 000人。

金，其总额则介于 300—900 亿欧元之间。①

压力测试是在无序和对抗中推进的，欧洲银行监管委员会在许多问题上都不得不与银行所在国家的监管机构进行抗争。德国的银行和监管机构特别不情愿。同时，对于压力测试结果是不是要向公众公布，欧元区成员国也公开表示了不同意见。西班牙宣布自己将公布测试结果，不过其目的明显在于想通过此减轻本国正在承受的压力。其他一些国家，包括德国，则不想公开披露测试结果。为了提振投资者的信心，同时出于国际货币基金组织的压力，欧洲各国领导人终于决定公布压力测试结果。

7月底，压力测试的结果终于公布了。只有7家银行需要补充资本金，其总额也仅为35亿欧元。另一个令人惊讶的结果是，9家德国政府拥有的地方银行（Landesbanken）全都通过了测试，而总部设在汉诺威的北德意志州立银行则没能通过。而在此之前，人们普遍认为这些国营地方银行的资本化都是非常不充分的。德国财政部部长沃尔夫冈·朔伊布勒说，测试结果表明，德国的银行是"可靠的、经得起怀疑的"。② 但是，国际货币基金组织前首席经济学家、哈佛大学经济学教授肯尼思·罗格夫却一针见血地指出，欧洲银行的这一轮压力测试是"一场可怕的噩梦……我们被告知，所有银行都很好，没有什么可担心的。但是现在，它们的信誉比以往任何时候都低了"。③

意大利最大的银行（意大利联合信贷银行）的首席经济学家马尔科·农齐亚塔所说的话则更含蓄一些，但是意义却是完全相同的："压力测试的结果似乎与我们过去几个月来一直观察到的金融紧张局势不符。这轮压力测试不可能让市场信服，人们无法相信透明度已

---

① 我与几位在欧洲中央银行工作的经济学家的私下交谈中，也得到了类似的数字。
② 朔伊布勒上述言论转引自网站 dw–world. de 2010年7月24日的报道。
③ 罗格夫上述言论转引自 2010年12月9日的《麦达斯信报》。

经重建起来了,也不可能相信漏洞已经得到了修补。"① 在伦敦案例商学院讲授金融课程的前花旗集团银行家彼得·哈恩则指出,"由于政治势力的介入,人们不得不提出疑问:最终的结果真能提供什么有效信息吗?因为这轮压力测试已经成了一场政治秀,而不再是单纯的监管行为了"。②

总部位于布鲁塞尔的一家智库(布鲁格尔,Brueghel)的高级研究员、在位于华盛顿的彼得森国际经济研究所担任客座研究员的尼古拉斯·贝隆,为欧洲银行压力测试的失败提供了一种解释,他认为根本原因在于:

> 是金融民族主义在作祟,使压力测试无法给出可信的、有价值的结果。各国都把这轮压力测试看做是国家和国家之间的零和博弈,而没有看到它能够为各国带来共同利益——维护欧洲金融稳定。……任何一个想要重组其银行系统的国家,如果其邻国没有在做同样的事情的话,都会面临如下一种风险:其银行业的某些组成部分可能会被邻国收购。这是不对等的。③

这一轮针对欧洲银行的压力测试之所以没有认真进行,至少是因为以下四个原因:④

第一,后来公布的信息表明,压力测试细节考虑不周,因此不可能对其结果进行独立的分析。

第二,只测试了经济温和衰退将会导致的后果,而没有测试全面衰退所导致的后果。

第三,对于那些已经陷入困境的国家(如希腊和爱尔兰),在测试它们所面临的风险时,人为地界定了所谓的"银行账户"和"交

---

① 农齐亚塔上述言论转引自 2010 年 7 月 23 日的《纽约时报》。
② 哈恩上述言论转引自 2010 年 12 月 9 日的《麦达斯信报》。
③ 贝隆上述言论转引自 2010 年 12 月 9 日的《麦达斯信报》。
④ 也有一些人对这一轮压力测试给出了积极的评价,比如说,兰诺,2010。

易账户"之间的区别。银行账户包括银行打算一直持有的到期的债券及其他票据,对于这个资产组合没有考虑到可能的损失;只有交易账户(即为交易目的而持有的债券)可能面临损失,才能纳入到这个测试当中。这种分类方法备受质疑,而且这两类账户包括哪些资产都将由某些人任意指定。传言几大主要银行都没有报告其所持有的不良资产。①

第四,因某些国家面临债务违约风险,银行应该计入这种可能的损失,但是在计算的时候,银行所根据的风险程度和失败的可能性都远远低于市场的估计。

多维尔幽灵

压力测试结果公布后,欧元区的危机继续发酵,不过没有出现大的爆发。西班牙和爱尔兰的评级都被进一步下调了,市场人士对爱尔兰银行业的忧虑与日俱增。所有来自爱尔兰的银行都通过了压力测试,因此,即将充分暴露出来的爱尔兰银行业的烂摊子将比其他任何东西都更有力地证明,所谓的压力测试其实没有起到任何作用。爱尔兰的房地产泡沫破灭后,在国际货币市场上借入巨额短期资金为房地产提供融资的爱尔兰银行承受了巨大的压力。

在2008年金融危机的高潮中,爱尔兰政府为爱尔兰各银行的所有存款和大部分债务都提供了全面担保。从那时起,金融市场就已经有相当充分的理由将爱尔兰国家和所有爱尔兰银行视为一个单一的实体。因此,每个银行的问题都自动地转变成了公共财政问题。对于爱尔兰来说,问题不在于会不会发生危机,而在于什么时候会发生。但是,具有讽刺意味的是,引发爱尔兰危机的正是德国总理默克尔本人。

10月18日,默克尔和萨科齐在多维尔会谈。多维尔位于诺曼底

---

① 例如,请参见2010年9月7日的《华尔街日报》。

海岸线上，是一个历史悠久的度假胜地。由于德国国内反对默克尔的民众在不断增加，压力之下的默克尔想向外界表明，她已经准备在金融问题上向欧元区其他成员国采取强硬立场。原计划于10月28—29日举行的欧盟首脑会议是她彰显自己决心的最佳舞台。鉴于欧盟各国的政治现实，如果法国和德国已经在事先达成了一致，那么他们的联合建议就几乎肯定不会被反对派否决。

在多维尔的会谈中，默克尔提出，由于德国宪法法院反对援助希腊的计划和其他临时性的援助机制（例如欧洲金融稳定机构），因此需要建立一个永久性的援助机制。默克尔还希望被援助国在得到援助或干预之前，必须符合一些苛刻的附加条件。但是，她无法说服萨科齐接受自动制裁的原则。对德国来说，多维尔协议所能达到的最好结果是，暂停那些持续违反欧元区规则的国家的欧盟投票权。

默克尔还建议，从2013年开始，私人债券持有人也应该分担主权债务违约的代价。这是一个划时代的历史性事件，对于那些经验丰富的债券交易员来说尤其如此。这样一来，欧洲政治决策者们几个月来一直都在给出的保证——决不允许欧元区成员国违约——突然变得没有任何实际意义了。对于那些尚未开始清空外围国家债券的投资者来说，这是一个明确的信号：他们应该立即开始这样做。正如一位分析师所指出的，"不能再把外围国家的债券看成是政府债券了，它们就是信用债"。① 默克尔认为，有关各方在5月份制定的临时援助计划对私人债权人过于宽容。显然，即便她的看法是正确的，但她纠正这个缺陷的方式也实在"太过笨拙了"。②

德国与法国在多维尔达成的协议遭到了大多数欧元区国家的坚决抵制。它们对这两个大国试图再一次主导一切的做法非常不满，并且断然否决了暂停投票权的建议。就连一向不怎么站出来反对德

---

① 语出加里·詹金斯，转引自2010年11月29日的《金融时报》。詹金斯是英国益华证券（Evolution Securities）固定收益部门的主管。
② 《经济学家》，2010年12月20日。

国和法国的欧洲委员会主席、葡萄牙政治家何塞·曼努埃尔·巴罗佐，也认为这一建议是"不可接受的。老实说，也是不现实的"。①创建一个永久性的援助机制的建议也引起了其他成员国的不安，因为它意味着需要修订《里斯本条约》。相关人士普遍担心，这样的修订一旦开始，就有可能失控：将来会不断出现需要修订的情况。

在多维尔阴影的笼罩下，10月28—29日举行的欧盟首脑峰会成了一次"怒气冲冲的会议"。②对于在德国人的启发下提出来的那种观点，即犯错者要想得到援助，就必须承受足够强烈的痛苦，这样才不会在未来再犯同样的错误。特里谢提出了严厉批评。萨科齐则对特里谢的批评报之以冷嘲热讽，说他没有资格告诉政治家们应该怎么做。不过，会议最终达成了妥协，默克尔同意有限度地修订《里斯本条约》，以建立一个永久性的援助机制，并且不再要求暂停相关国家的投票权。《里斯本条约》第125条所规定的禁止援助条款也将保持不变，这说明在欧洲委员会内部意见分歧已经无法弥合。首脑会议要求欧盟主席范龙佩在2010年12月举行的首脑会议之前确定这一妥协的具体细节。

凯尔特式的崩溃

默克尔的言论——在2013年以后，私人债券持有人应分担政府债务违约所导致的痛苦——在金融市场造成了深远的影响。同年10月28、29日举行的欧盟首脑峰会上明确提出"私营部门"在未来援助机制内能够起到什么作用，仍然需要进一步研究。

由于忧虑现有的债券价值被无端地削去一块，债券市场上的气氛变得非常紧张，进而导致所有外围国家的债券利差再度加大。外

---

① 巴罗佐上述言论转引自2010年10月28日的布鲁塞尔的《金融时报》博客。
② 请参阅2010年10月29日 guardian.co.uk 网站发布的信息。

围国家进入金融市场融资也变得极为困难。德国坚持私人债券持有人应该自救,对此,希腊总理帕潘德里欧抱怨说:"这会造成利率上升的恶性循环,使爱尔兰和葡萄牙这些已经陷入困境的国家的处境更加窘迫……它很可能会导致一些经济体破产。"① 在这里,帕潘德里欧是在委婉地暗示,德国深化和扩大了欧元危机。而范龙佩又在一旁煽风点火,他说:"要想让欧元区继续维持下去,我们必须共同努力。如果我们不能与欧元区共存,我们也将无法与欧盟共存。"不过,范龙佩的最后结论却几乎没有人注意到,他说的是"我非常有信心,我们一定会克服这一点"。②

市场对爱尔兰的经济局势的关切与日俱增。爱尔兰曾一度因经济强劲增长而被称为"凯尔特之虎"。欧洲中央银行的两个最高官员——行长让-克劳德·特里谢和副行长维托尔·康斯坦西奥,暗示爱尔兰银行不可能无限期地依靠欧洲中央银行,③ 这使爱尔兰更加不堪重负。2010年10月底,爱尔兰各银行来自欧洲中央银行贷款的未偿还贷款总额达到了1 300亿欧元,几乎占了欧洲中央银行提供的流动资金总额的1/4。在这些贷款当中,纳入爱尔兰中央银行的特别流动性计划的资金不低于450亿欧元。④ 公平地说,爱尔兰银行已经无法再向欧洲中央银行提供后者愿意接受的抵押了,因为各大企业的存款都转移到了别的国家。即使在爱尔兰政府提供了大规模援助之后(这使爱尔兰政府2011年度的预算赤字占其国内生产总值的比例达到了32%;如果把对银行的援助造成的影响排除在外,则只占12%),也只是因为得到了其他国家的中央银行额外提供的流动性支持,爱尔兰各银行才得以勉强维持下去。

爱尔兰政府的所作所为已经为欧元区许多成员国所效仿。一开始,爱尔兰政府摆出了一个高姿态,表示即便欧洲不推出援助计划,

---

① 帕潘德里欧上述言论转引自2010年11月16日的《金融时报》。
② 范龙佩上述言论转引自2010年11月16日的 euobserver.com 网站。
③ 请参阅2010年11月16、19日的《金融时报》。
④ 《金融时报》,2011年1月14日。

自己也能处理好一切。然而，到了 11 月中旬，欧盟负责经济和货币事务的专员奥利·雷恩向外界透露，爱尔兰政府与国际货币基金组织和欧洲中央银行正在就爱尔兰银行业的情势进行直接谈判。由于存款以惊人的速度逃离爱尔兰银行体系，而且利率也已经上升到了 6% 以上，因此爱尔兰中央银行行长帕特里克·霍诺汉在 11 月 18 日宣布，爱尔兰政府"绝对可能"要求欧洲中央银行提供总额达"数百亿欧元的"贷款。① 官方不再矢口否认了。爱尔兰成了欧元区内第二个因主权债务危机而不得不纡尊降贵的国家。

在 11 月 20、21 日那个周末，爱尔兰政府正式请求财政援助。根据爱尔兰财政部部长布赖恩·勒尼汉的说法，这将涉及一个总额为 800—900 亿欧元的"备用计划"。② 而在此之前，即 2010 年 9 月 20 日，欧洲金融稳定机构首席执行官克劳斯·雷格林在接受彭博社的电话采访时还声称，"我的想法是，欧洲金融稳定机构并不需要真的投入运营"。③ 雷格林一度认定欧洲金融稳定机构的存在，就足以令金融市场恢复稳定。在爱尔兰政府提出的请求面前，雷格林的说法不攻自破。

为了避免得罪德国，"救市"这个词并没有被直接提及。爱尔兰政府承诺大幅削减预算赤字，作为回报，欧洲各国财政部部长们都同意了爱尔兰的请求。好几个欧洲经济与货币联盟成员国（其中法国的态度最积极）都敦促爱尔兰政府提高企业所得税（原税率为相当低的 12.5%），但爱尔兰政府拒绝了这一要求，并代之以一项为期 4 年、总额为 150 亿欧元的预算合并计划。主权债务危机与欧洲银行的偿债能力之间的密切关系再一次非常明显地展现在了公众面前，因为针对爱尔兰的一揽子援助计划几乎就相当于针对欧洲各银行的援助方案。例如，在那个时候，德国银行在爱尔兰的未偿还贷款总

---

① 《金融时报》，2010 年 11 月 19 日。
② 勒尼汉上述言论转引自 2010 年 11 月 22 日的《金融时报》。
③ 雷格林上述言论转引自布伊特、拉伯利、米歇尔斯和吉亚尼，2011，第 35 页。

额就已经达到了 1 400 亿欧元之巨。

针对爱尔兰的援助计划公开宣布后，公众注意力又转移到了葡萄牙和西班牙身上，这两个国家会不会步爱尔兰的后尘？① 在公开场合，政治家们信誓旦旦地表示，这种情况不会发生。在被问到是否西班牙也将要求欧洲提供援助后，西班牙财政部部长艾莲娜·莎尔加多一口咬定"绝对不会"。葡萄牙总理何塞·苏格拉底也表现得非常坚决，"葡萄牙不需要任何外界的帮助，它会解决自己的问题"。② 范龙佩也表示同意，"没有必要援助葡萄牙"。③

然而，金融市场并不理会这种保证。债券利差几乎没有缩小，而且欧洲中央银行似乎是唯一的有兴趣买入爱尔兰债券的机构。在援助计划浮出水面后，参加爱尔兰联合政府的绿党宣布将在 12 月批准预算案后脱离执政联盟，这对局势的发展当然没有任何好处。

在金融市场上，疑云迟迟不散，针对爱尔兰的援助计划真的能使危机停止蔓延吗？整个紧缩计划就像一把双刃剑。一方面，几乎没有人相信紧缩计划会真正得到实施。在这个问题上，希腊的经验值得借鉴。在援助计划面临流产的险境中，希腊政府果断地采取了好几项重大举措，比如，彻底地改革养老金制度，将平均退休金削减至 20% 以上，同时退休年龄也被推迟到 65 岁；公务员的工资被削减了 15%，奖金的发放也受到了严格限制。但是，政府这些政策引发了强烈的抗议。2010 年夏天，希腊各地街头都爆发了抗议游行活动，并导致 3 名银行员工的死亡。由于担心暴力行为升级，希腊政府和有关机构中断了进一步的改革。但是，另一方面，如果真的按

---

① 为了说明西班牙和一些较小的国家（比如说希腊、爱尔兰和葡萄牙）之间的区别，我们不妨来看一下下面这一计算结果。葡萄牙需要在未来 3 年筹集到 515 亿欧元才能弥补其预期的预算赤字，并偿还到期的国债；而西班牙则需要 3 500 亿欧元。这一计算是由汇丰银行完成的。请读者参阅 2010 年 11 月 23 日的《华尔街日报》。
② 莎尔加多和苏格拉底的上述言语转引自 2010 年 11 月 23 日的《金融时报》。
③ 上述范龙佩言论转引自 2010 年 11 月 24 日的《国际先驱论坛报》。

计划实施紧缩政策，显然会加快经济衰退。

这些情况加剧了市场对债务重组的恐惧心理。市场开始认识到，在外围国家发生的危机只不过是冰山一角，绝大多数发达国家（当然也包括欧洲的发达国家）的公共财政也已经失控了或近乎失控。这是因为几乎所有的国家的税收负担都已经高到了无法再高的地步，而且经济结构性增长的前景非常暗淡，同时增加支出的压力却越来越大，人口也在相对老龄化。默克尔曾说过，"就欧元的前景而言，我们面临的局势极其严峻"。① 这种说法丝毫没有夸张的成分，她的观点甚至比德国财政部部长沃尔夫冈·朔伊布勒的观点还在理。朔伊布勒一厢情愿地认为，危机的主要根源在于金融市场"无法理解欧元"。②

令人不安的"天才"

对爱尔兰的一揽子援助计划是在 11 月 27、28 日那个周末最后定下来的。这个"援助包"总额为 850 亿欧元，相当于爱尔兰国内生产总值的 54%。在这 850 亿欧元中，有 500 亿欧元将用于支持公共财政，有 100 亿欧元用于补充银行资本金，剩余的 250 亿欧元则留作银行应急基金。如果说对希腊的援助计划已经构成了对"不援助条款"的致命一击，那么，对爱尔兰的援助计划通过之日也就是"不援助条款"被彻底埋葬之时。为了弱化其政治影响，都柏林同意为"援助包"提供 175 亿欧元。这笔款项中的相当大的一部分将来自国家退休金储备基金（National Pension reserve Fund）。有关各方还决定，将不会强行要求爱尔兰银行优先债券持有者重估价值，欧洲中央银行曾经强硬地提出过这个要求（不过，非优先债券持有者还是遭受了重大损失）。特里谢及其同事担心的是，这种估值折扣对脆

---

① 默克尔上述言论转引自 2010 年 11 月 24 日的《华尔街日报》。
② 朔伊布勒上述言论转引自 2010 年 12 月 6 日的《金融时报》。

弱不堪的欧洲银行系统可能极具破坏性。

但是，欧洲各国领导人同意，在 2013 年以后，通过集体行动条款实施的任何涉及欧元区政府债券的债务展期或债务重组都必须包括私人债权人。对此，国际资本市场协会资产管理委员会和投资者委员会主席罗伯特·帕克评论道："投资者在有关方面的引导下，曾经一度相信欧洲政府债券是无风险的，重组机会为零。现在有关方面却转而提醒投资者必须注意主权信用风险。"① 就在同一个周末，欧盟各国财政部部长们还决定，2013 年后，临时性的欧洲货币稳定机构将被某个永久性的欧洲稳定机制所取代。

然而，在这些决定正式作出之前的那个星期里，一切就已经很清楚：对爱尔兰的援助不可能使市场平静下来。各外围国家的借贷成本都达到了历史新高。尽管西班牙政府债务水平较低（2009 年年底，其占国内生产总值的比例为 53%），市场却依然因为其超高的私人债务而担忧不已（其占国内生总值的比例为 210%），尤其因为西班牙的私人债务绝大部分都是外债。德国否决了欧洲委员会扩大援助基金的方案。对此，《金融时报》的托尼·帕柏评论道："在加剧市场紧张局势方面，每个欧洲人都是天才，他们总是轻率地提出各种不成熟的建议，令投资者更加不安，并使欧元的未来更加不确定。这实在令人痛心！"②

《经济学家》的一篇文章把欧洲最重要的那些政治家们描述成了"一帮心中没有准绳的家伙"。作者紧接着又"澄清"道，如果一定要说他们当中也有人懂得瞄准的话，那么也只是在"开枪打中自己的脚的时候才显得训练有素"。③ 欧洲中央银行初创时期的政策的主要设计师奥特马·伊辛则评论道："从诞生伊始，沟通不良的问题就一直伴随着欧洲货币联盟。经济危机爆发以来，各种声音更是嘈杂

---

① 帕克上述言论转引自 2010 年 11 月 30 日的《金融时报》。
② 《金融时报》，2010 年 11 月 26 日。
③ 《经济学家》，2010 年 11 月 20 日。

不堪。"①

这个时候，银行体系的压力测试问题又被提起，同时欧洲政治最高领导人拥有的把事情变得更糟糕的"天才"也再一次展示出来。② 欧洲委员会负责经济和货币事务的官员奥利·雷恩承认，上一次进行的压力测试是无效的，并补充说，下一轮压力测试将于2011年在新组建的欧洲银行管理局（European Banking Authority, EBA）的统筹下进行，而且将更加严格。这个观点立即遭到了一些欧元区成员国的驳斥，其中又以德国的态度最为强硬。市场对于各种援助计划行动的反应非常不灵敏，因为那些只不过是《金融时报》的马丁·伍尔夫所称的"个人英雄主义的即兴之作"，③ 但是对这种成事不足、败事有余的"沟通技巧"却深感气馁。12月初，比利时和意大利已经成了关注的焦点，因为它们很可能成为欧洲主权债务危机的下一批受害者。

沟通不良的另一个例子出现在葡萄牙。12月初，葡萄牙反对党领导人佩德罗·科埃略成了该国所有政治领导中第一个承认葡萄牙可能需要援助的人。总理若泽·苏格拉底不得不一再否认该国需要外界的援助。然而，葡萄牙银行却声称，该国正面临着极大的风险，"如果我们无法以某种可靠的、可持续的方式实施巩固公共财政的政策的话，那么一切都将变得无法控制"。④

使市场充满不确定性的是以下三个更为公众熟知的例子。第一个例子是，欧洲中央银行行长特里谢曾经小心翼翼地要求增加欧洲金融稳定机构的基金规模。这立即遭到了德国财政部副部长荣格·阿斯穆森的强烈反对。⑤ 第二个例子是，卢森堡首相让－克劳德·容克和意大利财政部部长朱利奥·特雷蒙蒂曾经联名建议发行欧元

---

① 请参阅伊辛发表在2010年12月2日《金融时报》上的文章。
② 请参阅《金融时报》与《华尔街日报》的相关报道。
③ 请参阅马丁·沃尔夫发表在2010年12月1日《金融时报》上的文章。
④ 相关报道请参阅2010年12月1日的《国际先驱论坛报》。
⑤ 正如2010年12月4日的《金融时报》所报道的一样。

债券（一种由所有欧洲国家提供担保的主权债券），以坚定市场的信心，并宣称"欧元是不可逆转的"，但是也被德国否决了。① 第三个例子是，西班牙前首相菲利普·冈萨雷斯和执政的社会党议会党团领袖（the parliamentary leader of the ruling socialist party）何塞·安东尼·阿隆索，两人曾公开呼吁欧洲中央银行效仿美联储，采取大规模的量化宽松政策，但是特里谢和其他欧洲中央银行领导人则强烈地予以拒绝。欧洲中央银行对政治压力的免疫力，市场一直保持着密切关注。

有限责任

在2010年的最后几个星期里，市场气氛依然高度紧张。按照计划，12月17—18日将举行一次欧盟首脑会议。在首脑会议举行之前的那个星期，国际货币基金组织总裁多米尼克·施特劳斯－卡恩敦促欧元区有关各方"就（欧元区）问题提出一个全面的解决方案"。② 国际金融研究所（一个面向银行业的游说组织）发布的一份报告估计，在2011年度，为了再融资，各国政府需要筹集20 000亿美元，银行则需要筹集10 000亿美元。③ 爱尔兰政府推出了一个"颇具勇气"的预算方案，计划削减40亿欧元的支出，并增加20亿欧元的税收，但是穆迪仍然大幅调低了对爱尔兰的国家评级，因为其银行业问题已经极为严重。12月15日，希腊雅典再次爆发针对政府紧缩政策的暴力抗议活动，一位前部长在街头遭到了野蛮的人身攻击。

在首脑会议上，欧洲各国领导人确认，从2013年开始，救援机制将永久化。虽然在德国的强烈反对下，援助基金的规模没能扩大，

---

① 见容克和特雷蒙蒂发表在2010年12月6日《金融时报》上的专栏评论，读者也可以参阅2010年12月7日的《华尔街日报》。
② 施特劳斯－卡恩上述言论转引自2010年12月8日《金融时报》。
③ 欲了解该报告的内容，请参见2010年12月17日的《华尔街日报》。

但是欧洲最重要的那些政治家们最终还是同意应该赋予援助基金一些工具，以便它实施援助责任。由于德国的坚持，各国领导人还同意，该基金除了受制于各成员国的否决权之外，还必须符合其他一些严格的条件。至于具体细节，则将在 2011 年 3 月敲定。透过各种政治上的花言巧语，不确定性依然笼罩着整个欧元区。

在金融界人士看来，欧洲各机构缺乏方向感这一点已经再清楚不过了。对此，《金融时报》记者约翰·普伦德的总结堪称完美："货币联盟的运作究竟在什么地方出了错？各方的诊断几乎没有什么重叠的地方；它将来应该怎样做？也一样缺乏共识。联盟的未来看起来充满不确定性，这就是我们所能够知道的最好的答案了。"前罗斯柴尔德投资银行投资专家、哈德逊研究所研究员欧文·施特尔策则撰文称，"欧元区各方回应（危机）的方式是相当可笑的：它们许诺成立一个非专门化的机构，筹集金额不等的资金，去支付总账单中未指定比例的某一部分债务。而德国竟然允许这一切的发生。"① 至于德国在其中所起到的关键作用，《金融时报》的沃尔夫冈·明肖的结论是："德国在过去 20 年中优先考虑统一，目前则优先考虑……欧元区的完整性。但是这两个优先性……并不能相提并论……事实上，德国现在优先考虑的其实是'有限责任'。"②

在欧盟首脑会议期间，特里谢发表了一个演说。他批评道，迄今为止，欧洲政治领导人的做法只起到了适得其反的效果，即反而增加了市场的不确定性。③ 虽然特里谢很清楚，包括法国在内的某些国家主张欧洲中央银行应该扮演一个更加积极的角色，但是他仍然强烈反对欧洲中央银行加强在次级债务市场上的干预活动。在这次首脑会议期间，欧洲中央银行宣布，各成员国的国家银行已同意增加欧洲中央银行的认购资金达 108 亿欧元。欧洲中央银行表示，

---

① 《华尔街日报》，2010 年 12 月 29 日。
② 《金融时报》，2010 年 12 月 20 日。
③ 正如 2010 年 12 月 18 日的《金融时报》所报道的。

为了抵御应对经济危机时所承担的风险,它需要这笔资金作为缓冲。欧洲中央银行作出这种姿态,不仅是在承认它在各外围国家的银行中提供的抵押品的质量在下降,同时也提出了一个警告:欧洲中央银行对抗欧元危机会给各国政治家们带来相当可观的成本。

就在这次首脑会议期间,德国企业家信心指数(IFO index)表明,德国全国的企业家的信心达到了二十多年来的最高点。2010年经济增长的初步数据显示,德国经济规模大约占整个欧元区经济总量的三分之一,其经济增量更是占到了货币联盟所有成员国的经济总增量的四分之三。德国再也不是所谓的"欧洲病夫"了。德国的经济增长主要是由出口带动的,这对德国的出口合作伙伴来说是一个好消息。但是,对欧洲其他国家来说,这并不是一个好消息。在货币联盟成立之前,如果德国的出口有大幅增长,则就会给它带来庞大的贸易盈余,进而使德国马克面临升值的压力,这反过来又会使德国的出口有所降低。但是,感谢欧元,现在不会再出现这样的事了。虽然某些国家的经济增长率直线下降,社会经济形势动荡不安,但德国经济发展却似乎是不可阻挡的。

就在圣诞节前,中国也显示了它的存在(或者至少看起来如此)。在第三次中国—欧盟经贸高层对话期间,中国国务院副总理王岐山表示,中国支持欧盟援助部分欧元区成员国的援助方案。事实上,在10月份,中国有关部门就已经为希腊提供了财政援助。中国可能会利用其庞大的外汇储备来购买以欧元计价的债券,不过这种可能性是与欧洲的贸易政策联系在一起的。目前,中国对欧洲的贸易政策并不满意。例如,北京声称,欧盟针对中国产品和企业的保护措施变得越来越严厉了。欧盟已经取代了美国,成为中国最重要的出口市场。几个星期后,一个报道说:"中国副总理李克强在访问西班牙期间重申了北京的承诺:中国将继续购买西班牙债券。同时他还和西班牙签署了一系列商业协议。"①

---

① 《国际先驱论坛报》,2011年1月6日。

吃定里斯本，盯上马德里

圣诞和新年期间，金融市场休市。然而投资者们并没能够轻松太久。默克尔发表了讲话，在这篇被广泛报道的讲话中，她再一次强调了德国对欧元的承诺。尽管如此，分析家们和经济学家们更关注的却是另一位德国人的一篇文章。欧洲中央银行初期货币战略的主要设计师奥特马·伊辛在他的文章中得出了如下结论：

> 社会体制的每一步发展，都会使整个欧洲的性质发生变化。这一次，欧洲经济与货币联盟各成员国确实偏离强化规则的要求太远了。在这种情况下，欧洲经济与货币联盟成立后前12年的历史经验告诉我们，在不太遥远的将来，就会爆发一场新的危机。到那时，受到更大压力的社会有没有可能决定进行另一场根本性改革？目前，进一步的财政转移支付看似不可阻挡，但是这一过程必定会导致经济上特别是政治上的紧张态势。个别成员国的不负责任的行为主导这一过程越久，这些紧张关系对欧洲经济与货币联盟的危害就越大。2011年伊始，我得到的结论是：形势已经非常严峻了。迄今为止，决定欧洲经济与货币联盟命运的真正的关键时刻依然没有到来，我们所做的一切，只不过是在延缓这一刻的到来。[①]

2011年1月初，欧洲的主权债务危机再度成为头条新闻，这一次的焦点是葡萄牙。完全借助于欧洲中央银行的不断干预，葡萄牙的融资成本才勉强维持在低于7%的水平（葡萄牙政府认为7%的融资成本是完全无法持续的）上。瑞士国家银行宣布，将不再接受葡萄牙政府的证券抵押品。市场担心，葡萄牙政府没有能力为即将在4

[①] 伊辛，2011，第13页。

月和 6 月到期的 95 亿欧元的债务融资。葡萄牙总理苏格拉底一再声称，葡萄牙不需要来自外部的援助，他说，"这个国家正在履行自己的职责，而且做得很好。葡萄牙之所以不请求外界援助，原因很简单，就是它根本不需要"。① 他的说法得到了西班牙财政部部长艾莲娜·萨尔加多的响应，后者也称"葡萄牙不需要援助"。② 如果危机进一步蔓延，西班牙将会成为人们担心的焦点。不过，意大利、比利时等国也都进入了"危机的雷达（区）"。意大利总理卷入了腐败和性丑闻，而比利时的问题则在于新政府迟迟无法组成。

公众普遍担心危机将进一步扩大。对此，欧洲有关当局的回应是，将进行新一轮的银行压力测试。欧盟高层官员开始讨论增加欧洲金融稳定机构的基金，并允许它对债券市场进行干预。也有人认为在采取某种先发制人的行动时才能动用该基金。芬兰在欧盟负责经济和货币事务的委员奥利·雷恩公开了这些意见。他在《金融时报》上撰文指出："在目前的局势下，要想欧洲金融稳定机构发挥有效作用，就应该强化其能力，并扩大其职责范围。"③ 特里谢也提出了类似的观点，还有巴罗佐也是一样。但是，德国人否决了这个建议。最亲欧洲的德国政治家沃尔夫冈·朔伊布勒说它造成了一个"人为的争端"。④

市场挑剔的眼光主要集中于葡萄牙，但西班牙也无法逃脱被关注的视线。西班牙的失业率是欧元区各国最高的，达到了 20%，并且仍在不断上升。西班牙的经济正处于严重的衰退中，迫切需要进行结构性的改革，不然就无从提高其经济增长潜力。西班牙的金融问题体现在三个方面。首先，各储蓄银行的问题仍在继续恶化。西班牙中央银行公布，西班牙银行业持有的房地产资产总值高达 1 800 亿欧元，它很可能贬值。这些不良资产大部分都体现在储蓄银行的

---

① 见苏格拉底在 2011 年 1 月 12 日发表在《金融时报》上的文章。
② 萨尔加多上述言论转引自 2011 年 1 月 11 日的《华尔街日报》。
③ 《金融时报》，2011 年 1 月 12 日。
④ 朔伊布勒上述言论转引自 2011 年 1 月 14 日的《金融时报》。

资产负债上。①

在 2011 年 1 月中旬，首相何塞·萨帕特罗宣布，对未挂牌上市的储蓄银行进行第二轮重整。在此之前，为了给储蓄银行补充资本金，并通过兼并和破产等途径将其总数从 45 个减少到 17 个，西班牙政府已经花掉了 150 亿欧元。如果要使这些储蓄银行的资本金充足，还需要再花费 200—1 000 亿欧元。西班牙财政部部长艾莲娜·萨尔加多宣布，在秋季到来之前，西班牙所有金融机构的最低核心资本至少要达到风险加权资产的 8%，其中储蓄银行的最低核心资本比例则必须达到 10%。② 经过密集的游说，储蓄银行获得了 6 个月的宽限期。

2010 年，西班牙政府的财政赤字占国内生产总值的比例接近 10%，它所面临的第二个金融难题是如何将 17 个自治区政府的支出控制在适当限度内。这些自治区的公共支出大约占西班牙全部公共开支的一半。自 2008 年以来，西班牙各自治区的债务增加了一倍，其总额达到了 1 150 亿欧元（这还不包括具备公共性质的公司的债务）。③ 有传言指出，西班牙各自治区的赤字和债务都存在着显著的漏报现象。④ 此外，西班牙还必须削减社会保障支出。

2011 年 1 月底，西班牙联邦政府与各工会达成了协议，迫在眉睫的养老保险制度改革终于正式启动。正常退休年龄将从 65 岁提高至 67 岁，计算退休基金的方法也将从原来的根据最近 15 年的收入计算改为根据最近 25 年的收入算起。不过，根据计划，这些改革将分阶段实施，直到 2027 年才能全部完成。而且，正如西班牙经济学家巴勃罗·瓦兹盖斯所指出的，"一切都要视经济发展的状况而定，

---

① 《华尔街日报》，2011 年 1 月 12 日。
② 《金融时报》，2011 年 1 月 25 日。根据《巴塞尔协议》第三条款对资本充足率的要求，2019 年前资本充足率必须达到 8% 而不是 7%。
③ 请读者参阅 2011 年 6 月 10 日的《金融时报》。
④ 例如，2011 年 5 月 20 日的《华尔街日报》。

或迟或早，我们肯定会需要另一场改革"。①

西班牙面临的第三个金融问题是其庞大的私人部门债务，其总额相当于国内生产总值的210%。整体性的债务问题、尚未成熟的养老保险制度改革、走走停停的储蓄银行重组，以及因工会获胜而导致的实际工资上升，所有这些因素结合在一起，不免使人觉得西班牙政府似乎并没有竭尽全力应对经济危机。很显然，即将进行的地方选举对政府决策发挥了显著的影响，市场也已经注意到了这一点。

从"大交易"到"超现实"

2011年1月底，来自全世界的经济精英聚集到了瑞士达沃斯，参加一年一度的世界经济论坛。欧洲的政治家们试图利用这个机会告诉全世界：欧元是安全的，危机最严重的阶段已经结束。前来参加达沃斯论坛的萨科齐总统声称，他的发言也代表默克尔的意见。他说："请大家仔细听我说，我们永远不会背叛欧元，我们永远不会放弃欧元……欧元就是欧洲！……我们永远不会听任欧元被摧毁……欧元问题不是简单的货币问题，也不是简单的经济问题，欧元与我们作为欧洲人的同一性有关。"② 法国财政部部长克里斯蒂娜·拉加德则宣布，"欧元区已经转危为安"。与此同时，德国财政部部长沃尔夫冈·朔伊布勒也声称，"我预期不会发生新的重大冲击"。③

但是，并不是所有人都以这些高官显贵的高调言论为然。一位欧洲企业高管说："如果他们做的有说的一半坚决，危机在几天之内就会结束。"④ 曾在美国克林顿政府中出任财政部部长、曾短期担任过奥巴马总统的首席经济顾问的经济学家拉里·萨默斯警告说："欧

---

① 瓦兹盖斯上述言论转引自2011年1月28日的《国际先驱论坛报》。
② 萨科齐上述言论转引自2011年1月28日的《金融时报》。
③ 拉加德和朔伊布勒上述言论转引自2011年1月31日的《金融时报》。
④ 这是评论者私底下对本书作者说的。

洲正在测试反应性渐进策略的有效限度……但是，经济规律与物理规律一样，是不可能服从政治上的限制的。"① 国际货币基金组织的二把手约翰·利普斯基则从国际货币基金组织里泼出了一盆冷水，他说："在如此困难的情势下，绝难想象市场疑虑会迅速消失。"②与这些批评相呼应，在达沃斯还流传着希腊的债务重组将无法避免的传言。希腊每天都有罢工，而且罢工经常演变成暴力冲突，这个国家似乎即将陷入无政府状态。③ 帕潘德里欧在达沃斯论坛上公开宣布，他的国家需要更多的时间来偿还其债务。媒体几乎没有注意到，奥地利最大的保险公司——维也纳保险集团，决定减持希腊国债和爱尔兰国债，减持幅度高达25%。

达沃斯论坛结束后，市场情况逐渐好转，因为陷入危机的各国国债与德国国债的利差明显缩小了。不过，这种情况之所以会出现，并不是因为政治领导人在不断地鼓劲打气，而是因为一个传言：有一项"大交易"正在洽谈当中。在2月4日欧盟首脑会议举行前的一些日子里，默克尔拜会了巴罗佐、萨帕特罗和萨科齐等人。消息很快就传扬开来，据称是默克尔将带来一份《竞争力协议》，其目的是改善欧元区的整体经济状况。④ 德国总理的紧迫感与德国国内的政治局势有关。许多德国民众心里已经憋了一把火，他们认为德国政府在那些散漫的南欧"预算罪人"身上浪费了太多钱。如果德国这种局势持续下去，在即将到来的2011年地方选举中，默克尔的政党肯定会在好几个地区以惨败而告终。

在首脑会议期间，默克尔在萨科齐的坚决支持下推出了《竞争力协议》。该协议包括如下6个要点：

---

① 萨默斯上述言论转引自2011年1月28日的《金融时报》。
② 利普斯基上述言论转引自2011年1月31日的《金融时报》。
③ 例如，请参阅塔基斯·米卡斯发表于2011年4月13日《华尔街日报》上的文章，其标题为"希腊的法律就是无法无天！"。
④ 如何、何时、由谁来敲定这一计划的细节？读者请参阅2011年3月3日的《国际先驱论坛报》，以及2011年4月14日的《华尔街日报》。

1. 取消工资指数化。
2. 引进一个共同的公司税税基。
3. 根据不断变化的人口状况,调整退休金计划。
4. 在各国宪法中增添关于债务预警机制的条文。
5. 相互承认教育文凭。
6. 构建针对银行的国家危机管理机制。

该协议还包括制裁条款:违背规则的国家将遭到罚款(以一种接近于自动实施的方式)。默克尔的意思很清楚,德国预计法国将接受这些规则,同时作为回报,法国将可以利用德国的财政资源。或者,正如欧文·施特尔策在评论中所指出的,"德国将支持财政上有困难的国家,前提是,它们必须变得更德国化"。①

然而,默克尔和萨科齐的如意算盘落空了。比利时首相伊夫·莱特姆说,"在首脑会议上,对于默克尔—萨科齐协议出笼的方式以及该协议的具体内容,有18个或19个国家都公开表达了不满和遗憾……这真是一个超现实主义的首脑会议"。② 反对这个计划的不仅是那些较小的欧元区国家,甚至连奥地利这个德国的传统盟友也对它推迟退休年限的规定提出了抗议。欧洲委员会和非欧元区国家,也提出了强烈的抗议,因为它们觉得自己被靠边站了。③

欧洲委员会的成员们质疑该协议的"附加值",因为他们认为它与该委员会在几个星期前发布的《年度增长报告》在实质上是重叠的。默克尔和萨科齐试图反击,但是他们很快就认识到,至少在这次首脑会议上他们不可能获胜。因此,首脑会议做出了一个典型的

---

① 请参阅施特尔策发表在2011年2月7日《华尔街日报》上的文章。
② 莱特姆上述言论转引自2011年2月7日的《华尔街日报》。
③ 据一位外交官所述,波兰总理唐纳德·图斯克在这次首脑会议上勇敢地挑战了默克尔和萨科齐的权威。图斯克质问他们:"你们难道真的认为你们拥有这样对待所有别的国家的权力吗?"(请参见2011年2月22日的《国际先驱论坛报》)

欧洲式的决定：在3月初，再举行一次首脑会议，届时将由范龙佩提交一个经过修订后的《竞争力协议》。拟议中的这个首脑会议不会与原先已经计划好的预定在3月底举行的首脑会议相冲突，那个首脑会议仍将举行，讨论原定的议程。

2月4日，这个"超现实"的首脑会议终于结束了，它既给人们带来了好消息，也带来了坏消息。不过，后者显然占主导地位。好消息是，《竞争力协议》虽然未能通过，但是它标志着欧洲各国领导人已经越来越清楚地认识到，在全面的政治联盟暂时无法达到时，为了实现这个目标，他们必须从现在起就着手为货币联盟奠定更坚实的基础。该协议是朝着这个方向迈出的重要一步，因为它最终可能会促成一个接近最优货币区的欧洲经济与货币联盟。坏消息是，大多数欧元区成员国都否决了这个协议。许多国家的政府仍然拒绝放弃哪怕一丁点儿政治决策自主权。

更糟糕的消息是，欧洲各国领导人仍然看不到眼皮底下的危机。花旗集团首席经济学家威廉·布伊特总结道："对于某个加入了欧元区的主权国家来说，由主权国家—银行业组成的联合阵线是无法一直维系下去的。这也就意味着，或者银行的无抵押债务将重组，或者主权债务将重组，或者两者将一起重组。"[①] 用沃尔夫冈·明肖的话来说，结论就是："为了解决危机，必须采取更果敢的方法。必须在整个欧盟范围内全面启动银行业资产重组和规模收缩的计划。只有在这之后，才可能重组任何需要重组的主权债务。"[②]

清晨的惊喜（其实并不令人惊讶）

正如人们所预料的，首脑会议上出现的僵局再一次导致脆弱的市场神经高度紧张。各外围国家的债券利差，尤其是葡萄牙国债的

[①] 布伊特上述言论转引自2011年1月12日的《国际先驱论坛报》。
[②] 《金融时报》，2011年2月7日。

利差，又急剧扩大了，这迫使欧洲中央银行不得不加强其对债券二级市场的干预。导致市场人士焦虑不安的其他因素还包括：欧洲各国的银行都严重依赖于欧洲中央银行的流动性支持；计划中的新一轮的欧洲银行压力测试的严格程度，各方也一直在进行着激烈的争辩。德国人要求采用较低的标准，他们还认为也不必过于追求高透明度。德国这种立场是不同寻常的，根源在于德国政府所拥有的地区银行也已经陷入了困境。①

2011年初，德国经济专家委员会主席沃尔夫冈·弗朗茨曾经说过一句耐人寻味的话："我们不知道他们内部究竟隐藏着什么见不得人的丑事。"② 他所指的就是这些国营地方银行。除了"德国问题"之外，执行压力测试的监管机构也面临着一个必输之局：如果它们没能确定存在着主权违约的风险，那么它们就会被指责忽略了银行偿付能力分明已经受到威胁的事实；而如果它们确定了这种风险因素，那么市场仅存下来的对于欧洲各国可能避免违约的微弱信心也将崩溃。

2月，爱尔兰进行了选举，在选举中获胜的赢家的立场也无助于市场心理的平复。他们不仅请求对他们的"援助包"适用更低一些的利率，而且再次要求银行优先债券持有者重估价值。与此同时，在德国、法国、荷兰、芬兰等国，来自怀疑欧元的各派政治势力的国内压力也在急剧加大。默克尔本人所属的议会多数党团和德意志联邦银行，都强烈反对德国向欧洲金融稳定基金增加拨款，他们也反对允许该基金购买主权债券。189位德国经济学家联合发表了一封公开信，强调了同样的观点。③ 欧洲中央银行行长特里谢则寄望于

---

① 所有这些采取公有制的区域银行都面临着一个重大问题，那就是，它们的资本来源中有很大一部分是由所谓的沉默的参与者提供的，即那部分资本实际上是由州政府借入的款项。德国黑森州经济部部长迪特尔·波斯公开鼓动属黑森州所有的地方银行抵制新的欧洲银行压力测试。
② 弗朗茨上述言论转引自2011年1月12日的《国际先驱论坛报》。
③ 请参阅哈夫勒等人，2011。

未来的永久性援助机构能够直接干预债券市场（以减轻欧洲中央银行的压力）。另外，早在3月份，特里谢就曾经警告说，鉴于欧元区的通货膨胀率每年都上涨2.4%，4月份加息将不可避免。

特里谢对《竞争力协议》所知甚详。在比利时列日大学的一次演讲中，他提出了自己的愿景。他的观点甚至超出了默克尔和萨科齐的建议。特里谢呼吁强化对经济和财政政策的监督，并建立自动实施的制裁机制。①

国际社会也一直关注着欧元区问题。就在3月11日的欧盟首脑会议举行的前几天，美国财政部部长蒂莫西·盖特纳访问了柏林。盖特纳呼吁采取更全面的解决危机的办法，并扩大稳定基金规模。媒体披露，针对默克尔和萨科齐提出的《竞争力协议》，巴罗佐和范龙佩达成的妥协反而使它实质上大幅缩水了，市场神经再度绷紧。在首脑会议举行前的那几天，穆迪把希腊的评级调低到"垃圾级……雅典（希腊）现在被认定比'拉丁美洲的弃儿'委内瑞拉和阿根廷更可能违约"。西班牙的评级也被调低为比AAA低两个级别的Aa2级。② 人们担心，西班牙国内各银行补足资本金的成本可能高达1 200亿欧元。③ 中国的评级机构大公国际调降了葡萄牙国债的评级，惠誉和穆迪也纷纷跟进。

在3月12日（星期六）凌晨，欧洲各国领导人给了市场一个惊喜，他们在原则上就一些应对欧元危机的重大问题达成了一致。对此，甚至连他们中的一些人，也觉得有些喜出望外。④ 他们同意增加欧洲金融稳定机构的实际放贷额度：从原定的大约2 500亿欧元提高到4 400亿欧元。这一举措被经济史学家、哈佛大学教授尼尔·弗

---

① 特里谢，2011a。
② 《金融时报》，2011年3月11日。
③ 各方对西班牙银行需要补充的资本金的数额的估计相差如此巨大，恰恰说明关于欧洲银行业的稳固性与可信性的信息极度缺乏。
④ 《金融时报》，2011年3月14日。

格森形容为一个"巨大的庞氏骗局"。① 他们还决定,"欧洲稳定机制"(European Stability Mechanism,ESM)将于2013年后建立起来,这是一个永久性的援助基金,能够提供高达5 000亿欧元的贷款,其资金来源"很可能通过以下两个途径解决:一是评级为3A的那些成员国的强化担保;二是那些资产负债状况较差的成员国的实收资本"。② 但是,欧洲稳定机制给予陷入困境的国家(例如希腊)的信贷的优先级将高于私人投资者所承销的债券(即只低于国际货币基金组织的债务)。这一决定的灵感显然是被德国拒绝接受财政转移支付联盟的原则而激发出来的。③ 至于在债券市场上直接干预这一政策工具,则没有考虑。

此外,同样是在3月11、12日举行的首脑会议上,各国还为针对希腊和爱尔兰的"援助包"开出了较低的利率和较长的偿还期限(在满足一定附加条件的前提下)。希腊接受了,它同意出售总价值为500亿欧元的政府资产;爱尔兰则拒绝了,它不愿意放弃本国12.5%的公司税税率。

至于《竞争力协议》,欧洲各国领导人只是就少数几个一般性的原则达成了一致意见。尽管遭到了高负债率国家(例如意大利)的抗议,各国领导人还是同意应尽力缩小各国实际债务水平的差距:债务占国内生产总值的60%的欧盟法定债务限额每年下调5%。然而,这一次依然没有制定丝毫不含糊的、有约束力的规则。就在首脑会议举行的过程中,葡萄牙宣布实施新的紧缩措施,并表示其不需要援助。不过,穆迪还是将葡萄牙的主权评级下调为A3。

---

① 弗格森上述言论转引自2011年3月14日的《华尔街日报》。
② 《金融时报》,2011年3月14日。
③ 人们一般认为,在出现主权债务违约的情况下(不妨再一次以希腊为例来说明),遭到重大打击的将是私人投资者,而不是担保欧洲金融稳定机构的各个国家的信誉。评级导致第一个可能受到损失的国家是德国(当然在事实上,法国也将失去AAA评级,因为法国的预算赤字和政府债务更大)。

微不足道的"大买卖"

然而，3月11、12日举行的首脑会议真的达成了什么重要协议吗？怀疑态度很快就主导了市场。欧洲政策研究中心（Centre for European Policy studies，CEPS）是一家总部位于布鲁塞尔的智库，它的主任、研究货币联盟的顶尖经济学家丹尼尔·格罗斯敏锐地捕捉到了这种幻灭感。格罗斯指出，欧洲理事会"再一次决定采取拖延战略……他们既没有从市场的角度来考虑他们的行动会带来什么后果，也没有反思他们目前的决定对他们自己在未来将要做出的决定意味着什么"。① 格罗斯的结论是，各方在3月达成的协议，充其量只不过是又一次强化了欧洲决策过程中的一种倾向，概括地说，那就是，"绝不允许违约，但是在援助之前必定会出现大量的强硬言论"。

根据计划，3月24、25日将会再举行一次首脑会议。在会议之前，市场上空已是布满乌云。首先，"芬兰问题"又一次浮出了水面。在即将进行的选择中，对欧元持高度怀疑态度的正统芬兰人党（True Finns）在党主席蒂莫·索伊尼的领导下，很可能大获全胜。芬兰政府总理马里·基维涅米看到了这个前景，因此不愿意做出坚决支持增加对欧洲金融稳定机构的拨款的决定。

其次，默克尔的政党在几个州的地方选举中遭到了失败。例如，巴登－符腾堡州是德国最繁荣的州，默克尔自己所属的保守党在该州一直以来都牢牢地占据着优势。该州在首脑会议结束后进行了一次非常重要的选举，默克尔以绝对劣势失利。不过部分原因在于，日本大地震引发的核灾难使德国人对核灾难的恐惧感加剧，绿党的得票率因此而上升。

---

① 请参阅丹尼尔·格罗斯发表在2011年3月16日《CEPS评论》上的文章"嘴上很强硬，条件却很低？"。

第三，在首脑会议的前一天，葡萄牙议会否决了苏格拉底总理提出的紧缩方案，苏格拉底被迫辞去总理一职。这样一来，市场很久以前就预期到的对葡萄牙的援助终于不可避免地成了现实。葡萄牙的评级又被进一步调低。30家西班牙银行也遭到了降级。西班牙各银行对葡萄牙的放款总额为770亿欧元，是所有欧洲金融机构中最多的。人们担心多米诺骨牌效应将发生，卢森堡首相让－克劳德·容克对这种可能性提出了反驳，他认为，"金融市场以为，既然葡萄牙已经申请援助了，那么西班牙也肯定会。这种想法是荒谬的"。①

期待已久的"大买卖"终于到来了。表面上，它确实很大，但是从具体行动来看，它也可以说很小。有两个结果是显而易见的。首先，将对《欧洲联盟行使职能条约》（Treaty on the Functioning of the European Union）进行有限度的修订。当然，这需要所有成员国的批准，以便着手构建一个永久性的援助机制。"如果这真是保障作为一个整体的欧元的稳定所必须的话"，那么各方希望，这能够符合德国宪法法院的要求。

其次，永久性的欧洲稳定机制将取代欧洲金融稳定机构和欧洲金融稳定机制，它将拥有5 000亿欧元的有效放贷能力。这将通过以下途径实现：从2013年7月开始，在5年内将有800亿欧元实收资本逐步到位；各成员国的通知即缴资本和担保共计6 200亿欧元。不过，欧洲稳定机制只有在所有成员国的财政部部长们一致同意的情况下才能启动；只有在满足非常严格的条件时，欧洲稳定机制才可以在一级市场上购买政府债券，但是它永远不能在二级市场上购买政府债券。

但是，欧洲金融稳定机构在当前的有效放贷能力究竟怎样才能保证，各方并没有做出决定，不过他们可能会在夏天达成一个妥协。

---

① 让－克劳德·容克的上述言论转引自2011年3月25日的《国际先驱论坛报》。

至于国家破产的情况真的成为现实时，私营部门应该如何参与进去，他们也没有做出任何决定。欧洲各国领导人只是强调，各国将采用国际货币基金组织现有的处理主权债务危机的程序。此外，欧元区各国政府债券对从 2013 年 7 月起启动的集体行动条款需要满足什么要求，他们也没有予以明确答复。至于新一轮银行压力测试究竟要不要进行，也还是含糊不清。

各方依然缺乏共识。正如总部位于伦敦的欧洲改革中心首席经济学家西蒙·提尔福德所描述的：

> 现在的情况是，银行危机与主权债务危机交织在了一起。欧洲必须同时解决这两个危机。有关各方必须认识到，现在需要各债权国（特别是德国）的银行部门来处理债务重组和违约问题，同时各国政府也必须向银行系统注入资金来进行资本重组。①

2011 年 4 月，国际货币基金组织发布了《全球金融稳定报告》，着重强调了欧洲银行体系的缺陷。但是，欧洲各国政府依然没有认识到银行资本的不足对主权债务危机的影响，他们也没有认识到这两个会带来严重恶果的问题必须同时加以解决。市场、分析师和投资者一直都在猜测哪个问题更糟糕，他们的日子很不好过。

欧洲各国最后达成的协议集中体现于《欧元附加条约》（Euro Plus Pact）。《欧元附加条约》的前身是《竞争力条约》（Pact for Competitiveness）。该条约的目的是促使欧元区各成员国之间建立更紧密的经济协调关系，以提高竞争力，增加就业，稳定金融，并强化公共财政的可持续性。不过，由于该条约不包含具体的执行程序和制裁措施，因此它在很大程度上仍然只是一种建议。首脑会议还一致同意修改《稳定与增长公约》，以加强对各国财政政策的监督。

---

① 提尔福德上述言论转引自 2011 年 4 月 11 日的《国际先驱论坛报》。

至此，《增长与稳定公约》已经是第三版了。这一版关注的焦点是对债务水平和年度赤字的监控，其着眼点在于更高的自动化程度和更全面的制裁措施。虽然这个公约号称很严厉，但是依然停留在纸面上。

第三个"援助包"

2011年3月底，爱尔兰有关部门公布了爱尔兰新一轮银行压力测试的结果。测试结果表明，爱尔兰银行体系要想重新恢复生机的话，需要注入240亿欧元的额外资金；而注入这些资金后，要支撑起爱尔兰银行业，还需要付出700亿欧元的总成本，这几乎相当于爱尔兰国内生产总值的一半。总体而言，市场对压力测试结论的反应是积极的，尽管市场担心爱尔兰银行可能不得不以超低价贱卖某些资产，从而进一步加速价格下跌。爱尔兰新当选政府也不再要求优先债券持有人承担因资本结构重新调整而带来的部分成本，这也推动了市场情绪趋于乐观。然而，又有传言说，爱尔兰政府已经屈从于欧洲中央银行的压力，有人担心，这可能导致整个欧元区范围内债券持有人争先抛售，并使银行体系再度出现问题。

3月29日，标准普尔公司宣布，将葡萄牙的评级调低至"仅仅高于垃圾债券一个级别的级别"。一个星期后，葡萄牙看守政府要求欧洲提供援助。葡萄牙各银行已经不准备再满足政府的融资需求了，据说是因为欧洲中央银行曾警告它们：再也不能提高对欧洲中央银行资金的依赖性了。但是，欧洲中央银行行长特里谢否认了这种说法。① 据说，"援助包"的总额大致在700—800亿欧元之间。市场对此反应平静。不过，葡萄牙即将举行大选，欧洲各国与现任看守政府达成协议的前景并不乐观。《金融时报》发表的评论说："你的

---

① 《金融时报》，2011年4月9日。欧洲中央银行内部的两位消息人士向本书作者确认，葡萄牙银行确实受到了压力。

债务无法偿还了？来吧，再借一些吧！再借给你 800 亿欧元怎么样？这就是欧元区（各国）应对主权债务危机的一贯方式。"①

  市场之所以反应平静，是因为葡萄牙请求援助一事早在预料之中。危机会不会蔓延到西班牙，才是更值得恐惧的事情。4 月初，西班牙首相萨帕特罗出人意料地宣布，他不会寻求连任。西班牙财政部部长艾莲娜·萨尔加多在三个月前曾明确否认葡萄牙需要援助，②现在依然坚持认为，投资者早已学会区分伊比利亚半岛上的两个邻居国了（意即西班牙的情况与葡萄牙不同）。③ 萨尔加多"完全排除"了西班牙需要援助的可能性。④ 国际货币基金组织的货币和资本市场部门的负责人、西班牙人何塞·维亚尔斯，也向公众传达了同样的信息："西班牙政府最近采取的一系列行动都是为了使西班牙与葡萄牙脱钩。"⑤《金融时报》的沃尔夫冈·明肖再一次很好地给出了总结："欧洲官员迅速地断言，（葡萄牙）是最后一个接受援助的国家。在布鲁塞尔的每个人，都在不遗余力地强辩西班牙是安全的。"⑥

  然而事实是，西班牙确实面临着重大的经济和金融问题。4 月初，在整个欧元区都出现通货膨胀的情况下，欧洲中央银行决定加息，将政策利率从 1% 提高到 1.25%。这给西班牙造成了显著的影响。据估计，80% 的西班牙抵押贷款都采用浮动利率计息。虽然经历了巨大的房地产泡沫——西班牙的房地产泡沫几乎与爱尔兰一样严重，但是西班牙的房地产价格并没有下降多少。整个西班牙，空置的物业估计超过 10 000 个单位。人们担心，如果抵押贷款债务负担持续加重的话，不仅会导致严重的拖欠，而且还会形成大幅降价

---

① 《金融时报》，2011 年 4 月 8 日。
② 请读者阅读本章"吃定里斯本，盯上马德里"一节的有关内容。
③ 《金融时报》，2011 年 4 月 8 日。
④ 萨尔加多上述言论转引自 2011 年 4 月 18 日的《华尔街日报》。
⑤ 维亚尔斯上述言论转引自 2011 年 4 月 14 日的《金融时报》。
⑥ 沃尔夫冈·明肖上述言论转引自 2011 年 4 月 11 日的《金融时报》。

销售的压力。

不过，西班牙仍然出现了一些正面因素，这主要体现在如下三个方面：首先，西班牙政府设法降低了预算赤字：2009 年，西班牙政府的预算赤字总额占国内生产总值的比例为 11.1%，到 2010 年已经下降到了 9.3%，预计 2011 年将进一步下降至接近 6%。其次，即使适当地高估重组储蓄银行所需的资金，西班牙政府偿还债务的能力也足以应付。第三，西班牙国际收支经常账户的赤字额占国内生产总值的比例已经下降到了 3%，大大缓解了该国对外资的依赖程度。4 月中旬，西班牙政府宣布，中国将向西班牙部分储蓄银行投入 90 亿欧元的巨资。但是，令西班牙政府深感尴尬的是，中国有关部门立即予以否认。①

在困境中挣扎的外围国家强烈批评欧洲中央银行加息推动了利率上升。但是，欧洲中央银行几乎注意不到这种声音。公众对各国政治家、对欧盟成员国政治领导人处理危机的方式的不满与日俱增。欧洲中央银行也停止了二级债券市场上的干预活动。② 债券利差缩小只是促成欧洲中央银行做出这一决定的其中一个因素，更重要的是，欧洲央行还希望向政治领袖们发出一个明确的信息：关于欧洲中央银行在证券市场计划中的作用已经讨论得过多，几乎掩盖了欧洲中央银行通过其创造流动性的机制为陷入困境的国家融资的职能。随着抵押品的质量逐步下降，到了 4 月底，欧洲中央银行已经为外围国家银行创造了 5 500 亿欧元的流动性。③

4 月下半月发生的三个事件对欧元区的危机造成了巨大的影响。第一个事件是，蒂莫·索伊尼领导的正统芬兰人党在 4 月 17 日举行的大选中获得了压倒性的胜利。在选举过程中和接下来的几个星期

---

① 《金融时报》，2011 年 4 月 15 日。
② 欧洲中央银行还发现，要使通货膨胀率不受它大举买入国债的行为的影响也变得越来越难了。
③ 这些数据可以从欧洲中央银行的网站上获得。光爱尔兰的银行就吸收了这 5 500 亿欧元中的 1 800 亿欧元。

内，对欧盟持怀疑态度的正统芬兰人党领袖一直重复说的一句话是，"我们既不支持援助葡萄牙，也不支持建立一个永久性的援助机制"。① 几个星期后，他们就使芬兰撤出了在赫尔辛基举行的政府间谈判。

第二个事件发生在选举日的第二天。标准普尔把美国的前景从"稳定"调整为"负面"。而在此之前，在长达七十年的时间里，标准普尔给美国的评级一直都是AAA。② 美国在未来可能面临降级的风险，这加剧了债券市场的总体不确定性。

第三个事件是，为了达成一个备受争议的法国企业接管意大利企业的协议，作为交换条件，萨科齐支持意大利央行行长马里奥·德拉吉接替将于10月退休的让-克劳德·特里谢出任欧洲中央银行行长。虽然德国人对意大利在货币稳定方面的一切都持有根深蒂固的怀疑态度，但是这一次情况却有所不同，德国财政部部长沃尔夫冈·朔伊布勒把德拉吉形容为"最现实的人选"。③ 不久之后，默克尔也公开表示支持德拉吉。④ 与此同时，即5月1日，默克尔的经济顾问和亲密助手詹斯·魏德曼接替韦伯，出任德意志联邦银行的掌舵人。

继续维持"庞氏骗局"

就在有关各方就如何援助葡萄牙进行闭门磋商的时候，希腊局势变得更加不稳定了。公众普遍认为，希腊政府无法兑现其在2010年5月请求一揽子援助计划时的承诺。希腊的经济形势持续低迷，国内生产总值在2010年和2011年分别下滑了4.5%和5%。2010

---

① 《金融时报》，2011年3月3日。正统芬兰人党的领袖还特意在2011年5月9日出版的《华尔街日报》上撰文，阐述其对于欧元问题的观点。
② 早在1996年，穆迪就已经把美国债务的前景下调为"负面"。
③ 朔伊布勒上述言论转引自2011年4月27日的《金融时报》。
④ 《金融时报》，2011年5月12日。

年，希腊的预算赤字仍然占国内生产总值的 10.5%，而政府总债务则已经上升到国民生产总值的 143%。① 虽然欧盟官员和国际货币基金组织在公开场合都表示，希腊的形势依然乐观，但是实际上，这个国家却一直每况愈下：只有更糟，没有最糟。② 希腊财政部部长乔治·帕帕康斯坦丁努宣布，希腊可能无法按计划于 2012 年重返金融市场。这实际上等于他间接地承认了许多东西。每个月从希腊流出境外的银行存款高达 30 亿欧元，希腊各银行面临的融资问题一天比一天紧迫。③

分析家们和经济学家们越来越清楚地认识到，希腊大规模的债务重组是不可避免的。但是，希腊中央银行行长乔治·普罗沃普洛斯却强烈反对任何类型的重组。④ 就在他表态之后不久，《金融时报》披露，德国政府内部已经在传阅希腊违约后如何应对的计划。德国外交部副部长维尔纳·霍伊尔宣称，自愿债务重组"不会成为一场灾难"，柏林愿意为这样一个计划提供后盾。⑤ 对此，欧盟专员奥利·雷恩回应道："我们并没有把债务重组看做是一个选项。"⑥ 5 月初，备受推崇的《德国明镜周刊》刊文称，希腊正在考虑脱离欧元区。⑦ 但是，希腊政府和欧洲当局则拼命否论。市场中的不确定性达到了顶点，两年期的希腊政府债券的收益率被推高到了 25%。

---

① 因政府债务而支付的利息总额占国内生产总值的 5.6%。
② 2011 年 2 月国际货币基金组织就已经提出警告说，援助希腊的计划"依然停留在十字路口上"。不过，《金融时报》的报道则援引了参与制定援助希腊计划的官员的话说，这是"大大的低估"（《金融时报》，2011 年 5 月 2 日）。
③ 2011 年 4 月 16 日的《金融时报》援引了一位不愿意署名的银行家的话。
④ 《华尔街日报》，2011 年 4 月 15 日。
⑤ 霍伊尔上述言论转引自 2011 年 4 月 16 日的《金融时报》。
⑥ 雷恩上述言论转引自 2011 年 4 月 18 日的《金融时报》。
⑦ 请参阅 2011 年 5 月 5 日《德国明镜周刊》刊载的文章："希腊考虑退出欧元区"。

同样是在 5 月初，正当希腊新一轮危机不断逼近的时候，葡萄牙看守政府、欧盟和国际货币基金组织三方同意签署一份谅解备忘录。根据这份备忘录，对葡萄牙的一揽子援助计划涉及的总金额为 780 亿欧元：国际货币基金组织提供 260 亿欧元，欧洲援助基金提供 520 亿欧元。在这些资金中，将保留 120 亿欧元用于支持葡萄牙银行业，葡萄牙各银行早就严重依赖于欧洲中央银行提供的资金了。整个计划为期 3 年，"援助包"的利率接近 4.5%，这只相当于葡萄牙在市场上融资必须支付的利率的一半。

葡萄牙政府则同意：削减预算赤字，从 2010 年的占国内生产总值的 9.1%，削减到 2013 年的 3%；冻结公共部门的薪酬和养老金，直到 2013 年；提高若干税种的税率；推出总额为 55 亿欧元的私有化方案。此外，作为一系列旨在促进经济增长和提高税率的改革措施中的一部分，最低工资标准将被冻结数年，遣散费将被削减，失业补偿也将降低。到了这个地步，葡萄牙看守政府总理若泽·苏格拉底仍然大言不惭，他不仅夸口自己为葡萄牙争取到了比希腊和爱尔兰更好的条件，他甚至还坚持认为，这个一揽子援助计划不会给希腊带来多大的痛苦。

"整个欧洲都陷入了一场巨大的'庞氏骗局'当中！"这是《金融时报》一篇广为流传的专栏文章的标题。这篇评论欧洲对葡萄牙的援助计划的文章产生了巨大的影响，它的作者是阿根廷中央银行前行长、英格兰银行（中央银行）研究中心主任马里奥·布莱赫尔。布莱赫尔曾亲眼目睹了 2001 年的阿根廷债务违约。他指出：

> 目前，欧洲解决外围国家债务问题的模式显然只能增加这些国家的债务水平……这种情况类似于一个金字塔形的结构，或者就是一个"庞氏骗局"。一些原债券持有人得到了偿还，但是资金来源却是官方贷款，而官方贷款也是这些外围国家基本赤字的资金来源。等到事实证明这些外围国家无法满足强加给它们的紧缩要求和结构性条件，因而不可能返回自愿交易市场

的时候，贷款就会被延期，而欧元区各成员国和国际组织还得继续加强投放……只要有公共资金的支持，这一发生在公共部门的"庞氏骗局"就可以一直维持下去……真正的约束不再是金融层面的了，而是政治层面的……最终，为这一切埋单的将是纳税人。①

说出不可言说之事

这一边，援助葡萄牙的协议的墨迹未干，那一边，卢森堡首相、欧元集团财政部部长联席会议主席让-克劳德·容克就已经宣布，"我们认为希腊真的需要一个经过进一步调整的方案"。② 在 2010 年 5 月提供的总额达 1 100 亿欧元的"援助包"之外，为了填补 2012—2013 年的融资缺口，希腊还需要额外的 300 亿欧元，而且这一数字很快就进一步增加到了 600 亿欧元。

在国际货币基金组织总裁多米尼克·施特劳斯-卡恩被捕并被免去总裁职务之后，各有关方面解决希腊问题的思路发生了变化。卡恩曾经在国际货币基金组织与陷入困境的欧元区国家的谈判中起到了至关重要的作用。让-克劳德·容克认为，"希腊债务软重组的可能性"值得考虑，从而消除了笼罩在"重组"一词上的禁忌；欧盟专员雷恩也建议，"对自愿延长贷款期限——在所谓的自愿基础上重新布局或重新安排——的做法进行审查"。③

他们两人都强调，重组是有先决条件的：任何重组都必须在希腊已经加强税收征管、削减开支、推进私有化和经济结构改革之后才能进行。他们的措辞考虑到了政治上的要求，但是他们的意图是，防止某个信贷事件触发信用违约互换（CDS）减记，以便保证不会

---

① 请参阅布莱赫尔发表在 2011 年 5 月 6 日《金融时报》上的文章。
② 容克上述言论转引自 2011 年 5 月 9 日的《金融时报》。
③ 容克和雷恩上述言论转引自 2011 年 5 月 18 日的《金融时报》。

发生国债违约。① 信用违约互换问题把主权债务危机与银行体系的状况更紧密地拴到了一起。根据《经济学家》杂志的一篇文章的说法，这是因为"有迹象表明，欧洲以外的投资者都是希腊的保护性政策工具的净买家，而欧洲各国的银行则是净卖家"。②

朔伊布勒在德国议会多数党的强大压力下，立即补充了一句：债务重组也必然涉及私人债权人。然而，由于担心债务重组会使有关各国不再关注紧缩政策和结构改革，进而引发市场忧虑，欧洲中央银行依然严格拒绝任何债务重组。③ 当然，欧洲中央银行有自己的如意算盘：它希望体现在自己资产负债表上的450亿欧元的希腊债券不会受到损失。欧洲中央银行执行委员会委员于尔根·斯塔克甚至威胁说，"继续为希腊银行提供流动性是不可能的"。④ 希腊银行严重依赖总额超过800亿欧元的欧洲中央银行贷款（以希腊国债为抵押）。对于这一切，沃尔夫冈·明肖是这样总结的："围绕着如何解决希腊债务危机这一问题，暗潮汹涌，各方争斗方酣。"⑤ 随后

---

① 信用违约互换（CDS，或称信用违约掉期）本质上是一种保险合约。一方每年支付一定的保费，以保护自己免受因债券发行人违约而带来损失。要确定某个重组究竟能不能算做一个支付触发事件，需要由一组来自国际掉期及衍生工具协会（International Swaps and Derivatives Association，ISDA）的买家和卖家来决定。2011年6月2日的《经济学家》报道说，根据ISDA的规则，每个地区都设有一个由10位银行家和5位投资者组成的"裁定委员会"，由这个委员会来裁决上述问题。任何市场参与者都可以请示委员会做出裁决，除非得到了绝对多数的支持（即裁定委员会的15名成员中有12名成员支持），否则任何裁决都将交给一个由外部独立专家组成的审查委员会来做出最终决定。后者类似于信用违约互换市场的最高法院。

② 《经济学家》，2011年6月2日。

③ 例如，读者可以参阅2011年5月19、20日的《金融时报》的相关报道。2011年5月上旬，希腊债务重组的可能性进一步加大，在一个由各国财政部部长参加的会议上，有人看到欧洲中央银行行长特里谢怒气冲冲地中途离场。

④ 斯塔克上述言论转引自2011年5月20日的《华尔街日报》。此后不久，法兰西银行行长克里斯汀·诺伊尔再次重复了斯塔克的威胁。请参阅2011年5月26日的《华尔街日报》

⑤ 《金融时报》，2011年5月23日。

发生的事件证明他这种说法千真万确。

　　欧洲中央银行、欧洲委员会、国际货币基金组织和德国政府等有关各方的分歧的公开化，并没有舒缓市场人士的紧张情绪。到了5月的最后一周，市场的不安情绪又升级为恐惧：人们担心危机蔓延到西班牙（因为执政的社会党在地区选举中遭到了惨败）、意大利、比利时和德国。债券利差再一次蹦到了很高的水平，尤其是让-克劳德·容克表示，国际货币基金组织可能会暂停拨付下一期援助希腊的款项，这将迫使欧洲加大自身援助希腊的力度。①国际货币基金组织的规则要求，在拨付款项之前，受援国必须提供全年的资金需求计划。根据援助希腊的计划，国际货币基金组织承担1 100亿欧元中的300亿欧元，但是它怀疑希腊无法满足上述条件。

　　为了制定新的援助希腊的计划，各方进行了艰苦的讨价还价。在谈判过程中，这个国家衰败的彻底性暴露得一清二楚。国际货币基金组织和欧洲各国希望希腊政府同意国际社会参与其税收征管和私有化的过程，但是这样一来，希腊政府内部以及执政的泛希腊社会主义运动党内部反对帕潘德里欧的政策的声音将增加。如果对大规模私有化实施国际监督，这些既得利益者精心编织起来的"子女就业网"就会受到威胁，而且他们的资金转移也将变得更加困难。沙特法国银行（Bangue Saudi Fransi，BSF）的希腊首席经济学家约翰·斯法基纳基斯一语中的："希腊的政治已经被强大的既得利益集团、地方盗贼政府劫持了，贿赂横行。从安德里亚斯·帕潘德里欧（经济学家，现任总理帕潘德里欧的父亲）担任总理的那一天起，希腊的政治就已成定局了：无限扩大的公共部门、裙带关系、借债……在得到工会的无条件的支持后，（帕潘德里欧）成功地使他的政党变成了国内最强大的政党，当然工会也必须得到回报。"②

　　人们期待希腊议会能够达成跨党派共识，但是这种希望很快化

---

① 《华尔街日报》，2011年5月27日。
② 请参阅斯法基纳基斯发表在2011年6月9日《金融时报》上的文章。

成了泡影。同时民众却纷纷涌上雅典街头，呼号声响遏行云。来自希腊的欧盟专员玛丽亚·达曼纳基把以往人们不能说的话公开地说了出来："希腊退出欧元区，这一前景现在已经越来越明朗了。希腊退出欧元区的方式，也已经再清楚不过了。我不得不毫无保留地都说出来。……要么接受债权人的要求，严格执行必定会要求我们付出牺牲且结果也相当残酷的改革方案；……要么我们重新采用德拉克马（希腊加入欧元前使用的货币）。其他的一切都是次要的。"①不过，希腊政府发言人坚决否认了回归德拉克马的前景。

达曼纳基的观点得到了威廉·瓦尼德的赞同。瓦尼德是马斯特里赫特大学教授，曾在1994—2000年间担任荷兰财政部部长，他在荷兰最重要的报纸上撰文指出，"希腊已经破产，它应该自行做出决定，离开欧元区对它其实更有利……欧元区其他成员国则应该鼓励希腊这样做，方法是把重组债务与取消部分未清偿债务结合起来实施"。② 巧合的是，就在瓦尼德的文章见报的同一天，德国媒体也发出类似的呼吁。德国《时代周报》主编约瑟夫·杰弗在那一天发表了一篇专栏文章，题目就是"回到德拉克马"。③

同时，朔伊布勒也威胁道，如果希腊无法满足国际货币基金组织和欧洲有关各方的条件，"那么我们就会看到一个货币联盟到了连它自己的问题都无法解决的时候肯定会发生的那些事情"。④ 德国联邦议员弗兰克·舍夫勒——他所在的德国自由民主党属于默克尔执政联盟——呼吁希腊"退出欧元区……它的退出不但不会导致欧元的终结，恰恰相反，欧元将因此而得救"。⑤ 在德国自由民主党举行

---

① 达曼纳基上述言论转引自总部位于伦敦的智库——开放欧洲（Open Europe）的网站，2011年5月26日。
② 请参阅威廉·瓦尼德发表在2011年5月31日荷兰《电讯报》上的文章。
③ 请参阅约瑟夫·杰弗发表在2011年5月31日《华尔街日报》上的文章。
④ 朔伊布勒上述言论转引自2011年5月30日的《德国金融时报》。
⑤ 弗兰克·舍夫勒上述言论转引自开放欧洲智库网站，2011年6月9日。

的一次会议上，三分之一的与会代表都赞同舍夫勒的观点。①

意大利也无法幸免

  6月，公众关注的焦点仍然是希腊。《经济学家》杂志上的一篇文章说，现在希腊已经"走到了悬崖边，摇摇欲坠。它在事实上已经破产了"。② 如果想逃脱破产的命运，希腊必须得到大量的额外援助。对此，已经没有人再有任何怀疑。希腊政府、欧洲各国和国际货币基金组织，都采取了拖延策略——谁都在伺机而动。国际货币基金组织想先等欧洲各有关当局表明它们对如何处理接下来的危机有了明确的立场之后，才愿意拨付希腊政府急需的援助资金。而欧洲各有关当局则希望希腊政府先拿出新的紧缩方案，先推出推动经济增长、完善政府治理的具体措施。

  使这种博弈更趋复杂的是欧洲各有关方面之间的严重分歧。争论的焦点在于：德国、荷兰、芬兰和奥地利等国坚持认为私人债券持有人也必须对援助希腊的新计划做出贡献。但是，法国和欧洲中央银行则坚决反对这个观点。欧洲中央银行行长特里谢反复强调，"没有出现信用事件，也不会出现选择性违约"。6月底，马里奥·德拉吉被正式确认为特里谢的继任者，他将于10月出任欧洲中央银行行长。

  市场一直处在高度紧张的状态，而此间的评论家则越来越悲观。荷兰中央银行行长诺特·魏霖克公开宣称，时至今日，为了拯救欧元，欧洲援助基金需要耗费的资金比当初增加了3倍，达到了1 500亿欧元。③《金融时报》功勋评论员塞缪尔·布里坦则说，"现在看来，希腊退出欧元区只是时间问题"。④ 约翰·科克伦和阿尼尔·卡

---

① 《金融时报》，2011年6月1日。
② 《经济学家》，2011年6月11日，第33页。
③ 请参阅魏霖克发表在2011年6月16日《金融时报》上的文章。
④ 请参阅布里坦发表在2011年6月24日《金融时报》上的文章。

什亚普这两位美国经济学家则着眼于更广泛的背景，他们强调，虽然几乎所有人的注意力都集中在希腊身上，但是"到最后，希腊发生的一切都将会发生在爱尔兰、葡萄牙、西班牙和意大利身上"。①

三位有影响力的法国知识分子也得出了明确的结论："欧洲政治家是直面现实的时候了：欧元已经奄奄一息，必须尽快结束它的生命，这样才能拯救整个欧洲。但是，这件事似乎只有所有欧元区国家都一起做才是恰当的，这样才能避免出现一个致命的'每个人都只为自己'的情景……至少对于法国来说，退出欧元区所带来的好处是极其巨大的……"② 相比之下，沃尔夫冈·明肖的结论则显得更加辛辣："欧元区有三大支柱：漏洞、呓语和诺言。"③

在雅典以及其他希腊城市的暴力示威声中，希腊总理乔治·帕潘德里欧改组了内阁。到了6月底，他终于说服国会批准他提出的总额为280亿欧元的紧缩方案和总额为300亿欧元的私有化计划。欧洲委员会的结论是，即便这一切都得到了全面实施，希腊仍然需要在2010年5月确定的一揽子援助计划提供的援助之外，再获得至少850亿欧元的外来援助，只有这样，它才能继续维持3年。④

在这段时间里，穆迪把葡萄牙的评级调低为垃圾级，同时欧洲中央银行也进行了加息。这一切都掀起了不少风波。7月，意大利总理西尔维奥·贝卢斯科尼攻击了自己国家的财政部部长朱丽奥·特雷蒙蒂，因为后者坚持进一步削减意大利的预算赤字，市场为之大哗。意大利政府的债务利率、国债与德国国债的利差大幅上升。

特雷蒙蒂的反应极其强烈。"如果我垮台，那么意大利也会倒下……如果意大利这个规模过大以致无从援助的国家也崩溃的话，

---

① 请参阅科克伦·卡什亚普发表在2011年6月17日《华尔街日报》上的文章。
② 请参阅热拉尔·拉斐、雅克·萨皮尔和菲利普·维里纳发表在2011年6月22日《法国费加罗报》上的文章。
③ 请参阅明肖发表在《展望》杂志2011年7月号上的文章，第28页。
④ 请参阅2011年7月5日《金融时报》援引的欧洲委员会的意见书的内容。

那么欧元也将终结。"① 意大利的政府债务高达 18 000 亿欧元（在全世界高居第 3 位），确实有许多人认为意大利政府债务太高了，无法援助。当意大利面临沉重的压力时，欧元区危机也就成为现实了。为此，沃尔夫冈·朔伊布勒宣布："由希腊引发的信任危机，已经威胁到了整个欧元区。"② 另据报道，萨科齐的顾问告诉萨科齐，如果意大利真的出了事，那么"法国也就不再安全了"。③

"屋漏偏逢连夜雨"，穆迪把爱尔兰的评级也调低到了垃圾级。国际货币基金组织则提出警告说，希腊的"选择性违约"将不可避免。许多人希望欧洲银行进行的新一轮的压力测试的结果公布后，市场情绪将会有所稳定。在 91 家参与压力测试的欧洲银行中，共有 9 家没有通过（其中西班牙有 5 家，希腊 2 家，奥地利和德国各 1 家）。标准其实并不高：一级资本比例至少为 5%。12 家银行通过了最低利润率测试。虽然肯定比上一年同期进行的压力测试更可信一些，但是这一轮压力测试还是没有真正有效地影响市场。人们普遍认为，测试场景的设置过于乐观，而且欧元区内主权违约风险在很大程度上被忽略了。德国和西班牙强烈反对由欧洲银行管理局来执行测试，但是这种反对本身无法增加测试的公信力。

末日在 8 月降临？

意大利暴露出来的问题震惊了欧洲领导人。为了防止定于 7 月 21 日举行的欧盟首脑会议以失败告终，默克尔和萨科齐竭尽全力，四处斡旋。经过一番激烈的讨价还价，首脑会议终于达成了协议。该协议有两个要点：第一个要点与希腊有关。首脑会议同意一项总额达 1 090 亿欧元的援助希腊的新计划。

---

① 特雷蒙蒂上述言论转引自 2011 年 7 月 9 日的《德国金融时报》。
② 朔伊布勒上述言论转引自 2011 年 7 月 14 日的《德国金融时报》。
③ 《交易所时报》，2011 年 7 月 9 日。

这一次，私营部门将参与进来：三分之一的款项面向私营部门筹集。有关各方给私人债券持有人提供了四个不同的方案，不过其实质都是债券互换或债券延期。依其资产净现值计算，私人债券持有人所持有的希腊债券价值将缩水 21%。在新的一揽子援助计划中，贷款利率将下降至 3.5%，贷款期限也将延长为 15—30 年。从爱尔兰和葡萄牙的情况来看，这显然是一个相当优惠的条件。

7 月 21 日达成的协议的第二个要点与欧洲援助基金（即欧洲金融稳定基金，EFSF）有关。欧洲金融稳定基金的职能和权限都得到了扩大。协议授予欧洲金融稳定基金以下权力：向陷入困境的国家提供信贷额度，在银行进行资本重组时提供援助，在二级市场购买债券。欧洲金融稳定这个新角色甚至促使让-克劳德·特里谢不再顽固地矢口否认希腊违约的可能性（首脑会议几乎已经认定了希腊违约的事实）。欧洲各国领导人向外界介绍首脑会议的成果时，显得踌躇满志。他们还强调，援助希腊的新的一揽子计划只是一个"例外"（萨科齐语），无论如何它都将是"最后一个'援助包'"（容克语）。①

然而，7 月 21 日抛出的"援助包"只让市场平静了短短几天，新的"龙卷风"很快就出现了。人们普遍认为，鉴于西班牙和意大利也都在事实上陷入了动荡的漩涡（西班牙首相萨帕特罗宣布将参加 11 月的大选，争取连任），欧洲金融稳定基金所需要的资金必将远远超出现有的 4 400 亿欧元。此外，事实很快证明，援助希腊的第二个计划的基本假设是不现实的，尤其是它假设可以通过私有化筹集资金、希腊将在短期内摆脱经济衰退。

最令人担忧的是，欧洲决策者内部的分歧很快再度浮出水面，其中大部分的批评都来自德国。德意志联邦银行新任行长詹斯·魏德曼的指责颇具代表性，他指出，欧元区向"风险高度集中的模式

---

① 转引自《金融时报》。

迈出了一大步……在未来，推动各国坚持稳健的财政政策将会变得更加困难"。① 默克尔总理所属的德国基民盟的经济委员会主席库尔特·劳克警告说，现在出现了一个实实在在的危险，即欧洲"正在以极快的速度冲进一个无法控制的转移支付联盟中"。②

资本经济公司的分析师们得出的结论也非常发人深省："只凭借一个援助计划就能够结束最近的传染效应，以及能够防止债务危机在未来的几个月内不继续深化吗？"这是非常可疑的。③ 他们所说的"债务危机深化"在接下来几天内就发生了，其中的一个驱动因素源于美国。美国一场怪诞的政治游戏导致了它提高了债务上限（并最终导致标准普尔调低了美国的评级）。市场对新的经济衰退的担忧则是另一个驱动因素。8月初，市场陷入了几近疯狂的失控状态。《金融时报》上的一篇文章说，股票市场和其他金融市场经历了"金融危机深化以来最糟糕的一周"。④ 带着明显的恐慌情绪，巴罗佐警告说："债券市场的紧张状况表明，投资者正越来越担心欧元区是否还有能力对不断演化的危机做出系统性的回应。"⑤

在8月6、7日这个周末，萨科齐、默克尔和特里谢试图扭转局势。默克尔和萨科齐承诺，到9月底之前，在7月21日首脑会议上达成的协议将纳入各国的国内法体系。不过，默克尔坚决拒绝考虑引进欧洲债券。与萨科齐和默克尔的誓言遥相呼应，特里谢也同意欧洲中央银行买进更多陷入困境的欧元区国家的债券。欧洲中央银行着手降低西班牙和意大利债券的利差，并取得了一定的成功。然而，从整体上看，市场的不安情绪并没有消失。当谣言开始流传，说法国也可能失去其AAA评级时，市场的不确定性又增加了。法国政府于8月24日公布了一个预算案，但是它极不完整，因此几乎没

---

① 魏德曼上述言论转引自2011年7月23日的《金融时报》。
② 劳克上述言论转引自2011年7月25日的《金融时报》。
③ 上述言论转引自2011年7月25日的《华尔街日报》。
④ 《金融时报》，2011年8月6日。
⑤ 巴罗佐上述言论转引自2011年8月4日的《金融时报》。

有任何帮助。

祸不单行,在8月余下的几个星期里,德国、荷兰、芬兰、奥地利和斯洛文尼亚等国家反对7月21日提出的援助希腊的新计划的呼声不断高涨。虽然默克尔和萨科齐提出了构建一个欧元区经济政府的建议,但显然于事无补。与默克尔同属基民盟的德国总统武尔夫公开质疑欧洲中央银行的债券购买计划的合法性,同时德意志联邦银行还加强了对抗欧洲中央银行政策的活动。芬兰则企图就第二个援助计划中芬兰那一份专门抵押品与希腊单独达成协议,不过未能成功。随着经济增长率的进一步滑落,再加上各国货币市场基金都在加速从欧洲撤出,欧洲银行业内部的问题再次成了焦点。欧洲中央银行被迫再次提高了紧急贷款额度。国际货币基金组织新任总干事克里斯蒂娜·拉加德宣称,必须向欧洲银行注入大量新资本。这导致欧洲银行最近一轮压力测试的结果的可信度更加可疑。许多欧洲银行面临的问题不仅是资本金不足的问题,它们还缺乏一个稳定的资金基础。希腊的经济衰退也在进一步加剧,该国第二大银行阿尔法银行和第三大银行欧洲银行都面临着越来越多的资金问题,最终不得不合并。

本书的初稿完成于2011年8月30日。此时此刻,欧元和欧洲货币联盟的未来依然充满着不确定性,但是有一件事似乎是确凿无疑的:这场危机还远远没结束。在一个令人惊恐不安的动荡的夏季结束后,我们将会迎来怎样的一个秋季呢?虽然战线已经很清楚了,有待解决的问题也都摆在了大家眼前,但是最后的结局依然很不明朗。未来的演化可能出现哪些结果?这是本书下一章要回答的问题。无论最终结果是哪一种,德国的态度和所采取的立场都将是决定性的。德国越来越远离欧元的几率相当大,而且德国从欧元区退出的可能性也在不断增加。

无论如何,还有许多事情比单纯维系一个货币联盟更重要。欧元的未来越不明朗,欧洲经济一体化事业瓦解的风险就越高。许多人都已经道破了这一前景成为现实的可能性,其中就包括欧洲联盟主席赫尔曼·范龙佩。"欧洲中央银行之父"、因判断中肯而广受赞誉的奥特玛·伊辛，也显得非常担忧。他指出，欧洲当局处理欧元区危机的方式构成了极大的威胁，最终将导致"人类历史上最成功的经济一体化项目走向崩溃"。①

---

① 请参阅奥特玛·伊辛发表在 2011 年 8 月 9 日《金融时报》上的文章。

第4章 残阳如血(一切都掌握在德国的手中)

欧洲经济与货币联盟和欧元的第一个十年被普遍认为是一个巨大的成功。欧元的推出称得上一帆风顺,欧洲中央银行的表现也超出了公众的预期。欧洲经济与货币联盟和欧元这艘航船以"债务燃油"为动力,载着欧洲驶上了经济增长和就业上升的航道。在此期间,来自中国和其他新兴经济体的进口商品使通货膨胀率维持在极低水平上。然而,各种问题、各种失衡其实早就隐藏在深处了,只是在繁荣的世界经济掩盖下,人们一时无法察觉。尽管如此,通货膨胀的苗头还是从某些资产的价格泡沫上浮现了出来(比如说,发生在爱尔兰和西班牙的房地产泡沫)。英国卡迪夫大学欧洲研究院教授肯尼思·戴森认为,欧元"作为一个'新生儿'的前几年是很幸运的。欧元区各国似乎都获益匪浅。但是,就是在这些年间,潜在的多重危机早就暗流涌动了"。[①]

2007—2009年发生的金融危机以及随之而来的经济衰退,终于使欧元区的结构性问题暴露在聚光灯下。2009年年底,当希腊政府承认政府账户完全做假,而且本国的公共财政已经彻底"烂掉了"的时候,欧元区危机的爆发也就不可避免了。欧洲中央银行在债券二级市场的干预、欧洲金融稳定基金的建立,使市场获得了一段短

---

① 戴森,2008,第9页。

暂的平静期。① 然而，事实很快变得很清楚，欧盟当局对危机的应对严重缺乏紧迫感，而且整个过程充斥着前后行为不一致以及道德风险问题。2010 年快要结束的时候，欧元区又爆发了一场新的危机。这一次，爱尔兰成为关注的中心。2011 年春季，葡萄牙步爱尔兰的后尘，也不得不接受援助。而这个时候，对希腊进行第二次援助也已经成为不可避免的任务了。

希腊逐渐滑向了治理失败和混乱的深渊，这是所有人都有目共睹的。② 但是，更糟糕的很可能是欧盟当局一直以来都在坚持的政策路径：陷入困境的国家要想得到贷款，必须承诺实施紧缩政策并进行结构改革。所有外围国家都因此而陷入了某种陷阱。这是因为，这种政策固有的内在矛盾会使各国面临的不稳定的局势演化成极具破坏性的恶性循环。随着危机的蔓延，再加上各国政策不一致、有关方面缺乏勇气，以及短视的民族主义情绪等各种因素的作用，问题变得更加复杂了。《金融时报》的沃尔夫冈·明肖讽刺道："欧元区决策者的无能在一连串事件中表露无遗。"他的话并不夸张。③

随着危机的不断加深，越来越多的专家开始警告：货币联盟有解体的危险。不过，也有许多分析师、评论家和政治决策者不同意这种观点。政治家们声称，货币联盟没有任何危险。当然，这样一来，问题也就变成了：欧洲经济与货币联盟和欧元的未来究竟会怎样？对于这个问题，只能给出未来各种前景可能出现的不同概率。在接下来的一节中，本书将探讨如下三种前景及其成为现实的可能性：继续维持现状（more of the same, MOS）；抛弃整个体系（throwing out the system, TOS）；重建整个体系（rebuilding of the system, ROS）。

---

① 将国际货币基金组织的援助也计算在内的话，稳定基金的总额达到了 7 500 亿欧元。
② 请参阅基斯·米卡斯为 2011 年 4 月 13 日的《华尔街日报》撰写的文章。读者也可以参阅约翰·斯法基纳基斯为 2011 年 6 月 9 日的《金融时报》撰写的文章。
③ 请参阅沃尔夫冈·明肖发表在 2011 年 4 月 25 日《金融时报》上的文章。

继续维持现状：基本分析

在这种前景中，欧元区内卷入欧元危机的各方各面（大体上包括各国政府及其监管机构、欧洲中央银行、欧洲委员会以及国际货币基金组织）将继续维持过去一年半以来在应对前半程危机中所采取的政策。这样一种政策方针，在很大程度上就是视危机发展情况而相机抉择。它基本上包括如下两个层次：

第一个层次的政策就是向出了问题的国家投入更多的信贷。促成这种政策取向的主要催化剂源于如下忧虑：某个或多个国家如果"率先"违约，就会导致银行体系出现新的危机。陷入困境的欧元区各成员国欠欧洲各银行的款项极其巨大。截至2011年3月底，希腊、葡萄牙、爱尔兰、西班牙、意大利等5个国家欠欧洲各银行的债务总额接近2 2000亿欧元（请参见表4.1）。对此，花旗集团经济学家威廉·布伊特和伊伯拉希姆·拉伯利正确地指出，"法国政府和德国政府面临的选择其实可以归结为：是拯救希腊，还是拯救自己的银行体系？"[①] 这一点同样可以适用于爱尔兰、葡萄牙、西班牙和

表4.1 银行放款总和（截止2011年3月。单位：10亿欧元）

	银行拥有的债权		
	所有欧洲国家的银行	德国的银行	法国的银行
希腊	128	24	57
葡萄牙	205	39	28
爱尔兰	378	116	30
西班牙	637	178	146
意大利	819	165	410

数据来源：国际清算银行（Bank For International Settlements）。

---

① 布伊特和拉伯利，2010，第10页。

意大利的情况。欧洲银行压力测试的极端不严肃,不但未能减少市场的不确定性,反而增加了市场的不确定性。① 钱款到达希腊、爱尔兰和葡萄牙的通道有两个,其中更明显的一个通道是援助计划:欧洲经济与货币联盟及其各成员国政府提供给欧洲金融稳定基金的款项,再加上国际货币基金组织的信贷。② 通过这种方式筹得的款项,对各有关国家来说意味着额外的财政负担,并将进一步威胁到它们的信用评级。③

第二个通道是欧洲中央银行的信用创造。这个通道不那么明显,但它也是实实在在地存在着的。信贷不但流向希腊、爱尔兰和葡萄牙等国的银行,而且也流到了西班牙和比利时等其他国家的银行。欧洲中央银行的"印钞机"有两个发动机:除了扩大对陷入困境的国家的抵押品的信贷额度之外(抵押品主要是这些国家的国债和其他由政府当局发行的票据),欧洲中央银行还通过购买这些国家的国债来干预债券二级市场。在2011年年中,欧洲中央银行利用授信机制使希腊、爱尔兰和葡萄牙得到了大约2 100亿欧元的资金,并通过债券市场有针对性地买入这些国家的国债给这些国家注入了大约750亿欧元。希腊得到了上述750亿欧元中的450亿。④ 为什么要接受这些国家提供的劣质抵押品?欧洲中央银行给出的理由是:只要能够获得援助资金,这些国家的信用就可以大体上得以维持。

第二个层次的政策体现在所谓的"条件性"上面。各有关方面与外围国家就紧缩政策和改革方案进行了谈判,或者更准确地说,各有关方面强迫外围国家实施紧缩性政策和推进改革。每个外围国家的公共财政都已经处于极端危险的状态中,为了防止政府债务扩

---

① 请读者阅读本书第3章"假测试,真压力"一节的有关内容。
② 对于应对危机过程中设立的一系列机构的字面上的区别(EFSF,ESM,EFSM,等等),我们大可不必过分在意。
③ 例如,读者可以参阅尼古拉斯·斯皮罗为2011年3月29日《华尔街日报》撰写的文章。
④ 《经济学家》,2011年6月11日。

大到完全不可收拾的地步，必须采取紧急行动。因此，这些国家的政府必须削减开支、增加税收，也只有如此，它们才能恢复财政秩序，减少对外国资本的依赖。

这些国家必须减轻对外国资本的过度依赖。国际收支经常项目账户赤字的大小，反映了一个国家对外国资本的依赖程度。要减少对外国资本的依赖，最重要的是促使国内消费与国内生产保持一致。这些国家都被要求削减政府开支，以降低支出。

强制这些国家制定改革方案的宗旨是提高效率和生产力，以提高这些国家潜在的生产能力，增大其增长潜力。因为在进行产品和劳动力市场改革时往往会使特殊利益团体（如工会和受保护的行业及公司）的利益受到冲击，会导致巨大的政治困境。在希腊（其情况比爱尔兰、葡萄还要更恶劣一些），是在经济衰退、货币贬值且所有悲观预期都变成残酷事实的背景下推进改革的，因此从一开始，它就注定了是一场艰苦的战斗。这也正是希腊很快就需要第二个"援助包"的最重要的原因之一。

继续维持现状："庞氏骗局"

要把欧元区各外围国家拉出危机，就必须出现更高层次的长期的经济增长。削减开支和增加税收最多只能算做是一个短期的解决方案。更重要的是，要冻结甚至削减工资，这样才能恢复一个国家的国际竞争力。希腊、爱尔兰、葡萄牙、西班牙和意大利的国际竞争力都已经大大地削弱了。由于加入货币联盟意味着放弃货币贬值的政策工具，因此要恢复国际竞争力，唯一的选择是对内货币贬值，而工资则是其中的焦点。然而，从长远来看，成功的对内货币贬值降低了人们收入，从而减轻了对生产者和消费者的负担，但是又会抑制消费支出，打击投资者的热情。

此外，如果工资进入了下调通道，那么源于削减开支和增加税收的通货紧缩倾向将进一步加剧，结果会导致经济衰退加剧，失业率上升。与快速膨胀的未偿债务相对应的应付利息,将推高政府预算赤字。经济衰退将导致国内生产总值萎缩,进而又使其资产负债率上升。外部需求通常能够缓冲内部通缩的影响,但是通过减薪来提高国际竞争力需要时间。不过,各外围国家推行减薪政策的能力似乎有一定差异:爱尔兰相当迅速地提高了自己的国际竞争力,但是其他国家则要困难得多。

陷入困境的各个国家没有一个能够使本国经济增长率达到足够高的水平,从而大幅削减赤字,并保证公共债务的规模不再扩大(不过,爱尔兰可能会成为一个例外)。它们越努力,经济衰退就越快,公众对这些国家的政府所奉行的政策的不满情绪就越增加。在这种情况下,重新举行大选也就势在必行了。爱尔兰和葡萄牙在2011年上半年发生的一系列事件就说明了这一点。被逼得无路可走的政治家们不得不施展浑身解数来摆脱这个政策陷阱。但是,即便他们侥幸成功了,也会发现自己又重新陷入了一个类似于"22条军规"的窘境当中:赤字再一次增加,结构性改革也被推迟,从而进一步深化了危机。

只要世界经济没有恰到好处地处在一个快速增长阶段,一切都将于事无补。正如希腊的经验所表明的,像它那样的一个多灾多难的国家要维持下去,必须获得更多的贷款,而这将需要重新开启一场政治游戏:希腊政府"扮红脸"——出台一系列新的改革措施,那些需要出钱的国家的政府则"扮白脸"——对希腊政府提出强硬要求。一切只会每况愈下,因为需求太弱,根本不足以带动经济。太多的根本性问题不但没有解决,反而恶化了。公众对希腊的境况了解得最多,但是他们未必清楚同样的故事也正在葡萄牙上演。爱尔兰的经济增长前景则要稍好一些,因为它的国际竞争力已经有所上升,而且国内的投资环境和创业氛围都比希腊和葡萄牙更好。

继续维持现状的政策,从其背后的机制来看,至少在理论的层面上来说几乎可以无限期地执行下去,因为其资金来源是公共资金。有了欧洲中央银行的合作,公共资金的供给变得非常有弹性。旧债未还，又可以借新债，而且现有的信贷额度也不断得到提高。这种情况正是阿根廷中央银行前行长、经济学家马里奥·布莱赫尔在前文中所描述的那种情况：① 整个欧洲的政策都变成了一个"庞氏骗局"。唯一的不同点在于，一般的"庞氏骗局"是基于私人资金的，一旦被卷入者失去了信心，就会瓦解；而欧洲这个"庞氏骗局"，则是建立在公共资金的基础之上的，在各国政府拒绝向需要的国家提供资金和信贷之前，就可以一直维持下去。

相关国家拒绝继续提供资金的可能性并不小，这在援助希腊的第一个一揽子援助计划上体现得非常清楚。它的资金源于更富裕、更节俭的德国、荷兰、奥地利和芬兰等国。在这些国家内部，对于政治家们所做出的决策（把纳税人的血汗钱投向那些极端不负责任的国家），公众已经非常愤怒了，因此这些国家不太可能一直继续提供资金。② 如果继续借钱给陷入困境的国家，最终会导致欧元区变成一个纯粹的财政联盟，而这是许多国家（特别是德国）所不可接受的。沿着这个方向下去，压力将会越来越大，到了一定程度就可能会导致德国在某个时候决定退出货币联盟。

政治家们之所以可能拒绝"继续维持现状"的政策，另一个同样重要的原因是，这关系到欧洲中央银行的信誉。一个独立的中央银行是德国的国家"本性"中的一部分。那些在把欧洲中央银行转化为一个纯粹的政治机构的过程中积极奔走的德国政客，必将在下次选举中遭到严厉的惩罚。然而，只要"继续维持现状"的政策再执行几年，欧洲中央银行的政治化就将不可避免。随着"继续维持现状"的各项政策的推进，公众的抗议将不断增加，评级机构也会降低相关国家的评级，政治家们利用本国的预算筹集资金的空间也

---

① 请读者阅读本章本节中的有关内容。
② 对于这些国家（例如，德国）的决策者们所面临的难题，雷尼尔·汉克的意见极为典型。汉克是德国最严肃的报纸《法兰克福汇报》的高级经济编辑，他是这样发泄自己的不满的："拯救希腊没有任何用处，它只会破坏我们自己。"（见2011年6月13日的《法兰克福汇报》）

将迅速缩小。历史经验已经表明，在这种情况下，中央银行的独立性遭到侵蚀是必然的。

继续维持现状：加速器

到了某个阶段，坚持"继续维持现状"的政策制定者们也不得不考虑债务重组。然而，债务重组也不能从根本上改善那些陷入困境的国家的发展前景。债务重组可以采取各种形式，而政治决策者们必定会尽最大努力去隐藏债务重组计划的真实性。欧洲改革中心首席经济学家西蒙·提尔福德认为，即使把未偿还债务一次性减免50%，也无法解决希腊和葡萄牙等国的问题。这有以下两个原因：[1] 首先，估值折扣本身与国际竞争力能否得到提高无关，因此，债务减免基本上不会使有关国家的经济增长前景发生改变。

其次，即使未偿还债务真的得到了如此大幅度的减免，每年因少付利息而多出来的政府预算也仍然远远不足以消除预算赤字。根据测算，2011年各国利息支付额将占本国的国内生产总值的比例分别为：希腊5.8%，葡萄牙3.9%，意大利4.9%，比利时3.5%，西班牙1.6%。[2] 现在不妨假设，2011年年底出现了违约，而且实现了50%的债务扣减。再假设各国利息支付额占本国的国内生产总值的比例分别如下：希腊8%，葡萄牙和爱尔兰各占6%。这样一来，债务扣减50%将使希腊的预算赤字占其国内生产总值的比例减少4%，使葡萄牙和爱尔兰的预算赤字占其国内生产总值的比例分别减少3%。但是，根据经济合作与发展组织的预测，2011年这几个国家的预算赤字占其国内生产总值的比例将分别达到：希腊7.5%，葡萄牙5.9%，爱尔兰10.1%。这一预测是相当乐观的。[3] 债务扣减50%也

---

[1] 提尔福德，2011。
[2] 数据来源：欧洲经济合作与发展组织，《经济展望》。
[3] 数据来源：欧洲经济合作与发展组织，《经济展望》，2011年5月号。

许是最受欢迎的，因为这将减少利息负担。但是很显然，这并不能使采取通货紧缩政策的必要性降低。

"继续维持现状"的政策可以持续若干年，但是最终必定失败。对于希腊和葡萄牙而言，这种命运已经注定，爱尔兰可能也是如此。如前所述，当某个较富裕的国家拒绝继续提供资金时，一切就将结束。当然，希腊、爱尔兰和葡萄牙都是比较小的经济体，它们三国的国内生产总值之和占欧元区国内生产总值的比重仅为6.1%，① 或许不会对欧元区的全局造成直接的影响。随着欧元危机的继续，对不确定性的担忧困扰着消费者、生产者、投资者，以及最重要的金融市场。如果其他国家也选择接受援助，则危机必将深化。

提到欧元危机进一步蔓延的危险的时候，人们第一个想到的国家当然是西班牙，它失业率居高不下（几乎像大萧条时期一样），银行业（特别是储蓄银行）摇摇欲坠，联邦政府填补政府预算赤字的努力也总是被地方政府当局破坏。西班牙正处在风雨飘摇当中。要害在于，西班牙的国内生产总值占欧元区国内生产总值的比例达到了11.5%，接近希腊、爱尔兰和葡萄牙三国总和的两倍。用保罗·克鲁格曼的话来说，那就是，"其他各国只不过是小吃，而西班牙才是主菜"。②

比西班牙好不了多少的国家还有意大利（国内生产总值占欧元区的16.8%）、比利时（国内生产总值占欧元区的3.8%），甚至还包括法国（国内生产总值占欧元区的21.2%）。意大利和比利时两国已经面临着公共债务较高和政府不稳定等问题（不过幸运的是，私人债务相对较低）。③ 法国的预算状况比大多数人所认识到的要糟

---

① 根据欧洲中央银行2011年4月《统计便携小册》中包含的2010年的数据计算。
② 请参阅保罗·克鲁格曼发表在2011年11月30日《国际先驱论坛报》上的文章。
③ 在本书行将结束之际（2011年8月底），比利时确实存在一分为二的可能：一部分是讲荷兰语的、更倾向于保守的"福德兰区"（Flemish part）；另一部分是讲法语的、更倾向于社会主义的"瓦隆区"（Walloon part）。

糕得多。货币联盟成立以来的13年，法国只有5年符合3%的预算赤字限制。不仅如此，法国未偿还债务总额占国内生产总值的比例也从2006年的70%增加到了2011年的100%（相比之下，2006年、2011年德国未偿还债务总额占国内生产总值的比例分别为65%和84%）。① 从代际会计的角度来看，法国已经成了表现最差的欧洲国家之一。②

不过，如果出现下述两种情况中的任何一种的话，则"继续维持现状"这一政策就可能提早结束。第一种情况是欧洲银行体系爆发严重危机。对此，三位声誉卓著的研究银行业问题的经济学家阿尼尔·卡什亚普、克米特·舍恩霍兹和申铉松，是这样总结的："资本金不足，再加上不稳定的融资，使得欧洲的银行体系很容易出现问题……在欧洲，为了避免违约，一些银行越来越多地从欧洲中央银行借款，同时在私人市场支付更高的溢价借贷……最终，在欧洲的危机将一直持续下去，直到我们得到如下两个关键问题的答案为止：要使银行体系稳定下来，我们需要多少钱？这些钱从哪里来？"③ "继续维持现状"的政策延续的时间越长，欧洲的银行业爆发严重危机的风险就越高。

另一种可能加速"继续维持现状"政策退出舞台的情况是，一个或多个陷入困境的国家最终滑向混乱的无政府状态中，甚至完全无法治理。2011年夏天，希腊就已经几乎站到了悬崖边上。希腊实施的紧缩计划和对内货币贬值的政策可能导致民主制度的崩溃。如果严格坚持"继续维持现状"的政策路线，就会使其他国家面临步

---

① 数据来源：欧洲经济合作与发展组织，《经济展望》。
② 人们试图运用代际会计核算方法搞清楚的是，如果目前的政策保持不变，政府债务将会走向何方。在这方面，最顶尖的专家是波士顿大学拉里·科特利科夫和加图研究所的贾加迪舒·戈卡莱。对于法国在这方面的问题，读者如果想了解更多，请参阅戈卡莱，2009。
③ 请参阅卡什亚普、舍恩霍兹和申铉松发表于2011年3月23日《华尔街日报》上的文章。关于这个方面的信息，也可以参阅格林劳等人，2011。

希腊后尘的危险。1990—1993年间担任英国财政大臣的诺曼·拉蒙特指出,"真正的问题在于,能够使希腊、西班牙和葡萄牙等国的竞争力提高到与德国类似的水平的唯一方法是,这些国家的人全都过上10年节俭的日子。这是一颗定时炸弹,整个欧元区都可以听到它的滴答声"。① 如果一个或多个国家陷入混乱,那么唯一可以肯定的一件事将是"继续维持现状"的政策寿终正寝。

抛弃整个体系:来一场探戈吧!

结束"继续维持现状的"政策的一个选择是"抛弃整个体系"(Throwing Out the System,TOS),这意味着各国至少可以把退出货币联盟当做一个可供选择的最不坏的办法。危机最深、国内形势一塌糊涂的希腊,显然是走上这条路的第一候选人。如果将过去一年半以来的政策继续执行下去的话,那么"抛弃整个体系"也将成为葡萄牙和爱尔兰的唯一选择。只要退出货币联盟,这几个国家的国际竞争力就能在一夜之间得到增强。② 同时,因为这几个国家的新货币对欧元和其他货币的汇率会立即下降,因而它们的经济增长前景也会立竿见影地转好。

但是,这真是一个现实的选择吗?退出的成本会不会比任何其他可能的政策选择还要高?如果说在整个危机期间,欧洲各国的政治决策者们曾经在任何问题上达成过真正的一致的话,那就是坚决拒绝任何国家退出欧元区。在探讨某个成员国退出欧元区的可能性之前,先来看一看两个先例的实际经验,应该会给我们不少启示。

---

① 诺曼·拉蒙特上述言论转引自2010年12月29日的《国际先驱论坛报》。
② 英国莱斯特大学经济系的帕尼科斯·德米特里艾德斯提出了一个很有意思的观点,他认为,应该脱离欧元区的是德国,而不是已经陷入危机的各个国家。没有了德国,欧元将大幅贬值,这样陷入困境的国家的国际竞争力就会在一夜之间得到恢复。德米特里艾德斯的这些看法体现在他写给《金融时报》的一封信中(发表于2011年5月19日的《金融时报》上)。

这两个先例就是阿根廷和冰岛。

上个世纪结束前的 10 年,阿根廷的经济逐渐从 20 世纪 80 年代的混乱和恶性通货膨胀中走了出来。到了 90 年代,其通货膨胀率已经下降到了个位数。① 这是一个巨大的成就,尤其是当我们把它放在拉丁美洲的背景下来看的时候,它就显得更加了不起。阿根廷的成功,主要应归功于它所采取的一种货币发行机制:将阿根廷比索与美元挂钩,令 1 阿根廷比索始终与 1 美元等值。这种机制得到了立法保障。后来,正如欧洲各国加入欧元区一样,阿根廷也加入了美元区。这样一来,阿根廷中央银行也就丧失了货币政策的自主性(正如加入欧元区的各个国家一样)。刚刚加入美元区时,由于货币形势更加稳定,信誉评级也得到了提高,阿根廷的经济和社会获益匪浅。这与欧元区各个国家在加入欧洲经济与货币联盟的第一年的经验惊人地相似。低利率刺激了阿根廷的内部需求,它稳定的经济发展前景吸引了大量外资,导致外债迅速升级。

然而,就像欧元区各国一样,阿根廷也忽视了它原本可以从最优货币区理论中得到的教益。阿根廷当局忘记了严格的财政预算纪律的重要性,也没有建立起一个富有弹性的、自由流动的劳动力市场(如果有了这样一个劳动力市场,那么在遇到冲击时,就可以起到缓冲作用)。到了 90 年代中期,债务水平不断上升,经常项目账户赤字持续扩大,投资者的信心逐渐丧失,阿根廷的经济形势日趋紧张。1998 年,巴西货币贬值,进一步加剧了阿根廷由于国际竞争力下降而带来的一系列问题。

阿根廷政府不得不请求国际货币基金组织对其提供财政援助。国际货币基金组织要求阿根廷实施紧缩政策,这导致了严重的暴力骚乱和深刻的政治危机。阿根廷人把大量的钱汇到境外,甚至夹带

---

① 这里对于阿根廷的经验的叙述,基于尤里·达杜什和贝内特·斯坦思尔的论文(被收录于达杜什,2010)。另见尼切欧,2010,国际货币基金组织关于阿根廷问题的报告。

在行李中偷运出国。阿根廷政府别无选择,不得不在2002年1月终止了阿根廷比索盯住美元的联系汇率。阿根廷货币兑美元急剧贬值了70%,阿根廷国债券的持有人不得不接受65%的估值扣减。通货膨胀率在2002年也上升到了26%,不过在接下来的2年时间里分别下降到了13%和4%。

可以说是这一轮通货膨胀的爆发消解了阿根廷堆积如山的内债。1999—2001年这3年间,阿根廷经济每年都以平均3%的速度萎缩;2002年,其经济甚至萎缩了11%。在接下来的几年里,阿根廷的经济出现了拐点,从2003—2008年,其经济实现了"中国般"的高速增长,增长速度达到了年均8.5%。出口也在2002年后实现了15%—20%的年均增长,推动了经济迅速扩张。阿根廷的经常项目账户也实现了盈余,年均盈余额达到了同期国民生产总值的3%。公共债务总额也下降到了国内生产总值的40%。2009年的全球性经济衰退结束后,阿根廷成了全世界经济表现最强劲的国家之一。

然而,如此剧烈的政策转换是需要付出高昂的成本的。"在阿根廷货币贬值后的7年时间里,"尤里·达杜什和贝内特·斯坦思尔指出,"外国投资者因阿根廷违约而遭受的损失(包括作为直接损失的本金和利息,以及作为间接损失的股权价值贬值),差不多相当于违约债务的初始价值的2倍。"① 阿根廷为了给本国的经济发展争取空间,几乎把债权人逼得走投无路,令他们不得不自行承担沉重损失。因此,10年之后,国际投资者仍然拒绝返回阿根廷。迄今为止,阿根廷的信用评级一直被压得很低,它进入国际资本市场的途径也非常有限。

希腊或葡萄牙在21世纪的起点与阿根廷有很大的共同之处(爱尔兰和西班牙在某种程度上也类似):从总体上看国际竞争力趋于下降,公共财政非常混乱,公共债务上升到了不可持续的水平,经济管制过严以至于无法健康增长,资本大规模外逃,经常项目账户赤

---

① 请参阅尤里·达杜什和贝内特·斯坦思尔的论文(被收录于达杜什,2010,第33-34页)。

字极其庞大,投资者的信心完全丧失。希腊在2011年的形势比阿根廷在2001年的形势还要更糟糕一些。① 现在看来,希腊也必定会走上阿根廷曾经走过的道路。② 这也同样适用于里斯本,当然还有都柏林(马德里也将步其后尘)。但是,为了不至于引起误解,我要再强调一次:"抛弃整个体系"永远不是一个好的选择,它只是极为有限的少数几个选项中的最不坏的那一个而已。

抛弃整个体系:让我们当一回冰岛人吧!

至少对于希腊和其他陷入困境的欧元区国家来说,冰岛的经验肯定非常有启发意义。金融危机对冰岛这个人口稀少的国家的打击极其严重。事实上,几乎很难想象还有哪个国家受到的危害比冰岛更甚。例如,在2008—2010年期间担任国际货币基金组织冰岛观察团团长的马克·弗拉纳根(Mark Flanagan)就认为,"冰岛经历了现代历史上最深重的金融危机之一"。③

毫无疑问,这场金融危机在很大程度上与冰岛政府自己的决策有关。冰岛有关部门听任冰岛各银行不顾一切地"野蛮成长"。冰岛各银行资产规模迅猛增大,仅其前三大银行,即考普兴银行(Kaupthing)、格利特尔银行(Glitnir)和冰岛国家银行(Landsbanki),其总资产额就相当于冰岛国内生产总值的10倍。④ 这些银

---

① 请参阅尼切欧对这两个国家的比较,2010。
② 在对两国进行比较时,很重要的一点是,必须认识到两者之间有一个重大差异:阿根廷的国家银行系统资产负债表的货币错配状况比希腊严重得多;希腊国债涉及的资产和负债中,90%以上都是以欧元计价的,所以货币替代不会从根本上使希腊银行的资产负债表失衡。
③ 弗拉纳根上述言论转引自2010年10月5日的《国际货币基金组织调查杂志》。
④ 为了使读者对危机的严重性有一个直观的印象,不妨与爱尔兰作一比较。在爱尔兰,银行体系同样陷入了危机,但是爱尔兰各银行的资产总额只占其国内生产总值的1/3。

第4章 残阳如血（一切都掌握在德国的手中）

行创造了史无前例的信贷繁荣，并为房地产泡沫推波助澜。而到了2008年年底，当金融危机处于高潮时，整个冰岛的金融活动甚至经济活动都几乎完全停滞了。2008年11月，各有关方面举行了紧张磋商，决定由国际货币基金组织向冰岛提供紧急援助，这个国家才得以逃脱破产的命运。①

就像阿根廷在2001年年底陷入绝境一样，冰岛在2008年年底也已经走投无路了。希腊和其他陷入困境的欧元区国家可以依靠欧元大家庭的"老大哥"提供的支持暂渡难关，但是冰岛只能依靠自己。然而，后来的事实证明，独自应对严酷危机这种困难的处境反而成了冰岛的重大优势。冰岛大学经济学教授奥斯吉尔·琼森写道：

> 冰岛的幸运之处恰恰在于，它不符合援助的条件……欧洲的援助计划只是一味地把更多资源投向失败的企业，而这只能延迟问题的发作，甚至使之进一步恶化。冰岛的经济转型是痛苦的，公众承担了高昂的成本，但是冰岛政府没有花冤枉钱去填无底洞，同时纳税人也不用承担私人债务国有化所带来的损失。②

冰岛政府采取了一系列严厉的政策措施。③ 冰岛监管当局重组了国内银行，但是却听任其海外业务破产。④ 银行资本重组导致了巨额财政赤字，同时为了扭转总需求急剧萎缩的趋势而采取的一系

---

① 这个紧急协议的主要内容是：为冰岛提供总额为22亿美元的信贷额度（这相当于冰岛国内生产总值的20%）。冰岛也得以从北欧国家获得至关重要的"过桥"贷款。
② 请参阅奥斯吉尔·琼森发表在2011年6月16日《华尔街日报》上的文章。
③ 读者如果想了解更多的政策细节以及国际货币基金组织对它的评价，请参阅国际货币基金组织关于冰岛的国家报告（编号为：11/25，2011年6月）。
④ 这种做法使冰岛政府与外国政府（特别是英国政府和荷兰政府）产生了重大分歧，导致网上银行"冰岛储蓄银行"（Icesave）的重组问题拖到了2011年的夏天仍然无法解决。

列政策措施，也进一步导致了赤字的加大。2007年，冰岛的预算盈余相当于其国内生产总值的5.4%，而到了2008年，冰岛预算出现了赤字，而且其总额高达国内生产总值的13.5%。在这么短的时间内，预算就由盈余变为赤字，而且赤字规模如此巨大，在经济合作与发展组织成员国的历史上，是最为剧烈的预算状况变化之一。

2007年，冰岛政府的债务依然很健康，其总额占国内生产总值的比例为53%，而到了2008年，这一比例几乎翻了一番，达到了102%。短短2年时间内，冰岛的经济收缩了10%还要多（2009年经济增长率为-6.9%，2010年则为-3.5%）。失业率也翻了一番多：从2008年的3%上升至2010年的7.5%。冰岛还发生了严重的通货膨胀，在最高峰时，按年率计算的通货膨胀率达到了惊人的19%。而经常项目账户赤字在2008年也达到了国内生产总值的25%。

雷克雅未克政府采取了一系列措施：实施严格的资本管制，同时制定合理的计划，帮助家庭和企业改善其资产负债表，并在2008年年底至2009年年底之间让冰岛克朗贬值40%，使之稳定下来。货币贬值，再加上工资也被冻结，冰岛的国际竞争力得到了极大提高。因此，毫不奇怪，2009年和2010年，冰岛的出口每年都增长了近10%。——尽管在同一时期，西方世界的其他国家正经历着严重的经济衰退。外部需求的增加使冰岛政府能够腾出手来削减开支、增加税收。

自然而然的一个结果是，冰岛的预算赤字下降了。到了2011年，冰岛赤字总额占国内生产总值的比例下降到了2.7%。这一年，冰岛的经济增长率为2.2%。同年4月，冰岛财政部部长斯腾格里姆·西格夫松向外界宣布，冰岛经济的"迅速而健康的复苏令全世界惊讶"。① 他这样说并没有夸张，国际社会也对冰岛经济形势的显著好转予以认可，一个标志是冰岛于2011年6月成功地在公开市场

---

① 西格夫松上述言论转引自2011年4月16日的《经济学家》。

上面向国际投资者发行了10亿美元的国债，这批国债期限为5年，利率低于5%。如此优惠的利率是那些陷入困境的欧元区成员国做梦都不敢想象的。

与阿根廷一样，违约和货币贬值的这一方案并没有解决冰岛经济的所有问题。冰岛政府仍然需要继续努力：解除资本管制，减少政府债务，进一步重整银行业，把居高不下的失业率（冰岛标准）降下来，削减乃至消灭依然庞大的外部赤字，等等。然而，不可否认的事实是，虽然金融危机对冰岛的影响比其他国家更严重，但是冰岛政府采取的一系列政策却使其整体经济形势迅速好转，包括私营部门和公共部门，这令每个人都感到惊讶。

对冰岛"危机—转机"状况进行认真分析，我们就会发现，在各重要领域迅速而果断地采取行动是非常必要的，而货币贬值的作用更为关键。欧元区成员国如果脱离了欧元区，就必须实行资本管制，并对国内银行部门进行资本重组。为了避免长期被国际资本市场排斥，它们还必须就未偿还债务的违约问题与有关各方进行认真的谈判。最重要的也许是，为了争取大多数民众的支持，政治决策者们和政府应该把真实情况以及相应的应对措施告诉每个人。

重建整个体系，或让一切回到原点

对于希腊和其他陷入窘境的欧元区成员国来说，"抛弃整个体系"真是一个明智的政策选择吗？阿根廷和冰岛的经验表明，答案可能是确实如此。"继续维持现状"的政策成本更高，无论是对那些已经陷入困境的国家来说，还是对整个欧元区来说，都是这样。当然，阿根廷和冰岛的经验还表明，采用"抛弃整个体系"的政策，意味着必须同时推行一系列令人痛苦的政策措施。但是要害在于，"继续维持现状"的政策是一条到了出口也看不到光明的漫长隧道。当有关国家到达隧道出口时，最终仍将不得不采取"抛弃整个体系"的政策；尽管"抛弃整个体系"成本高昂，但是它至少能够给人以希望。

一个或多个成员国退出欧元区会不会最终导致货币联盟的终结？许多人担心，一旦某个国家放弃欧元，投机者立即就会去寻找下一个最有可能步其后尘的国家。当第二个受害者倒下后，就会出现第三个成为"狩猎对象"的国家。如此等等。这种担心其实是毫无根据的。只要满足以下两个条件，就不会出现这种情况：第一，如果某个国家的退出过程是有计划的，并且该计划得到了很好的执行，那么市场就将会认识到该国的未来前景相当乐观，而且欧元区本身的生存能力也将得到改善。

第二，如果欧元区没有采取任何后续行动，则市场行为将转趋负面。需要进一步采取行动的领域主要有以下两个：一必须设计和启动对银行业的清理整顿和资本重组；二最重要的是，必须进行结构性的变革，以保证货币联盟的运作与最佳货币区理论的标准更趋一致。这样一来，我们又回到了起点。

一个货币联盟能否顺利、高效地运作，取决于它能不能满足我们在前文中讨论过的那些条件。欧元区不符合（或不完全符合）如下四个条件：政治联盟，财政一体化，劳动力自由流动，以及价格和工资的灵活性。欧元区各个国家发生的危机昭示了这些条件未得到满足所导致的后果，同时也表明了问题的性质和应当采取的政策措施。

从无动于衷到反对

如果欧洲经济与货币联盟要生存下去，那么它的缺陷和内在冲突都必须予以纠正。即便较弱小的那些成员国都脱离了联盟，但留下来的其余国家也依然必须沿着更合理的思路重建整个体系。问题是，这是政治决策者的任务吗？欧洲人民都愿意为支持他们的领导人而努力奋斗吗？遗憾的是，这两个问题的答案可能都是否定的。

早在2007年1月，即在欧元区危机爆发的前三年，或国际金融危机爆发的前一年，德国、法国、意大利和西班牙等国国内认为欧元对本国经济产生了负面影响的民众就已经超过了半数。① 随着危机的爆发和深化，这类负面情绪有增无减。评级为 AAA 级的"北方国家"，包括德国、荷兰、芬兰、奥地利和卢森堡等国的大部分民众，也都反对用自己辛苦挣来的财富去帮助那些散漫使钱的国家。② 因为德国是欧元区内最重要的国家，同时也是最富裕的国家，所以德国民众的态度成了决定货币联盟未来的关键因素。

在各陷入困境的国家，民众对欧洲联盟和欧元的态度一直相当积极。这些国家的民众对危机的第一反应是责怪本国的政治家。但是，一旦意识到紧缩计划将给他们带来莫大的痛苦后，他们的愤怒立即就转向了欧洲联盟和欧元。普通民众把一个统一的欧洲与更高的税收、更少的政府服务、更高的失业率甚至极端贫困联系起来。当然，他们肯定还觉得自己的民族自豪感受到了损害。这一点几乎无须多提。

在大多数欧盟国家，货币联盟和欧洲一体化的主要支持者一直是一小群政治精英和经济精英。由于欧洲各国之间的战争和冲突造成的破坏和苦难已经逐渐成为遥远的记忆，大多数欧洲人变得越来越无动于衷。他们认为，货币联盟不会给自己带来多大帮助，不过应该也不至于伤害自己。因此，当这项"事业"开始造成伤害时，民众迅速转而反对它。这一点其实并不令人意外。

各种强大的利益集团也开始"心怀异志"。工会、受到保护的各行业、国家庇护下的各产业和垄断企业都开始对欧洲统一事业有了更加负面的看法，因为货币联盟削弱了它们的特权。这些团体都是精通如何掩饰自己的自利动机的大师，它们通过强大的舆论攻势强化了民众对欧元的不安情绪。

---

① 请参阅 2007 年 1 月 27 日《金融时报》的报道。
② 民意调查机构阿伦斯巴赫进行的一项民意调查的结果表明：63% 的德国人很少或根本不对欧盟抱有信心；对于 53% 的德国人来说，欧洲已不再代表"未来"（请参阅 2011 年 1 月 25 日《法兰克福汇报》的有关报道）。

选票最大化者

　　显然，政治家们在做出决策的时候，民意是必须考虑的极其重要的因素。欧元区各成员国国内民众对欧洲一体化和欧元的态度日益消极，因此，各国领导人很难摆出坚决捍卫各种亲欧洲的政策和干预措施的姿态。而且，各国政治家们需要抗争的绝不仅仅是敌对的公众舆论，更重要的是，货币联盟已经从根本上改变了各成员国的政治环境。

　　许多欧洲政治家都自觉或不自觉地对欧洲经济与货币联盟和欧元表现出了矛盾的心态：一方面，货币联盟有其经济和政治优势；另一方面，它也限制了各成员国的政治自主权。正如卢森堡首相让－克劳德·容克在2008年1月公开承认的，"政治家都是选票最大化者……对一个政治家来说，欧元可能会使选票最大化的目标变得更加难以实现，因为要想顺畅无阻地、无障碍地加入欧洲经济与货币联盟，政治家们有时候不得不做出一些艰难的抉择，甚至必须启动某些不受欢迎的改革"。①

　　欧洲经济与货币联盟给各成员国带来的第一个也是最重要的一个变化是，欧洲中央银行承担起了制定和实施整个欧元区货币政策的责任。欧洲中央银行的章程规定，它是一个独立于各国政府、各政治团体的机构。但是，现在发生的这场危机对它的独立性造成了沉重的打击。其实，早在危机爆发之前，有一些成员国的政治家，尤其是法国和意大利的政治家，就已经不再掩饰其对欧洲中央银行的不满了。他们认为，欧洲中央银行的货币政策阻碍了本国的政治议程。但是，欧洲中央银行的货币政策所导致的国家挫败感只是故事的开始。

　　面对欧元危机的肆虐，经济学家们和分析师们普遍认为，如果

---

① 让－克劳德·容克上述言论转引自马什，2009，第242页。

想让欧元继续生存下去，就必须建立更紧密的政治联盟和财政联盟，同时还要对成员国的预算施加严格的、可执行的限制。① 西蒙·提尔福德说得好："财政欧盟对欧元区的生存至关重要。但是这种财政'世界主义'面临的障碍也是极其巨大的。危机已经揭示了一个残酷的现实，那就是各成员国之间的团结是很有限的。"②

那些所谓的结构性政策，例如在欧洲范围内实施统一的《竞争法》，取消对劳动力市场、能源市场、电信市场的管制，都将进一步限制各成员国的政治家的政策选择。在最低限度上，这些政策的实施必定会与政治家的短期选举利益发生冲突。不幸的是，政治本身固有的性质，决定了这种类型的短期思维是很难被超越的。

一项无比艰巨的任务

政治家们发现，一个运作良好的货币联盟会限制他们的自由，因此他们要想实现选票最大化的目标变得更加困难了。政治的铁律是没有赢得选票的政客靠边站。早在1996年，汉斯·蒂特迈耶就已经敏锐地指出，"加入货币联盟意味着一个国家的主权将受到某些制约，它的政府调控空间和采取单边行为的能力也将受到限制"。③ 在欧洲这些民主国家中，货币联盟的需要与政治家们争夺选票的自由之间存在着内在的矛盾。

例如，一位政治家如果提出提高工资灵活性和劳动力流动性、削减政府服务的政策，那不会给他赢得多少选票。但是，如果他建议有针对性地补贴利益集团、保护企业收益、实施有利于特定区域的公共投资政策的话，那么就可以赢得大量选票。在某些政客眼中，

---

① 例如，鲍德温、格罗斯和莱文编辑的文集中有数篇论文都持有这一观点，2010。有经济学家在很早以前就已经提出了类似的建议，请参阅法塔斯，2003。

② 提尔福德，2010b，第2页。

③ 蒂特迈耶上述言论转引自马什，2009，第194页。

通过这样的短期行为产生的利益，远比它们所带来的巨大社会成本更重要。由于选民对货币联盟的态度越来越消极，单一货币的未来前景变得暗淡起来。①

至此，应该可以得出一个公允的结论了：欧洲经济与货币联盟在成为一个最优货币区的道路上面临着许多巨大的障碍。欧元区爆发的危机使其中的一部分障碍浮出了水面。例如，当默克尔和萨科齐在 2011 年 2 月就《竞争力条约》达成一致意见时，德国和法国除外的其他成员国的"民族主义情感"却使这个条约胎死腹中。② 又如，在 2011 年 3 月和 7 月举行的两次欧盟首脑会议上，提出了好几项动议，从总体上看，这些动议如果得到通过并付诸实施，应该能够引导欧洲各国走上更广泛的政治和财政联盟、更全面的预算纪律、更全面的结构性改革方向上来，并且使市场运行更有序、劳动力更具流动性。然而，要推动这些变革，是一项艰巨无比的任务。

政治决策的环境也正在变得日益不稳定（如果说没有变得日益敌对的话），这使欧元区的形势进一步复杂化。由于在应对危机的过程中，欧洲的政治家们举措失度、沟通不灵，他们已经在很大程度上失去了信誉。当然，造成他们信誉下降的还有其他因素。都铎投资公司主管全球经济事务的董事安吉尔·尤比德指出，"由于人口增长缓慢甚至下降，这些国家的债务很可能永久性地维持在不可容忍的极高水平上"。③ 此外，范龙佩和巴罗佐等欧洲领导人在每一次需要做出艰难的决定时，都得不到默克尔和萨科齐等较大的欧盟成员国的领导人的鼎力支持，这显然无助于改善欧盟机构的信誉。

---

① 在这种情况下，同样很难忽视的另一个事实是，各国政客都在"滥用欧洲"。每当需要采取不受欢迎的政策时（例如，削减公共服务、降低工资成本、提高税收等），这些所谓的政治家就会相互倾轧，并把矛头引向欧洲。这种行为令公众对欧洲更加不满。
② 请读者阅读本书第 3 章"从'大交易'到'超现实'"本节中的有关内容。
③ 请参阅尤比德被收录在鲍德温、格罗斯和莱文编辑的文集中的论文，2010，第 47 页。

就目前的形势来看,欧洲的决策者们很可能会继续试图"蒙混过关"(即采取我在上文中所称的"继续维持现状"的政策)。首先是虚张声势的言论和装腔作势的声明,然后是极其复杂的协议和妥协,再接着每个领导人都会给出不同的解释,进而导致重新谈判,整个过程再一次推倒重来。更多的债务、更高的信贷额度将被堆积到未偿还的债务上。整个货币联盟将越来越依赖于德国——欧元区经济最发达、最富裕的国家。德国的态度很可能会出现急剧的转折,如果真的发生那样的"大爆炸",统一的欧洲的观念就将受到致命的威胁。随着欧元危机的不断深化,这种可能性正在不断增加。

不讨人喜欢的主导者

2010年5月,巴罗佐公开宣称,"我们这个共同体需要德国在其中发挥主导作用,不然的话,我们就会面临很大困难"。① 自那以后,欧元区就进入了一个特殊时期。欧洲理事会外交关系委员会的乌尔丽克·古罗特和马克·伦纳德把这形容为"一个'单极化的时代':如果没有德国的参与,或者遭到了德国的反对,那么欧元区就不可能找到任何解决危机的办法"。② 根据《金融时报》的报道,在欧洲理事会的官员当中流传着一个笑话:在立法时要问的第一个问题永远是,"柏林的立场是什么?"③ 随着德国权力的增大和主导地位的巩固,许多成员国政府开始觉得默克尔政府的立场和行为往往显得霸道、傲慢、僵硬和教条主义,对陷入困境的兄弟国家似乎缺乏加强团结的意愿。

德国在欧元区内占据着主导地位,却又不为其他成员国所喜欢,许多人因此猜测,德国会不会脱离欧元区?德国总理默克尔发表的

---

① 请参阅巴罗佐发表在2010年5月25日《法兰克福汇报》上的文章。
② 古罗特和伦纳德,2011,第1页。
③ 《金融时报》,2011年4月12日。

一系列公开声明表明，这种可能性完全不存在。例如在一次充满活力、激情昂扬的演讲中，默克尔宣称，"欧元不仅仅是一种货币，它给欧洲人带来好运，是欧洲统一的标志。一个统一的欧洲是我们的和平和自由的保证。欧元是我们的经济福祉的基础。为了德国自身的利益，为了应对全球性挑战，德国需要欧洲，需要欧元这个共同货币"。①

默克尔已经在多个场合一再向外界发出这个信息，而且她也加入到了欧洲政治家们保证将"不惜一切代价"捍卫欧元的大合唱的行列当中。然而，在另外一些场合，默克尔又显得很有保留，她说，"是的，德国将伸出援助之手。但是，只有别的国家自身奋发向上时，德国才会提供援助……你不可能在与别人采用一个共同的货币的同时，又有一个与别人完全不同的社会保障制度。"② 2010 年底，《金融时报》的吉迪恩·拉赫曼指出，要预测欧元危机将会如何结束是很困难的，他说：

> 我目前最好的猜测是，单一货币体制最终将会被打破，而且将欧元送上不归路的刽子手将是德国……当然，德国不可能很轻易地或很迅速地迈出这一步……但是，如果德国人有朝一日最终确信欧元区各成员国是根本无法共处的，因而整个单一货币体系是不可能成功的，那么它确实可能会决定退出。③

几天之后，拉赫曼的同事马丁·沃尔夫也直言不讳地指出，"摆脱（欧元区若干成员国所陷入的）泥潭的唯一方法是由欧洲中央银行买下公共债务，或者建立一个财政联盟，这样才能救助陷入困境

---

① 这是默克尔 2011 年新年讲话中的一段话，转引自 2011 年 1 月 5 日的《华尔街日报》。
② 默克尔上述言论转引自 2011 年 5 月 25 日的《国际先驱论坛报》。
③ 请参阅拉赫曼发表在 2010 年 11 月 29 日《金融时报》上的文章。

的那些成员国。但是上述两者都是不可想象的。德国肯定会率先退出"。① 花旗集团经济学家威廉·布伊特和伊伯拉希姆·拉伯利进一步预测了德国退出的时间，他们指出，"从科尔到施罗德，再到默克尔，这几代德国领导人之间有很大的不同，一个趋势是德国（尤其是德国政治家）与欧盟和欧元区之间的传统的亲密关系逐渐弱化了，不过目前仍然没有达到临界点，即人们可以合理地设想德国离开欧元区和欧盟的那一点。德国对那些财政状况已经糟糕到不可持续的地步且没有能力或意愿来纠正错误的其他成员国的资助和补贴可以持续五年，在那之后，情况可能会发生变化"。②

那么，到底什么东西将促使德国决定脱离欧元区，并启用"新德国马克"呢？答案其实很简单：当德国把这些"兄弟国家"留在一个"货币大家庭"里的代价过高——当成本大于预期收益时，它就会退出。关于德国的成本—收益分析，至少有如下三个方面的问题必须予以重点考虑：

- 德国的"求稳"文化。
- 经济上的计算。
- 德国政治现实中的新情况。

"稳定高于一切"

在大多数德国人眼中，一个稳定的经济环境，意味着低通货膨胀率和金融体系的稳定。这一观念直接源于德国人对20世纪20年代的恶性通货膨胀以及在那之后的经济、社会和政治悲剧的惨痛记忆。即使是年轻一代的德国人，对那些灾难性时代的记忆也都非常生动、鲜活。德国前总理格哈德·施罗德对这一点认识得非常透彻，

---

① 请参阅马丁·沃尔夫发表在2010年12月1日《金融时报》上的文章。
② 布伊特和拉伯利，2010，第11页。

他宣称，"如果你想打破德国的传统，与其稳定文化作对，那你一定会失败。最好从一开始就不要去打这种（唐·吉诃德式的）风车之战。"①

在一定意义上，"求稳文化"甚至成了德国宪法的一部分。1993年，位于卡尔斯鲁厄的德国宪法法院在其关于《马斯特里赫特条约》的裁决中，将"货币联盟的基准目标界定为'稳定'"。裁决还进一步指出，"当共同体无法维持稳定时，（德国）采取脱离行为是合理的"。② 这一裁决清楚地表明，对于德国来说，退出不稳定的欧洲货币联盟不会遇到任何法律上的问题（确定货币联盟是否"稳定"，依据的是德国的标准）。

货币联盟部分成员国发生的金融危机必定会降低欧元区的经济和金融环境的稳定性。如果较大的经济体（例如西班牙和意大利）也步希腊、葡萄牙和爱尔兰这三个国家的后尘，那么欧洲货币联盟的其他成员国就都只能依靠德国这个"财大气粗的大哥"。要帮助这些国家，需要巨额资金，从而会给德国的公共财政造成极大的压力，德国的信用评级也将受到影响。如果真是那样，德国民众肯定会一片哗然。

另一条可选的路径是，欧洲中央银行直接资助陷入困境的欧元区成员国。2010年5月8、9日达成的协议，是朝这个方向迈出的第一步。2011年夏天，欧洲中央银行不情愿地沿着这一路径走出了第二、第三步。然而对于德国来说，这个政策选择就像完全由它自己来提供所有资金一样，也是完全不可接受的，因为它会使欧洲中央银行置于各国政府的直接控制下。德意志联邦银行行长阿克赛尔·韦伯之所以没有接替特里谢继任欧洲中央银行行长一职，一个很重要的因素正是欧洲中央银行存在丧失独立性的可能性。③ 在这个问题上，

---

① 施罗德上述言论转引自马什，2009，第221页。
② 宪法法院的裁决转引自普罗斯，2010，第11页。
③ 请读者阅读本书第3章"韦伯的单打独斗"一节的有关内容。

德国人一直保持着清醒的头脑：在历史上，正因为对中央银行的政治性滥用破坏了民主，才为阿道夫·希特勒的掌权铺平了道路。

2010年5月10日清晨，有关方面宣布，欧洲中央银行将开始买入希腊、爱尔兰和葡萄牙发行的债券。消息传来，巴黎欢欣鼓舞。法国的态度是由它自己的国家利益所决定的，而与它是不是同情这几个规模较小的欧元区成员国没有什么关系。因为欧洲中央银行为这三个小国融资这个既成事实将成为一个先例，将来如果法国提出同样的要求，欧洲中央银行也不可能拒绝。但是，从另一个角度来看，如果连法国这个欧元区第二大经济体也无法依靠自己的力量筹集资金的话，那么欧洲经济与货币联盟对德国也不可能再有任何吸引力了。那个时候，应该早就越过临界点了。

虽然欧洲中央银行行长特里谢不厌其烦地辩解道，这一急剧的政策变化不会影响欧洲中央银行的独立性，但是，这一改变确实是法国政治精英们取得胜利的一个明确的标志。包括右翼政党的成员在内的法国各派政治家们至今仍然团结在法国前财政部部长皮埃尔·贝雷戈瓦在1989年提出的口号下面，这就是："支持民主！对技术官僚说不！中央银行没有权力拥有至上的权威。"① 在贝雷戈瓦提出上述口号三年后，法国前总统弗朗索瓦·密特朗也宣称，"决定经济政策的应该是政治家而不是技术官僚，因而决定货币政策的人也应该是政治家"。1996年，密特朗的右翼继任者雅克·希拉克也表示，欧洲货币联盟需要"某种能够清晰地证明货币权力和货币政策的局限性的政治权力"。②

在危机在欧元区蔓延的过程中，德国一直要求尊重金融和预算领域的正统规则，但是德国的做法依然体现了某种双重标准：一方面，德国推动了那些陷入困境的欧元区成员国按照德国的标准清理金融和预算；另一方面，当欧洲银行进行压力测试时，大多数国家

---

① 贝雷戈瓦上述言论转引自艾斯彻曼和里采，1996，第137页。
② 密特朗和希拉克上述言论转引自普罗斯，2010，第11页。

都希望执行严格的规则,但是德国却表示反对。德国银行业存在着大量针对希腊、爱尔兰、葡萄牙和西班牙等国的风险敞口,不仅如此,事实上,德国银行部门一直都是全欧洲杠杆化比率最高的银行部门,这是有传统的。德国的地方银行在许多方面都类似于西班牙的储蓄银行。乌尔丽克·古罗特和马克·伦纳德指出,"在德国,每一个社会阶层都有许多人——从议员到银行家——在密谋,力图把德国银行的流动性问题排除出政治决策议程之外"。① 德国人不愿意外国人触及银行体系的问题(当然,除了德国银行的流动性问题之外,还有偿付能力问题)。

德国对于本国银行业的态度是值得怀疑的。对此,《金融时报》的托尼·芭伯有一个简明扼要的总结:

> 德国的决策者们很少在公众场合提及欧元区危机的真相。事实是,援助希腊、爱尔兰和葡萄牙实质上是在拯救欧洲的银行业,尤其是法国和德国的银行业。德国的经常项目账户盈余……全都经由德国银行和投资者转移到了海外,变成了高风险资产。对这几个陷入危机的国家进行债务重组也会使德国银行部门——特别是被地方要人控制的德国地方银行、公共部门放款者——蒙受损失。如果德国银行需要进行资本重组、需要纳税人的资助的真相浮出水面,那么有关的政客就肯定会在选举中受到惩罚。在这些政客看来,假装问题根本不存在反而要有利得多。他们对公众说,应对欧元区危机的解决方案是,欧洲南部各国和爱尔兰连续多年实施紧缩政策。具有讽刺意味的是,在欧洲所有银行都清盘之前,由德国设计的任何解决方案在本质上都不可能超出如下这个秘方:永无止境地为欧元区最弱的国家提供金融支持。②

---

① 古罗特和伦纳德,2011,第5页。
② 芭伯上述言论转引自2011年4月18日的《金融时报》。

经济上的算计

德国关于货币联盟和欧元的成本—收益分析的第二组问题主要与市场准入和竞争力有关。一个货币联盟的所有成员国都使用同一种单一货币。用经济学术语来说，欧洲经济与货币联盟是一个自由贸易区，它保证在联盟范围内各国货币不会再出现贬值或升值。从上世纪60年代以来，德国工业企业一直面临着来自其他国家的企业的竞争——这些国家的货币对德国马克定期贬值。特别是意大利，它以意大利里拉的定期贬值作为其社会和经济政策的基石。法国以及后来的西班牙，在某种程度上也是如此。德国企业的就业水平和增长潜力一直受制于这些货币的贬值压力。

毫无疑问，如果德国脱离欧元区，那么它将来所采用的新货币对其他国家所采用的货币肯定会大幅升值。这一点几乎无须强调。严重依赖出口市场的德国企业，以及那些向德国提供进口商品和服务、与德国企业激烈竞争的外国公司，马上就会发现自己回到了货币联盟建立之前的状况。在欧元诞生之前，德国企业不断投资、不断创新，目的是提高生产率，与那些货币定期贬值的外国企业竞争。德国各界精英，特别是工业精英，一直把外国货币不再定期贬值视为货币联盟的重要优势之一。强大的工业游说团体一直坚决支持欧洲统一货币。这种态度并不奇怪。

然而，欧元诞生前的形势与当前的形势有一个非常重要的不同。虽然欧元区各国仍然是德国最重要的出口市场，但是像中国、印度、土耳其和俄罗斯市场的重要性也在迅速提高。2009—2011年，德国向中国的出口几乎翻了一番。① 到2011年末，德国对法国的出口，大致相当于德国对中国的出口。德国对中国的出口额，占欧盟对中国的总出口额的43%，而且这一份额仍在持续上升中。非欧元区国

---

① 基于欧盟统计局提供的有关数据。

家在德国出口市场中的地位越重要,德国出口工业(及其工会组织)对退出货币联盟的抵制越微弱。正如德国经济学家詹斯·巴斯蒂安所说的,"德国贸易格局的转变可能预示着,对于许多德国企业来说,首先考虑的对象不一定是欧洲了"。① 乌尔丽克·古罗特和马克·伦纳德也说,在德意志联邦银行内部有人认为,"德国更需要的是'金砖四国'而不是'笨猪五国'"②("金砖四国"指巴西、俄罗斯、印度和中国;"笨猪五国"指葡萄牙、爱尔兰、意大利、希腊和西班牙)。

从历史上看,德国企业界一直坚定地支持欧洲单一货币,因此当德国企业界的头面人物也开始攻击欧元时,就非常值得注意了。这种全新的立场的一个最明显的例子是德国工业联合会前负责人汉斯-奥拉夫·汉高撰写的著作《必须拯救我们的货币》(*Save Our Money*)。汉高认为,欧元区应该一分为二:一个是以德国为首的通货联盟;另一个是以法国为首的南部各国联盟。后者为了恢复国际竞争力,可以允许货币贬值。③ 前几代德国政治家们一定会强烈反对汉高的观点,但是时代毕竟已经不同了。德国经济部部长莱纳·布吕德勒不仅出席了汉高的新书发布会,而且还在会上发言表示赞誉。在德国,汉高并不孤单。钢铁巨头蒂森克虏伯前主席迪特尔·史派特曼也呼吁:立即终止目前这种形式的欧元的使用,并创建"北部欧元"取而代之。④ 又如,因为担忧欧元危机的处理方式会对德国经济造成不良后果,德国中小企业及企业家联合会也已经多次表示强烈质疑。

不过,虽然2009年年底以来出现了一些动摇,但是大多数德国的公司经理、企业家和投资者仍然强烈支持货币联盟和欧元。然而,随着欧元区内危机持续加深,德国社会各个阶层都出现了反对的声

---

① 请参阅巴斯蒂安发表在2011年1月17日《金融时报》上的文章。
② 古罗特和伦纳德,2011,第5页。
③ 汉高,2010。
④ 请参阅FAZ.NET网站2011年2月7日对史派特曼的专访。

音。对于德国企业来说，金融和货币稳定永远排在优先关注事项清单的前列。最终，对"稳定高于一切"的传统文化的坚持，很可能会胜过对企业的销售、市场份额和竞争力的关注。

新的政治现实

货币联盟内部危害金融和经济稳定的问题越多，德国越有可能考虑退出欧元区，尽管这样做德国企业可能会在短期内蒙受一些损失。乌尔丽克·古罗特和马克·伦纳德认为，"德国出现了一种新欧洲怀疑主义"，这种思潮将进一步推动德国脱离货币联盟。公众舆论的转变也表明，"在德国，欧洲怀疑主义即使不算时髦，也已经被社会各界认为是可以接受的"。① 要理解这一转变，必须将其放在一个更广阔的历史背景中来思考。

第二次世界大战结束以来，对纳粹政权犯下的滔天罪行的内疚感、对德国在两次世界大战中扮演的不光彩的角色，经常在德国政治生活中发挥着主导作用。人们把这种心态称为施密特主义，因赫尔穆特·施密特而得名（施密特在1974—1982年期间担任西德总理）。施密特在1978年曾经说过，"我们（西德）在两条战线上都很脆弱，很容易受到他人的攻击，而且这种状况将一直延续到下个世纪。第一，我们之所以是脆弱的，是因为柏林，是因为我们的东部地区地域辽阔，外敌可以长驱直入，是因为我们的国家还处于分裂状态——柏林被肢解、被孤立的状态就是一个象征。第二，我们是脆弱的，还因为奥斯威辛（集中营）。我们在外交、经济、社会和国防领域的政策越成功，取得的成就越大，奥斯威辛从人们的集体意识中褪色、淡出的过程反而越长"。②

大概十年之后，施密特对于德国以往历史的谦卑态度促使他成

---

① 古罗特和伦纳德，2011，第3页。
② 施密特上述言论转引自马什，2009，第84页。

了货币联盟的狂热支持者。"如果没有一种共同货币,那么随着时间的推移,德国马克将在整个欧洲发挥主导作用,德国银行和保险公司也将支配整个欧洲金融市场,这样别的国家就会妒忌我们,甚至会被激怒,从而给德国带来严重的政治后果。"① 最近,总部位于华盛顿的彼得森国际经济研究所的研究员雅各布·克尔凯郭尔再次谈到了施密特主义的后果:"从政治上看,德国放弃坚持了六十年之久的亲欧洲政策,进而退出欧元区是完全不可想象的。因为那样一来,整个欧盟也将崩溃。而欧盟不仅是德国政治认同的基准,还是德国战后政权的权威和合法性的来源。"②

也正因为如此,密特朗一威胁要在国际上孤立德国,科尔就屈服了,为了给欧洲单一货币扫清道路,德国不得不牺牲德国马克。然而不要忘记,科尔是最后一位亲身经历过第二次世界大战的德国总理了。曾经在20世纪90年代初担任美国驻德国大使的罗伯特·金米特回忆说:"在促成单一货币体制的各种原因中,欧洲的战争史是一个重要的原因……我依然清楚地记得,德国总理科尔把我领进他房子后面的一个花园里,环视四周,用充满感情的声音激动地对我说,法国士兵和德国士兵的鲜血洒满了这里的每一寸土地。"③

但是,默克尔和她这一代的政治家们对于第二次世界大战只拥有一些二手知识。1989年柏林墙倒塌后,德国战后的分裂状态也成了历史的一页。一直困扰德国的历史问题越来越不再成为一个问题。德国《金融时报》驻布鲁塞尔记者沃尔夫冈·普罗斯说:"现在,(德国的)政治精英们大部分出生于20世纪50年代和60年代,他们中的许多人对欧洲一体化没有什么特殊的情感,有些人还表示怀疑,甚至在私人场合中表现出敌对态度。对于今天的政治阶层来说,使欧盟更趋完善只不过是许多个政策选项中的一个,它本身不再是

---

① 请参阅施密特发表在1993年8月6日《德国时代周报》上的文章。
② 克尔凯郭尔,2010,第8页。
③ 金米特上述言论转引自马什,2009,第103页。

目标了。"①

希腊为了得到援助而被迫接受了严厉的紧缩计划。但是希腊国内的反应又反过来增强了德国国内欧洲怀疑主义者的声势。② 希腊副总理塞多罗斯·潘加洛斯公开宣称，纳粹的后代没有权利对希腊人发号施令。希腊报纸《民族报》撰文称德国正把希腊变成一个金融上的达豪集中营（Dachau）。雅典市长竟然签发了一张面额为800亿欧元的发票，声称它是为德军在第二次世界大战期间占领希腊而开具的。

更强，但也更弱

2010年7月，德国《时代周报》公开提出了一个问题："德国政治的DNA已经改变了吗？"③ 越来越多的迹象表明，答案似乎是肯定的。德国最重要的政治家之一托马斯·德·迈齐埃同意这个判断，他指出：

> 1990年以后，德国出现了根本性的变化。在1990年之前，德国一直是一个分裂的国家。（西德）是一个是经济强国，但不是一个政治强国，甚至算不上一个真正拥有完全主权的国家……1990年后，不仅是德国，整个欧洲的政治版图都发生了巨大变化……德国成了一个全新的国家，有着它自己的利益诉求，充满活力，这对于欧洲来说，是一个新现象。这不同于英国、法国或意大利，它们的存在对于欧洲来说似乎是理所当然的。我们也使用新的语言来表达我们的论点，我们必须养成这个习惯。德国是进入欧盟预算的所有国家中的最大净付款人，

---

① 普罗斯，2010，第4页。
② 这一段下面这些内容源于古罗特和伦纳德，2011，第7页。
③ 《德国时代周报》，2010年7月29日，第7页。

必须捍卫自己的利益。①

我这样说绝对不是暗示目前这一代德国政治家们并不在意德国的历史。我要强调的是，他们似乎更加不愿意让德国的过去来主导德国现在的政策。正如欧洲改革中心副主任卡亭卡·巴利斯奇所指出的，"在今天的许多德国人看来，德国的历史欠账已经还清了"。② 站在21世纪的第二个10年回头看，密特朗在1988年所说的话已经过时。当时，密特朗是这样说的："德国人民是伟大的，但德国是一个被剥夺了某些主权的国家，它的外交地位被削弱了。"③

让我说得更明确一些吧！德国人的愧疚感已经不能再驱使德国继续为欧洲统一支付高昂成本了。正如《经济学家》在2010年5月的一篇文章中指出的那样，"德国已经改变了。法国出主意、德国埋单的日子一去不复返了"。④ 新生代的德国政治家们在努力捍卫德国的时候，对其他国家没有任何愧疚之心。沃尔夫冈·普罗斯令人信服地指出，不能再想当然地以为德国仍然会继续充当"欧洲仁慈的大国"。⑤ 其实，早在1991年1月，密特朗就曾经观察到，德国人的政治心态发生了明显的变化。在访问英国时，密特朗对英国首相撒切尔夫人这样抱怨道："德国的重新统一已经对德国民众的心理造成了强烈冲击。一些原本已被世人遗忘的德国民族特征也出现了复苏的迹象，这其中就包括某种程度上的残暴性情以及所有不符合自己定见的问题全都不予考虑等。"⑥

德国的政治心态的演变也影响了德国的政治家们。例如，2007

---

① 德·迈齐埃上述言论转引自《经济学家》。请参见该杂志2010年5月20日的"查理曼大帝的笔记"专栏。
② 巴利斯奇，2010，第3页。
③ 密特朗上述言论转引自马什，2009，第93页。
④ 《经济学家》2010年5月20日的"查理曼大帝的笔记"专栏。
⑤ 普罗斯，2010，第3页。
⑥ 密特朗上述言论转引自马什，2009，第139页。

年4月，德国前总理格哈德·施罗德指出：

> 如果法国人在政治上的目标是限制德国、削弱德国国力，进而剥夺德国在经济领域的主导地位——同时创建欧元也是这个计划的一部分的话，那么现实的结果与他们的意图正好相反。德国竞争力的上升意味着德国变得更强大了，它并没有被削弱。在某种意义上，这种结果既是显而易见的，也是不可避免的，因为我们一直是欧洲表现最强劲的经济体。①

当然，施罗德的观点得到了许多证据的支持。德国经济实力恢复后在政治上也变得更加自信了。但是，巧合的是，德国的国家感情反而变得更脆弱了。乌尔丽克·古罗特和马克·伦纳德描述道：

> 德国人的内心反而变得更脆弱了。原来的德国联邦共和国……拥有一个以共识为导向的政治体系。在当时，工会拥有很大的话语权，财富分配比较均等，社会上各阶层向上流动的通道也很畅通，公立学校质量上佳，而且拥有一个向所有人开放的公共卫生体系。但是今天，德国老年人和贫困者在人口中占据了更高的比例，需要解决的社会问题也比以前更多。德国民众面对移民潮焦虑不安，在男女平等和儿童日托等一些领域，德国甚至落后于许多经济合作与发展组织的成员国。它的教育系统也有很大的缺陷。②

古罗特和伦纳德继续指出，德国目前的政治制度显得更加支离破碎，这使得：

---

① 施罗德上述言论转引自马什，2009，第221页。
② 古罗特和伦纳德，2011，第2页。

在德国建立统一的政治领导关系（特别是亲欧洲的家长式的政治领导）变得比以往困难得多。在以往，德国总理可以在关键的外交政策问题上引导公众舆论。1955年，康拉德·阿登纳重整德国军备；1972年，韦利·勃兰特提出东方政策（ostpolitik）；1983年，科尔处置部署在德国的美国导弹；1992年，科尔决定启动欧元。在这些事件上，德国前总理们都成功地获得了民众的支持。但是，今天的德国领导人所处的政治生态更复杂，政治党派林立，公众的意见也非常不一致。①

沃尔夫冈·普罗素指出，"在德国政府最高层内部，一个有魅力的民粹主义者很可能因其反欧元或亲德国马克的立场而大受欢迎"。② 这种状况使德国政治精英们同意退出欧洲货币联盟的可能性大大增加。

走下坡路的法国

对于德国人的世界观的改变，必须放在整个欧洲的背景下来考察，尤其必须从德国和法国之间的关系的角度来着眼。③ 自第二次世界大战结束以来，除了偶尔的例外时期之外，德国和法国之间的"伙伴关系"其实一直都很紧张。随着德国人的自信心的日益高涨，这种紧张关系有增无减。欧洲委员会前主席罗马诺·普罗迪是这样描述法德关系的变化的："以前人们常说，法国是欧洲的'政治司机'，德国是欧洲的'经济司机'……但是现在的情况变成了先由

---

① 古罗特和伦纳德，2011，第3页。
② 普罗斯，2010，第24页。
③ 关于这种复杂的关系，请参阅霍夫曼，1995。要获得更多的信息，读者也可以参阅2011年1月15日的《国际先驱论坛报》的头条文章："为欧洲掌舵的这对奇怪'夫妻'"。

默克尔做出决定，然后萨科齐举行记者招待会解释她的决定。"①

法国的政治影响和经济实力都在走下坡路，但是法国人很难接受这个事实，局势因而变得更加紧张。"伟大的法国"以前确是一个不可否认的事实，但是现在一切都成为过去式了。然而，有意思的是，当中国最大的银行——中国工商银行——在巴黎开设办事处时，法国财政部部长克里斯蒂娜·拉加德部长显得喜不自胜。他说，中国工商银行这一举动表明，中国认为"法国才是欧洲大陆金融市场的中心"。② 对于法国来说，承认自己地位下降这一事实就意味着放弃一切。用法国顶尖经济学家让－埃尔韦·洛仑兹的话来说，这是因为"许多世纪以来备受推崇的一条铁律是，只有成为大国的使命感才能唤醒法国"。③

正如我们在前文中已经指出的，法国一直试图利用货币联盟来控制德国。弗朗索瓦·密特朗在 1990 年 1 月所说的如下一番话，道出了法国精英们的心声："我承认德国人拥有自决权，有权决定自己的命运，但是我必须指出的是，我也有权考虑欧洲其他国家民众的担心和忧虑，这是我的当务之急。"④ 密特朗口中的"欧洲其他国家"到底指什么，读者很容易就能够猜测出来。

法国的政治影响力和大国地位的削弱是显而易见的。巴黎仍然是一个大都市，是许多游客的目的地。巴黎有许多美轮美奂的博物馆，还有独特的文化和建筑遗产。法国的美食无与伦比，而且法国的乡村确实非常美丽，但是巴黎不再是世界的中心了（虽然许多法国人仍然一厢情愿地这样设想，极少数法国人甚至公开这样吹嘘）。事实上，现在巴黎连世界最重要的首都之一也算不上了。进入 21 世纪后，有资格争夺大国榜首位置的国家只剩下美国和中国；第二集团由印度、日本、巴西、俄罗斯和德国等国家组成，它们已经被中、

---

① 普罗迪上述言论转引自古罗特和伦纳德，2011，第 4 页。
② 拉加德上述言论转引自 2011 年 1 月 20 日的《国际先驱论坛报》。
③ 洛仑兹，2011，第 9 页。
④ 密特朗上述言论转引自马什，2009，第 139 页。

美两国超出了很多；法国则已经沦为"第三等级"，与印度尼西亚、土耳其、墨西哥、伊朗、沙特阿拉伯、韩国和英国等国家并列。这些国家对重大国际议题很难发挥决定性的影响。

由于无法恰当地调整心态，法国政治领导人的行为变得难以预测。他们很清楚，公开承认法国在走下坡路，那不啻一场政治灾难。因此，法国政治家们的行为多少有些扭曲，他们总想着压对方一头，以便或多或少地遮蔽法国的现实真相。他们在觉得愤怒和受挫时，会做出一些愚蠢的行为。正因为如此，2010年5月，法国总统萨科齐才会威胁退出欧洲经济与货币联盟。也正因为如此，萨科齐的前任雅克·希拉克才会在美国发动伊拉克战争时，威逼法国的东欧邻国加入反美联盟。

尽管法国在全球范围内的影响力下降了，但是它仍然是欧元区第二重要的国家。此外，法国的政治和经济精英们的欧洲观念依然很深。让-埃尔韦·洛仑兹写道，法国精英们把"欧洲看做是法国的延伸"。他还指出，"法国人的旧梦依然未醒，他们希望统一的欧洲能够奇迹般地在整个欧洲复制法国的经济、外交和文化政策"。① 现在已经很清楚，法国这个"旧梦"不可能变成现实，因此随着德国主导地位的确立和进一步上升，法国对于欧洲一体化事业的不安感也在不断上升。德国的官员们在考虑是否继续留在欧洲货币联盟内时，"法国因素"肯定是必须优先考虑的因素之一。

放弃所有的恋情

正如沃尔夫冈·普罗斯所指出的：

> 德国与欧洲的恋情已经画上了句号。一切都是从德国的重新统一开始的。德国的统一使德国变得不那么富裕了，而且令

---

① 洛仑兹，2011，第9、10页。

德国更倾向于在欧盟坚持其国家利益。其后出现的欧洲经济与货币联盟奠定了欧洲怀疑主义的民意基础。许多德国人从来没有打心底里接受过放弃德国马克、改用欧元的做法。近年来，由总理默克尔领导的两届政府不再向德国公众详细阐述德国参与欧洲事务的理由，这是因为德国政府觉得，许多选民认为欧盟是一个不祥之物，因而越少谈及布鲁塞尔越好。①

2011年6月，特里谢建议设立欧盟财政部部长一职，但是被德国否决了。德国的立场的变化在这件事上得到了充分的反映。默克尔所属的基督教民主联盟的姊妹党巴伐利亚基督教社会联盟总书记亚历山大·杜布林德迅速而坚决地拒绝了特里谢的建议。杜布林德还反其道而行之，专门写了一份备忘录，明确要求欧盟将权力交回德国。根据德国报纸的报道，杜布林德反对特里谢的建议的理由是，它将会"削弱民主并威胁德国的主权"。② 对此，卡亭卡·巴利斯奇评论道：

> 这也许是第二次世界大战结束以来的第一次，德国允许自己表露出挑衅和自傲的一面。它出口导向的、稳定高于一切的经济发展模式是容许讨论的。德国参与欧元区事务的先决条件越来越多。现在，就连整个欧盟本身有时也会受到质疑……对于赫尔穆特·科尔那一代人来说，欧洲问题是一个攸关战争与和平的问题。而对于默克尔以及大多数与她同时代的人来说，它只是一个成本—收益权衡问题。③

就目前而言，欧洲能够从德国那里得到的似乎就这么多了。当然，对于货币联盟和欧元的未来来说，这绝对算不上是很大的保障。

---

① 普罗斯，2010，第5页。
② 杜布林德上述言论转引自2011年6月6日的《法兰克福汇报》。
③ 巴利斯奇，2010，第2、3页。

尾　声

"事实是非常顽固的东西，无论我们的愿望是什么……都无法改变事实和证据的状态。"

——美国第二任总统约翰·亚当斯①

坚决捍卫欧洲货币联盟的那些人，比如说德国前总理赫尔穆特·科尔和前欧洲委员会主席雅克·德洛尔，一直都在暗示货币联盟和欧元的成败关系着欧洲的战争与和平。2010年春，默克尔和萨科齐也回应了这种观点。

货币联盟和单一货币是欧洲一体化最明显的表现形式。永远不要在欧洲土地上重复两次世界大战的噩梦的强烈愿望激发了欧洲一体化的灵感。欧洲的和平已经维持了六十五年之久，如果这可以归功于欧洲一体化的努力的话，那么对于欧洲货币联盟只能得出正面的结论。但是，事情并非如此简单。

虽然欧洲一体化肯定是促进欧洲大陆和平的重要因素，但是至少有三个其他因素也发挥了很大作用：首先，更广泛的国际合作和国际咨询使欧洲获益匪浅（例如，通过联合国进行的国际合作和国际咨询）。第二，美国在包括德国在内的几乎整个欧洲都部署了军队，这有助于维持军事现状。第三，在漫长的冷战时期，受到一个不民主的敌对国家威胁的共同危机感提高了西欧国家之间的合作和

---

① 亚当斯的话转引自2010年12月6日的《华尔街日报》。

凝聚力。

更何况和平本身只不过是欧洲货币联盟和单一货币体制的若干后果之一。加入货币联盟可以为一个国家带来实实在在的巨大的经济利益。但是，成本也非常可观。如前所述，一个货币联盟要顺利、高效地运作，必须满足很多条件。然而，欧洲经济与货币联盟并不满足其中的部分条件。从这个角度来看，欧洲经济与货币联盟是不完备的。历史经验告诉我们，在各项条件中，特别重要的是真正意义上的政治联盟；如果不具备这项条件，货币联盟和单一货币就不可能持久。因为欧洲经济与货币联盟本身就是不完备的，所以2009年秋季欧元区爆发的巨大危机，从根本上说并不出人意料。这场危机证明，欧洲经济与货币联盟的成员国可能需要为其成员资格付出巨大代价。

欧元区发生的主权债务危机暴露了欧洲货币联盟的许多深层次问题：既包括结构上的缺陷，也包括治理上的缺陷。一位观察员把欧盟当局应对危机的过程说成是"一连串无能的行为"。一开始他们极力否认这场危机的严重性，随后又治标不治本地试图通过大量注入资金的方式解决问题，结果把欧洲中央银行也拖进了困难而危险的漩涡当中。

在短期内，欧洲可能坚持"继续维持现状"的政策取向。这种政策的实质是置根本性问题于不顾。希腊、葡萄牙和爱尔兰很快就将别无选择，只能离开货币联盟（"抛弃整个体系"）。由于公共财政已经陷入危险状况，而且经济增长前景非常黯淡，因而西班牙、意大利、比利时甚至法国都可能成为欧元危机的下一批受害者。

如果欧盟当局和欧洲各国政府不能成功地重建整个体系，那么欧元区就会解体，而且很可能以一种非常混乱的方式解体。作为欧元区最大、表现最好的经济体的德国，将试图在货币体系和金融秩序变得完全失稳之前就提早退出。在德国内部，一切与欧元有关的东西都可能遭到敌视，随着这种心态的不断加剧，德国退出欧洲经济与货币联盟的阻力将会变得很小。

"21世纪初的欧元会不会重蹈国际联盟在20世纪初的覆辙？如此美好的一个观念，难道真的会成为政治孤儿，并最终前功尽弃吗？"这是美国评论家罗杰·科恩在2010年底提出的问题。① 我担心的是，答案也许是肯定的，除非温斯顿·丘吉尔最著名的那个预言在欧洲变成现实。丘吉尔曾说过，对于美国，你总是可以指望它做正确的事，但是必须等到它把所有可能的选项都尝试过了之后。我们能够这样指望欧元区各国吗？

虽然已经深陷危机，但是欧盟当局和欧洲各国政府几乎没有针对根本性的问题做过什么实质性的努力。根本性的问题包括：欧洲银行业的重建，恢复公共财政的长期可持续性，推动各国经济实现结构性增长。还有最重要的是，重建货币联盟的制度架构，使其更加耐久和高效。他们的时间已经不多了。事实上，有可能现在就已经为时过晚了。

---

① 请参阅科恩发表在2010年11月11日《国际先驱论坛报》上的文章。

致　谢

近15年来，我一直在写，并且不断地在重写这本书——至少在我自己的脑海中。从上世纪90年代中期以来，我就一直对欧洲各当局建立货币联盟的方式持严厉的批评态度。欧洲货币联盟的建立涉及了太多的政治因素，而且在整个过程中，经济层面的问题几乎从来没有得到过足够的重视，因此它不可能是一个合理的、稳健的货币联盟。作为比利时《趋势》(Trends)周刊的主编，我定期地将自己的怀疑公之于众。然而，我这些言论得到的最好回应不过是"温和地一笑"而已。在大多数时候，政治家们对我的警告都报之以冷嘲热讽。到了今天，虽然现实证明我以前的反对、我提出的那些批评意见都是正确的，但是我的感觉并不好。

多年来，我与来自各国中央银行的无数专家进行过讨论。我曾经与联邦储备银行、欧洲中央银行、比利时国民银行、荷兰银行、德意志联邦银行、英格兰银行、法兰西银行、瑞典银行、国际货币基金组织、国际清算银行的决策者们和经济学家们有过交流。大多数讨论都是非正式的，没有留下记录。这些讨论通常都含有大量信息，而且极具启发性。在这里，我无法把这些人士的名字一一列出来，但是我确实从心底里感谢他们，感谢他们深邃的见解和雄辩的论证。

我特别要感谢我以前的教授艾米尔·冯·布洛克赫文（Emiel Van Broekhoven）和沃尔特·诺尼曼（Walter Nonneman），他们都是人格高尚的大经济学家。同样要特别感谢基尔特·诺埃尔（Geert

Noels），他是经济政治咨询公司（Econopolis）的创始人、首席执行官和首席经济学家。基尔特是一个大好人，他还肯定是这个星球上自行车骑得最好的经济学家。《趋势》周刊的好几位同事也为本书做出了贡献。还有其他一些比利时经济学家也一直定期给我提供非常有价值的意见，他们是乔普·康宁（Joep Konings）、埃里克·布伊斯特（Erik Buyst）、吕克·赛尔斯（Luc Sels）、菲利普·亚伯拉罕（Filip Abraham）、赫尔曼·达埃姆斯（Herman Daems）、杰夫·凡切伦（Jef Vuchelen）、基尔特·詹森（Geert Janssens）、彼得·德·凯泽（Peter De Keyzer）和伊万·冯·德·克鲁特（Ivan Van De Cloot）。我还偶尔与一些人士进行过一些比较有组织的讨论，从中受益匪浅。这些人士包括阿尼尔·卡什亚普（Anil Kashyap）、鲍勃·阿利伯（Bob Aliber）、路易吉·津加莱斯（Luigi Zingales）、美国芝加哥大学布斯商学院的兰达尔·克鲁斯内尔（Randall Kroszner）、美国哥伦比亚大学的埃德蒙·菲尔普斯（Edmund Phelps）、美国哈佛大学的罗伯特·巴罗（Robert Barro）、美国普林斯顿大学的哈罗德·詹姆斯（Harold James）、美国达特茅斯学院的道格拉斯·尤文（Douglas Urwin）和美国麻省理工学院的达龙·阿西莫格鲁（Daron Acemoglu）。

最后，感谢我的家人在本书写作过程中对我的帮助。

参考文献

Aeschimann, E., and P. Riché. 1996, *La Guerre de Sept Ans: Histoire Secrete du Franc Fort*, 1989–1996. Paris: Calman–Lévy.

Alesina, A., and F. Giavazzi, eds. 2010, *Europe and the Euro*. Chicago: University of Chicago Press.

Alesina, A., and F. Giavazzi. 2006. *The Future of Europe: Reform or Decline*. Cambridge, MA: MIT Press.

Alesina, A., and R. Barro. 2002. "Currency Unions." *Quarterly Journal of Economics* 117 (2):409–36.

Allen, P. R. 1976. "Organisation and Administration of a Monetary Union." Princeton, NJ: Princeton University Press.

Artis, M. 2002. "Reflections on Optimal Currency Area (OCA) Criteria in the Light of EMU." Working paper, Central Bank of Chile.

Artis, M., and W. Zhang. 2002. "Membership of EMU: A fuzzy Clustering Analysis of Alternative Criteria." *Journal of Economic Integration* 17 (1):54–79.

Athanassiou, P. 2009. "Withdrawal and Expulsion from the EU and EMU: Some Reflections." Legal working paper, European Central Bank.

Attali, J. 2005. *C'était François Mitterrand*. Paris: Fayard.

Baldwin, R., D. Gros, and L. Laeven. 2010. *Completing the Eurozone Rescue: What More Needs to Be Done*? Accessed 7/24/11. www.voxeu.org/index.php? q = node/5194.

Barysch, K. 2010. *Germany, the Euro and the Politics of the Bail-Out*. London: Centre for European Reform.

Bertola, G. 2000. "Labor Markets in the European Union." Brussels, Belgium: European Commission.

Bini Smaghi, Lorenzo. 2011a. "Eurozone, European Crisis, and Policy Responses." Speech at the Goldman Sachs Global Macro Conference, Hong Kong, February 22.

———. 2011b. "Private Sector Involvement: From (Good) Theory to (Bad) Practice." Speech at the Reinventing Bretton Woods Committee, Berlin, Germany, June 6.

Blair, T. 2010. *A Journey: My Political Life.* New York: Alfred A. Knopf.

Bootle, R. 2009. *The Trouble with Markets: Saving Capitalism from Itself.* London: Nicholas Brealey Publishing.

Bordo, M. 2004. "The United States as a Monetary Union and the Euro: A Historical Perspective." Cato Journal 24 (1-2).

Bordo, M., and L. Jonung. 1999. "The Future of EMU: What Does History of Monetary Unions Tell Us?" Working paper, NBER.

———. 2000. *Lessons For EMU from the History of Monetary Unions.* London: Institute of Economic Affairs.

Brown, G. 2010. *Beyond the Crash: Overcoming the First Crisis of Globalization.* New York: Free Press.

Buiter, W. 1999. "Alice in Euroland." Journal of Common Market Studies 37 (2): 181-209.

Buiter, W., G. Corsetti, and N. Roubini. 1992. "Excessive Deficits: Sense and Nonsense in the Treaty of Maastricht." Economic Policy 8 (16).

Buiter, W., and E. Rahbari. 2010. "Greece and the Fiscal Crisis in the Eurozone." Centre for Economic Policy Research Policy Insight no. 51.

Buiter, W., E. Rahbari, J. Michels, and G. Giani, 2011. "The Debt of Nations." Global Economics View, Citigroup Global Markets, January 7.

Buiter, W., and A. Sibert. 2006. "How the Eurosystem's Open-Market Operations Weaken Financial Market Discipline (And What to Do About It)." Working paper, Centre for Economic Policy Research.

Buti, M., S. Deroose, V. Gaspar, and J. Nogueira Martins. 2010. *The Euro: The First Decade.* Cambridge, UK: Cambridge University Press.

Calvo, G., and C. Reinhart. 2000. "The Fear of Floating." College Park, MD: University of Maryland.

Carmassi, J., and S. Micosi. 2010. "The Role of Politicians in Inciting Financial Markets to Attack the Eurzone." Centre for European Policy Studies Commentary no. 4.

Chivvis, C. 2010. *The Monetary Conservative: Jacques Rueff and Twentieth-Century Free Market Thought*. DeKalb, IL: Northern Illinois University Press.

Committee for the Study of Economic and Monetary Union. 1989. "Report on Economic and Monetary Union in the European Community." Brussels, Belgium: Committee for the Study of Economic and Monetary Union.

Connolly, B. 1995. *The Rotten Heart of Europe: The Dirty War for Europe's Money*. London: Faber and Faber.

Coombes, D. 1970. *Politics and Bureaucracy in the European Community: A Portrait of the Commission of the E. E. C.* London: Allen & Unwin.

Corden, W. M. 1972. *Monetary Integration: Essays in International Finance*. Princeton, NJ: Princeton University Press.

——. 2002. *Too Sensational: On the Choice of Exchange Rate Regimes*. Cambridge, MA: MIT Press.

Cottarelli, C., L. Forni, J. Gottschalk, and P. Mauro. 2010, "Default in Today's Advanced Economies: Unnecessary, Undesirable and Unlikely." Washington, DC: International Monetary Fund.

Dadush, U., ed. 2010. *Paradigm Lost: The Euro in Crisis*. Washington, DC: Carnegie Endowment for International Peace.

Davies, H., and D. Green. 2010. *Banking on the Future: The Fall and Rise of Central Banking*. Princeton, NJ: Princeton University Press.

De Bandt, O., and F. P. Mongelli. 2000. "Convergence of Fiscal Policies in the Euro Area." Working Paper, European Central Bank.

De Cecco, M., and A. Giovanni, eds. 1989. *A European Central Bank Perspectives on Monetary Unification After Ten Years of the EMS*. Cambridge, UK: Cambridge University Press.

De Grauwe, P. 1994. "Monetary Policies in the EMS: Lessons from the Great Recession of 1991-93." Centre for Economic Policy Research Discussion paper no. 1047.

——. 2003. *Economics of Monetary Union*, 5th edition. Oxford, UK. Oxford University Press.

De Grauwe, P., and F. Mongelli. 2005. "Endogeneities of Optimum Currency Areas:

What Brings Countries Sharing a Single Currency Closer Together?" Working paper, European Central Bank.

Duval, R., and J. Elmeskov. 2006. "The Effects of EMU on Structural Reforms in Labour and Product Markets. " Working paper, Organisation for Economic Cooperation and Development.

Dyson, K., ed. 2008. *The Euro at Ten: Europeanization, Power, and Convergence.* Oxford, UK: Oxford University Press.

Eichengreen, B. 2011. *Exorbitant Privilege: The Rise and Fall of the Dollar and the Future of the International Monetary System.* Oxford, UK: Oxford University Press.

——. 2009. "Was the Euro a Mistake?" Accessed 7/24/11. http://voxeu.org/index. phpq = node/2815.

——. 2007. "The Euro: Love It or Leave It?" Accessed 7/24/11. www.voxeu.org/index. phpq = node/729.

——. 1997. *European Monetary Unification: Theory, Practice, and Analysis.* Cambridge, MA: MIT Press.

——. 1993. " European Monetary Unification. " Journal of Economic Literature 31 (3):1321–57.

——. 1992. "Should the Maastricht Treaty Be Saved?" Princeton Studies in International Finance no. 74. Princeton, NJ: Princeton University Press.

Eichengreen, B., and J. Frieden, eds. 2000. *The Political Economy of European Monetary Unification.* Boulder, CO: Westview.

Eichengreen, B., and C. Wyplosz. 1997. "The Stability Pact: Minor Nuisance, Major Diversion?" Economic Policy 26:65–114.

Emerson, M., D. Gros, A. Italianer, J. Pisani – Ferry, and H. Reichenbach. 1992. *One Market, One Money: An Evaluation of the Potential Benefits and Costs of Forming an Economic and Monetary Union.* Oxford: Oxford University Press.

Emminger, O. 1977. "The D-Mark in the Conflict Between Internal and External Equilibrium 1948–1975. " Essays in International Finance no. 122. Princeton, NJ: Princeton University Press.

——. 1986. *D-Mark, Dollar, Whrungskrisen: Erinnerungen eines ehemaligen Bundesbankprsidenten.* Stuttgart, Germany: Deutsche Verlags-Anstalt.

European Commission. 2008. "EMU @ 10: Successes and Challenges of Ten Years of EMU." Brussels, Belgium: European Commission.

———. 2002. "Free Movement of Workers: Achieving the Full Benefits and Potential." Brussels, Belgium: European Commission.

Feldstein, M. 2000. "The European Central Bank and the Euro: The First Year." Working paper, NBER.

———. 1999. "The Euro Risk." Time Magazine Europe, January 25.

———. 1997. "EMU and International Conflict." Foreign Affairs 76 (6).

———. 1992. "The Case Against EMU." Time Magazine, June 13.

Ferguson, N. 2001. *The Cash Nexus: Money and Power in the Modern World, 1700-2000*. New York: Basic Books.

Fleming, M. 1971. "On Exchange Rate Unification." Economic Journal 13 (26): 467-88.

Frankel, J., and A. Rose. 1997. "Is EMU More Justifiable Ex Post than Ex Ante?" European Economic Review 41 (3): 753-60.

———. 1996. "The Endogeneity of the Optimum Currency Area Criteria." Working paper, NBER.

Friedman, M. 1950. "The Case for Flexible Exchange Rates." In Essays in Positive Economics, edited by M. Friedman. Chicago: University of Chicago Press.

Friedman, M., and A. Schwartz. 1963. *A Monetary History of the United States*. Princeton, NJ: Princeton University Press.

Genscher, H. 1995. *Erinnerungen*. Berlin, Germany: Siedler.

Giavazzi, F., and A. Giovannini. 1989. *Limiting Exchange Rate Flexibility: The European Monetary System*. Cambridge, MA: MIT Press.

Gokhale, J. 2009. "Measuring the Unfunded Obligations of European Countries." Cato Insitute Policy Report no. 319.

Goldman Sachs. 2008. *The Euro at Ten: Performance and Challenges for the Next Decade*. Goldman Sachs.

Goldstein, M., and N. Véron. 2011. "Too Big to Fail: The Transatlantic Debate." Working paper, Bruegel.

Grant, C. 1994. *Delors: Inside the House that Jacques Built*. London: Nicholas Brealey

Publishing.

Greenlaw, D., S. S. Hyun, A. Kashyap, and K. Schoenholtz. 2011. "Stressed Out: Macroprudential Principles for Stress Testing. " U. S. Monetary Policy Forum Report no. 5, Initiative on Global Markets, University of Chicago Booth School of Business.

Gros, D., and N. Thygesen. 1992. *European Monetary Integration: From the European Monetary System Towards Monetary Union.* London: Longman.

Guérot, U., and M. Leonard. 2011. "The New German Question: How Europe Can Get the Germany It Needs. " European Council on Foreign Relations Policy Brief no. 30.

Guigou, E. 2000. *Une Femme au Coeur de l' Etat.* Paris: Fayard.

Haberler, G. 1970. "The International Monetary System: Some Recent Developments and Discussions. " In Approaches to Greater Flexibility in Exchange Rates, edited by G. Halm. Princeton, NJ: Princeton University Press.

Haufler, A., B. Lucke, M. Merz, and W. Richter. 2011. "The Plenum of German Economists on the European Debt Crisis. " Accessed 7/24/11. http://voxeu. org/index. phpq = node/6153.

Henkel, H. 2010. *Rettet unser Geld! Deutschland wird ausverkauft—wie der Euro-Betrug unserem Wohlstand gefährdet.* Munich, Germany: Heyne.

Hoffmann, S. 1995. *The European Sisyphus: Essays on Europe, 1964–1994.* Boulder, CO: Westview Press.

Ingram, J. 1973. *The Case for European Monetary Integration: Essays in International Finance.* Princeton, NJ: Princeton University.

———. 1962. *Regional Payments Mechanisms. The Case of Puerto Rico.* Chapel Hill, NC: University of North Carolina Press.

International Monetary Fund (IMF). 1993. "Prologue to the ERM Crisis: Convergence Play. " International Capital Markets.

Ip, G. 2010. *The Little Book of Economics: How the Economy Works in the Real World.* Hoboken, NJ: John Wiley & Sons.

Issing, O. 2011. *Moment of Truth Postponed.* London: Office of Monetary and Financial Institutions Forum.

———. 2002. *Should We Have Faith in Central Banks?* London: Institute of Economic Affairs.

Jacobi, L., and J. Kluve. 2006. "Before and After the Hartz Reforms: The Performance of Active Labor Market Policy in Germany." Rhine–Westphalia Institute for Economic Research Discussion paper no. 41.

James, H. 1996. *International Monetary Cooperation Since Bretton Woods*. New York: Oxford University Press.

Jenkins, R. 1991. *A Life at the Centre*. London: Macmillan.

Jonsson, A. 2009. *Why Iceland?* New York: McGraw Hill.

Jonung, L. 2010. "Greece and the Crisis in the Euro." Lecture at the 11th Trento Summer School.

Jonung, L. and E. Drea. 2009. "The Euro: It Can't Happen. It's a Bad Idea. It Won't Last. U. S. Economists on the EMU, 1989–2002." European Commission Economic paper no. 395.

Kenen, P. 1969. "The Theory of Optimum Currency Areas: An Eclectic View." *In Monetary Problems of the International Economy*, edited by R. Mundell and A. Swoboda. Chicago: University of Chicago Press.

Kim, S. 1998. "Economic Integration and Convergence." Journal of Economic History 29 (1): 1–32.

Kirkegaard, J. 2010. "In Defense of Europe's Grand Bargain." Washington, DC: Peterson Institute for International Economics.

Kissinger, H. 1994. *Diplomacy*. New York: Simon & Schuster.

Kohl, H. 2005. *Memoirs*. London, Weidenfeld and Nicolson.

Kok Group. 2004. "Facing the Challenge: The Lisbon Strategy for Growth and Employment." Report from the High Level Group, Luxembourg.

Krugman, P. 2011. "Can Europe Be Saved?" New York Times Magazine, January 12.

Krugman, P., and A. Venables. 1996. "Integration, Specialization, and Adjustment." European Economic Review 40 (3): 959–67.

Lachman, D. 2011. *Can the Euro Survive?* London: Legatum Institute.

Lannoo, K. 2010. "The Bank Stress Tests: A Work in Progress." Brussels, Begium: Centre for European Policy Studies.

Lawson, N. 1992. The Vision from No. 11: *Memoirs of a Tory Radical*. London: Bantam Books.

Lester, R. 1939. *Monetary Experiments: Early American and Recent Scandinavian*. New York: August M. Kelley.

Lorenzi, J. 2011. *Le Fabuleux Destin d' une Puissance Intermédiaire*. Paris: Editions Grasset & Fasquelle.

Lynn, M. 2011. *Bust: Greece, the Euro, and the Sovereign Debt Crisis*. Hoboken, NJ: Bloomberg Press.

Margo, R. A. 1998. "Labor Market Integration Before the Civil War." Working paper, NBER.

Marjolin Study Group. 1975. *On Economic and Monetary Union 1980*. Brussels, Belgium: Commission of the EEC.

Marsh, D. 2009. *The Euro: The Politics of the New Global Currency*. New Haven, CT: Yale University Press.

——. 1994. *Germany and Europe: The Case of Unity*. London: Heinemann.

——. 1992. *The Bundesbank: The Bank that Rules Europe*. London: Heinemann.

Marshall, M. 1999. *The Bank: The Birth of Europe's Central Bank and the Rebirth of Europe's Power*. London: Random House.

Mauldin, J., and J. Tepper. 2011. *Endgame: The End of the Debt Supercycle and How It Changed Everything*. Hoboken, NJ: John Wiley & Sons.

McCusker, J. 1978. *Money and Exchange in Europe and America, 1600–1775: A Handbook*. Chapel Hill, NC: University of North Carolina Press.

McKinnon, R. 1963. "Optimum Currency Areas." *American Economic Review* 53 (4): 717–25.

Mélitz, J. 1996. "The Theory of Optimum Currency Areas, Trade and Adjustment." *Open Economies Review* 7 (2): 99–116.

Milward, A., 1984. *The Reconstruction of Western Europe, 1945–51*. Berkeley, CA: University of California Press.

Mintz, N. N. 1970. "Monetary Union and Economic Integration." *The Bulletin*, New York University.

Mitterrand, F. 1996. *De l' Allemagne, de la France*. Paris: Editions Odile Jacob.

Molloy, R., C. L. Smith and A. Wozniak. 2011, "Internal Migration in the United States." Finance and Economics Discussion Series, Federal Reserve Board, Washington, 2011–30.

Mongelli, F. P. 2002. "'New' Views on the Optimum Currency Area Theory: What is EMU Telling Us?" Working paper, European Central Bank.

Mundell, R. 1973. "Uncommon Arguments for Common Currencies." In *The Economics of Common Currencies*, edited by H. Johnson and A. Svoboda. London: Allen & Unwin.

———. 1961. "A Theory of Optimum Currency Areas." *American Economic Review* 51 (3): 657–65.

Nechio, F. 2010. "The Greek Crisis: Argentina Revisited?" Federal Reserve Bank of San Francisco Economic Letter no. 33.

Nielsen, A. 1937. "Monetary Unions." In *Encyclopedia of the Social Sciences*. New York: Macmillan Company.

Nolling, W. 1993. *Unser Geld: Der Kampf um die Stabilitt der Wahrungen in Europa*. Berlin, Germany: Ulstein.

Obstfeld, M. 1997. "Europe's Gamble." *Brookings Papers on Economic Activity*, Washington no. 2.

Obstfeld, M., J. Shambaugh, and A. Taylor. 2005. "The Trilemma in History: Tradeoffs Among Exchange Rates, Monetary Policy, and Capital Mobility." *Review of Economics and Statistics* 87 (3): 423–38.

Organisation for Economic Co-operation and Development (OECD). 2000. *EMU One Year On*. Paris: OECD.

———. 1999. *EMU: Facts, Challenges and Policies*. Paris: OECD.

Padoa-Schioppa, T. 2000. *The European Union and the Nation State*. Hume Occasional Paper no. 58.

Proissl, W. 2010. "Why Germany Fell Out of Love with Europe." Bruegel Essay and Lecture Series (forthcoming).

Prior-Wandesforde, R., and G. Hacche. 2005. "European Meltdown? Europe Fiddles as Rome Burns." London: HSBC.

Reinhart, C., and K. Rogoff. 2009. *This Time Is Different: Eight Centuries of Financial Folly*. Princeton, NJ: Princeton University Press.

Reis, J., ed. 1995. *International Monetary Systems in Historical Perspective*. London:

Macmillan.

Robson, P. 1987. *The Economics of International Integration*. London: Allen & Unwin.

Rockoff, H. 2003. "How Long Did It Take the United States to Become an Optimal Currency Area?" In *Monetary Unions: Theory, History, Public Choice*, edited by F. H. Capie and G. E. Wood. London: Routledge.

Rodden, J. 2006. *Hamilton's Paradox: The Promise and Peril of Fiscal Federalism*. Cambridge, UK: Cambridge University Press.

Sala-i-Martin, X., and J. Sachs. 1992. "Federal Fiscal Policy and Optimum Currency Areas." In *Establishing a Central Bank: Issues in Europe and Lessons from U. S.*, edited by M. Canzoneri, V. Grilli, and P. Masson. Cambridge, UK: Cambridge University Press.

Samuelson, P., and W. Barnett, eds. 2007. *Inside the Economist's Mind: Conversations with Eminent Economists*. Oxford, UK: Blackwell Publishing.

Schlesinger, H. 1996. "Money Is Just the Start." The Economist, September 21.

Sinn, H. W. 1996. "International Implications of German Unification." Working paper, National Bureau of Economic Research.

Smigiel, J. 2010. "Free Movement of Workers in the European Union: Obstacles to EU Labor Mobility and Possibilities to Overcome Them." MA dissertation, Central European University.

Solow, R. 2002. "Is Fiscal Policy Possible? Is It Desirable?" Presidential Address to the XIII World Congress of the International Economic Association, Lisbon.

Steinberg, J. 2011. *Bismarck: A Life*. Oxford, UK: Oxford University Press.

Szasz, A. 1999. *The Road to European Monetary Union*. London: Macmillan.

Tavlas, G. 1994. "The Theory of Monetary Integration." Open Economies Review 5 (2):211-30.

———. 1993. "The 'New' Theory of Optimum Currency Areas." World Economy 16 (6):663-85.

Thatcher, M. 2002. Statecraft. *Strategies for a Changing World*. New York: Harper Collins.

Theurl, T. 1992. *Eine gemeinsame Währung für Europa, 12 Lehren aus der Geschichte*. Innsbruck, Austria: Osterreichischer Studien Verlag

Tilford, S. 2011. "Debt Restructuring Will Not End the Euro Crisis." Centre for European Policy Reform CER blogspot, May 10.

——. 2010a. "Closing the Gap Between Rhetoric and Reality Is Key to the Euro's Survival." Centre for European Policy Reform CER blogspot, May 10.

——. 2010b. "The Euro's Reality Gap." CER Bulletin June/July, Issue 72.

——. 2009. "The Euro at Ten: Is Its Future Secure?" London: Centre for European Reform Essays.

——. 2006. "Will the Eurozone Crack?" London: Centre for European Reform.

Tilford, S., and P. Whyte. 2010. *The Lisbon Scorecard X: The Road to* 2020. London: Centre for European Reform.

Torres, F., and F. Giavazzi, eds. 1993. *Adjustments and Growth in the European Monetary Union.* Cambridge, UK: Cambridge University Press.

Trichet, J. 2011a. "Competitiveness and the Smooth Functioning of EMU." Lecture at the University of Liège, Liège, Belgium, February 23.

——. 2011b. "Building Europe, Building Institutions." Speech on receiving the Karlspreis 2011, Aachen, Germany, June 2.

——. 1992. "Dix Ans de Disinflation Competitive." *Les Notes Bleues de Bercy*, 1–12.

Van Bergeijk, P., R. Berndsen, and J. Jansen, eds. 2000. *The Economics of the Euro Area: Macroeconomic Policy and Institutions.* Cheltenham, UK: Edward Elgar.

Van Overtveldt, J. 2010. *Bernanke's Test: Ben Bernanke, Alan Greenspan, and the Drama of the Central Banker.* Chicago, Agate.

——. 2003. *De Euroscheppers: Macht en Manipulatie Achter de Euro.* Kapellen, Belgium: Uitgeverij Pelckmans.

Vanthoor, W. 1996. *European Monetary Union since 1848: A Political and Historical Analysis.* Cheltenham, UK: Edward Elgar.

Weber, A. 2010. "Monetary Policy after the Crisis: A European Perspective." Keynote speech at the Shadow Open Market Committee (SOMC) symposium, New York, October 12.

Werner Plan. 1970. "Report to the Council and the Commission on the Realization by Stages of Economic and Monetary Union in the Community." Luxembourg: Bulletin of the European Communities, Supplement II.

Witteveen, H. J. 1970. "Munt slaan uit de Europese eenheid." Address to the Dutch Organization for the International Chamber of Commerce, Amsterdam, Netherlands, May 26.

Wyplosz, C. 2010. "The Failure of the Lisbon Strategy." Accessed 7/24/11. www.voxeu.org/index.phpq=node/4478.

——. 2006. "European Monetary Union: The Dark Sides of a Major Success." Economic Policy 46 (4): 207–61.

——. 2001. *The Impact of EMU on Europe and the Developing Countries*. Oxford, UK: Oxford University Press.

中英文人名、地名、术语对照表

A

Adenauer, Konrad 康拉德·阿登纳
Agenda 2010, in Germany 德国的议程
Almunia, Joaquin 杰奎英·阿尔穆尼亚
Alonso, José Antonio 何塞·安东尼·阿隆索
Annunziata, Marco 马尔科·农齐亚塔
Archer, David 戴维·阿彻
Argentina 阿根廷
Asmussen, Jörg 荣格·阿斯穆森
Asset bubbles, eurozone imbalance and 欧元区经济失衡与资产泡沫
Austria 奥地利
  bailouts and 援助和
  EMS and 欧洲货币体系和
  EMU and 欧洲经济与货币联盟和

B

Bagehot, Walter 沃尔特·白芝浩
Balladur, édouard 爱德华·巴拉迪尔
Bank for International Settlements (BIS) 国际清算银行(BIS)
Bank of Portugal 葡萄牙银行
Bank of Spain 西班牙银行
Banks and banking 银行与银行业务
  central bank independence and 中央银行的独立性和
  financial crisis and cross-borders risks 金融危机与跨境风险
  in Germany 在德国
  stress tests of 的压力测试
Barber, Tony 托尼·帕柏
Barre, Raymond 雷蒙德·巴雷
Barre Plan 巴雷计划
Barroso, José Manuel 何塞·曼努埃尔·巴罗佐
Barysch, Katinka 卡亭卡·巴利斯奇
Basel-Nyborg consensus 巴塞尔-尼堡共识
Bastian, Jens 詹斯·巴斯蒂安
Beauvois, Roland 罗兰·博沃瓦

Belgium 比利时
  currency valuation and 货币估值和
  EMU and 欧洲经济与货币联盟和
  European Coal and Steel Community and 欧洲煤钢共同体和
  interest payments as percent of GDP 支付的利息总额占国内生产总值的百分比
  Latin Monetary Union and 拉丁货币联盟与
  Maastricht criteria and 马斯特里赫特标准和
  monetary union disadvantages 货币联盟的不利之处
  sovereign default risk, rescue packages and tactics 主权违约风险，援助计划与援助策略
  Werner Plan and 魏尔纳计划与
Bérégovoy, Pierre 皮埃尔·贝雷戈瓦
Berlusconi, Silvio 西尔维奥·贝卢斯科尼
Bernstein, Nils 尼尔斯·伯恩斯坦
Bismarck, Otto von 奥托·冯·俾斯麦
Blair, Tony 托尼·布莱尔
Blejer, Mario 马里奥·布莱赫尔
Blessing, Karl 卡尔·布勒森
Bonaparte, Napoleon 拿破仑·波拿巴
Bootle, Roger 罗杰·布特尔
Bordo, Michael 迈克尔·波尔多
Borg, Anders 安德斯·博格
Brazil 巴西
Brittan, Samuel 塞缪尔·布里坦
Brown, Gordon 戈登·布朗
Brüderle, Rainer 莱纳·布吕德勒
Buiter, Willem 威廉·布伊特
Bundesbank 德意志联邦银行
Burda, Michael 迈克尔·布尔达

C

Camdessus, Michel 米歇尔·康德苏
Capital Economics Ltd. 资本经济有限公司
Carry trade 套利交易
Centre for European Policy Studies (CEPS) 欧洲政策研究中心
China 中国
Chirac, Jacques 雅克·希拉克
Churchill, Winston 温斯顿·丘吉尔
Clappier, Bernard 伯纳德·克莱比娅
Cochrane, John 约翰·科克伦
Coelho, Pedro 佩德罗·科埃略
Cohen, Roger 罗杰·科恩
Committee of European Banking Supervisors (CEBS) 欧洲银行监管委员会 (CEBS)
Common Agricultural Policy (CAP) 共同农业政策 (CAP)
Connally, John 约翰·康纳利
Constancio, Vitor 比托尔·康斯坦西奥
Convergence play 趋同游戏
Coombes, David 戴维·库姆斯

Currency valuation 货币估值
　Argentina and 阿根廷与
　Belgium and 比利时与
　Brazil and 巴西与
　devaluation as traditional way out of financial crisis 作为摆脱金融危机的传统方法的货币贬值
　European snake and 欧洲之蛇与
　France and 法国与
　Germany and 德国与
　Greece and 希腊与
　Iceland and 爱尔兰与
　Maastricht criteria and 《马斯特里赫特条约》确定的标准与
Current account deficits, as eurozone imbalance 经常账户赤字,欧元区普遍存在的一种失衡
Cyprus 塞浦路斯
Czech Republic 捷克共和国

D

Dadush, Uri 尤里·达杜什
Dahrendorf, Ralf 拉尔夫·达仁道夫
Damanaki, Maria 玛丽亚·达曼纳基
Davies 玛丽亚·达曼纳基
De Grauwe, Paul 保罗·德·格劳威
Debunne, Georges 乔治·德布内
Dehaene, Jean-Luc 让-吕克·德阿纳
Delors, Jacques 雅克·德洛尔

Denmark 丹青
　EEC and 欧洲经济共同体与
　Maastricht Treaty and 《马斯特里赫特条约》与
　Scandinavian Monetary Union and 斯堪的纳维亚货币联盟与
Deutsche mark (D-mark) 德国马克
　as anchor of European currencies 作为欧洲各国货币的锚
　German reluctance to give up 德国不愿意放弃
　Werner Plan and revaluation of 魏尔纳计划与价值重估
Dini, Lamberto 兰贝托·迪尼
Diversification of economies, optimum currency area theory and 经济的多样性,最后货币区理论与
Dobrindt, Alexander 亚历山大·杜布林德
Draghi, Mario 马里奥·德拉吉
Duisenberg, Wim 维姆·德伊森贝赫
Dyson, Kenneth 肯尼思·戴森

E

E-bonds, proposed 提议的债券
Economic and Monetary Union (EMU) 欧洲经济与货币联盟(EMU)
　advantages of 的优点
　disadvantages of 的缺陷
　labor market regulation and 劳动力市

场管制与

Maastricht criteria and 《马斯特里赫特条约》确定的标准与

optimum currency area elements 最优货币区各因素

optimum currency area elements ignored 最优货币区被忽视的各因素

optimum currency area, endogeneity of 最优货币区的内生性

skepticism and optimism about 怀疑主义与乐观主义

Stability and Growth Pact, moral hazard and failure of 《稳定与增长公约》,道德风险与失败

Economic and Monetary Union (EMU), future scenarios for 欧洲经济与货币联盟,各种可能的前途

 Germany's importance and 德国的重要性与

 More of the Same (MOS) 继续维持现状

 Rebuilding of the System (ROS) 重建整个体系(ROS)

 Throwing Out the System (TOS) 抛弃整个体系(TOS)

Economic and Monetary Union (EMU), origins of 欧洲经济与货币联盟(EMU),诞生

 convergence criteria and three-stage approach to 趋同标准与分三阶段实施的计划

European Monetary System 欧洲货币联盟

pre-1945 initiatives 1945年前的各种初始动机

questions of membership and policies 成员资格与政治问题

search for peace and 渴望和平且

starting group of countries 创始成员国

Treaty of Rome 《罗马条约》

Werner Plan 魏尔纳计划

Economic openness, optimum currency area theory and 经济开放度,最优货币区理论

Eichengreen, Barry 巴里·埃森格林

Emminger, Otmar 奥特马尔·埃明格尔

Estonia 爱沙尼亚

Euro, See also Economic and Monetary Union entries; Eurozone 欧元,请参见"欧洲经济与货币联盟"和"欧元区"

efforts to protect 努力去保护

initial success of 一开始成功的

primary imbalances and 主要的失衡与

private creditors and 私人信用与

replaces national currencies 取代各国的货币

sovereign debt crises and bailouts 主权债务危机及其救援

Euro Plus Pact 《欧元附加条约》

European Atomic Energy Community (Euratom) 欧洲原子能共同体

European Banking Authority (EBA) 欧洲银行管理局(EBA)

European Central Bank (ECB) 欧洲中央银行(ECB)
 initial performance of 成立初期的表现
 monetary policies 货币政策
 moral hazard and 道德风险与
 price stability and 价格稳定性与
 sovereign debt crises and 主权债务危机与

European Coal and Steel Community (ECSC) 欧洲煤钢共同体(ECSC)

European Commission 欧洲委员会

European Council 欧洲理事会

European currency snake 欧洲货币蛇形浮动机制

European Economic Community (EEC) 欧洲经济共同体(EEC)

European Financial Stability Facility (EFSF) 欧洲金融稳定机构(EFSF)

European Financial Stability Mechanism (EFSM) 欧洲金融稳定机制(EFSM)

European Monetary Institute (EMI) 欧洲货币研究所(EMI)

European Monetary System (EMS) 欧洲货币体系(EMS)

European Payments Union 欧洲支付联盟

European Stabilisation Mechanism (ESM) 欧洲稳定机制(ESM)

European System of Central Banks (ESCB) 欧洲中央银行体系(ESCB)

Eurozone, See also Euro, specific countries 欧元区,请参见"欧元"及各个具体国家
 budget deficits 预算赤字
 compared to U.S 与美国相比
 credit expansion 信贷扩张
 current accounts 经常账户
 ECB policy interest rates 欧洲中央银行利率
 economic growth 经济增长
 government debt 政府债务
 inflation 通货膨胀
 real housing construction 住宅建筑投资
 residential property prices 不动产价格
 spread on 10-year bonds 10年期国债利差

Exchange Rate Mechanism (ERM) 汇率机制(ERM)

F

Feldstein, Martin 马丁·费尔德斯坦

Ferguson, Niall 尼尔·弗格森

Financial crisis of 2007 – 2009　2007—2009 年的金融危机

laying of blame for　因……而归咎于

Financial integration, optimum currency area theory and　金融一体化与最优货币区理论

Finland　芬兰

　bailouts and　救助

　EMS and　与欧洲货币体系

　EMU and　与欧洲经济与货币联盟

　Maastricht criteria and　《马斯特里赫特条约》的标准与

Fiscal integration, optimum currency area theory and　财政一体化,最优货币区理论

Flanagan, Mark　马克·弗拉纳根

France, See also Sarkozy, Nicolas　法国,请参见尼古拉斯·萨科齐

　bailouts and　救援与

　banks and　银行与

　changing relationship with Germany　改变与德国的关系

　currency valuation and　货币估值与

　EMS and national interests　欧洲货币体系与国家利益

　EMU and　欧洲经济与货币联盟与

　European Coal and Steel Community and　欧洲煤钢共同体与

　European currency snake　欧洲货币汇率蛇形浮动机制

　　eurozone imbalances　欧元区的不均衡

　interest payments as percent of GDP　支付的利息总额占国内生产总值的百分比

　Latin Monetary Union and　拉丁货币联盟与

　politics in　国内的政治

　search for unity and peace and　追求统一与和平

　Werner Plan and　魏尔纳计划与

Frankel, Jeffrey　杰弗里·弗兰克尔

Franz, Wolfgang　沃尔夫冈·弗朗茨

Friedman, Milton　米尔顿·弗里德曼

G

Gang of Four　"四人帮"

Geithner, Timothy　蒂莫西·盖特纳

Genscher, Hans – Dietrich　汉斯－迪特里希·根舍

George, Eddie　艾迪·乔治

Gerlach, Stefan　斯特凡·格拉赫

Germany, See also Merkel, Angela　德国,请参见安吉拉·默克尔

　bailouts and　救援与

　banks in　的银行

　Barre Plan and　巴雷计划与

　EMS and national interests　欧洲货币体系与国家利益

　eurozone imbalances and　欧洲区的失衡与

labor market adjustments after 劳动力市场的调整

politics in 国内的政治

pre-1945 monetary initiatives and 1945年前的货币动机与

public opinion in 国内的公众舆论

role in eurozone 在欧元区的角色

Germany, cost-benefit analysis of leaving 德国脱离……的成本收益分析

Eurozone 欧元区

conomic calculation 经济算计

political realities 政治现实

stability culture 稳定高于一切的文化

Giscard d'Estaing, Valéry 吉斯卡尔·德斯坦

Global Financial Stability Report (IMF) 国际货币基金组织依赖于金融稳定报告(IMF)

Goldman Sachs 戈德曼·萨克斯

Gonzalez, Felipe 菲利普·冈萨雷斯

Gorbachev, Mikhail 米哈伊尔·戈尔巴乔夫

currency valuation and 货币估值与

ERM and 欧洲汇率体系与

EMU and 欧洲经济与货币联盟与

keeps pound out of EMS 保留英镑独立,不加入欧洲汇率体系

Greece 希腊

bank exposures in 在……的银行放款总额

interest rates and 利率与

Latin Monetary Union and 拉丁货币联盟与

sovereign default risk, rescue packages and tactics 主权违约风险,一揽子援助计划与援助策略

Green, David 戴维·格林

Gros, Daniel 丹尼尔·格罗斯

Guérot, Ulrike 乌尔丽克·古罗特

H

Haberler, Gottfried 戈特弗里德·哈伯勒

Hahn, Peter 彼得·哈恩

Hankel, Wilhelm 威廉·汉克尔

Hartz, Peter 彼得·哈茨

Hartz Committee, in Germany 德国的哈茨建议

Henkel, Hans-Olaf 汉斯-奥拉夫·汉高

Hesse, Helmut 赫尔穆特·黑塞

Honohan, Patrick 帕特里克·霍诺汉

Hoyer, Werner 维尔纳·霍伊尔

Hungary 匈牙利

I

Iceland 爱尔兰

currency valuation 货币估值

exchange rate collapse 汇率大幅下跌

Inflation rates 通货膨胀率
    in eurozone countries 欧元区各成员国的
    optimum currency area theory and 最优货币区理论与
Institute of International Finance 国际金融研究院
Interest rates convergence in 利率的趋同
    ECB policy 欧洲中央银行货币政策
    in eurozone countries 欧元区各成员国
    monetary union's advantages and disadvantages 货币联盟的优点与缺陷
International competitiveness, loss of as eurozone imbalance 欧元区内的失衡导致的国际竞争力丧失
    Greece and 希腊与
    Iceland and 冰岛与
    Ireland and 爱尔兰与
    Spain and 西班牙与
Ireland 爱尔兰
Issing, Otmar 奥特马·伊辛
Italy 意大利
    public opinion in 国际的公众舆论

J

Jenkins, Roy 罗伊·詹金斯
Joffe, Josef 约瑟夫·杰弗

Jonsson, Asgeir 奥斯吉尔·琼森
Juncker, Jean-Claude 让-克劳德·容克

K

Kashyap, Anil 阿尼尔·卡什亚普
Kenen, Peter 彼得·凯南
Kimmitt, Robert 罗伯特·金米特
Kirkegaard, Jacob 雅各布·克尔凯郭尔
Kiviniemi, Mari 马里·基维涅米
Klima, Viktor Klima 维克托·克利马
Kohl, Helmut 赫尔穆特·科尔
Kok, Wim 韦恩·科克
Krugman, Paul 保罗·克鲁格曼

L

Labor markets, *See also Wage policies* 劳动力市场,请参见"工资政策"
    regulation of 的管制
Lagarde, Christine 克里斯蒂娜·拉加德
Lamfalussy, Alexandre 亚历山大·兰法鲁斯
Larosière, Jacques de 雅克·德拉罗西埃
Latin Monetary Union (LMU) 拉丁货币联盟(LMU)
Lauk, Kurt 库尔特·劳克

Lawson, Nigel 尼格尔·劳森
Lenihan, Brian 布赖恩·勒尼汉
Leonard, Mark 马克·伦纳德
Leterme, Yves 伊夫·莱特姆
Li Keqiang 李克强
Lipsky, John 约翰·利普斯基
Lisbon Agenda 《里斯本议程》
Lisbon Treaty, Article 125 prohibiting bailouts 《里斯本条约》第125条所规定的禁止救援条款
Lorenzi, Jean-Hervé 让-埃尔韦·洛仑兹
Lucas, Robert 罗伯特·卢卡斯
Lusser, Marcus 马库斯·鲁泽尔
Luxembourg 卢森堡
Lynn, Matthew 马修·林恩

M

Maastricht Treaty 《马斯特里赫特条约》
 riteria of 的标准
 "no bailout" clause "禁止援助"条款
Major, John 约翰·梅杰
Malta 马耳他
Mandelson, Peter 彼得·曼德尔森
Marjolin, Robert 罗伯特·马若兰
Marsh, David 戴维·马什
Mazière, Thomas de 托马斯·德·迈齐埃

Merkel, Angela 安吉拉·默克尔
 bailouts and 援助计划与
 commitment to euro 对欧元的承诺
 competiveness pact 《竞争力条约》
 on eurozone 对于欧元区
Mitterrand, François 弗朗索瓦·密特朗
Modigliani, Franco 弗兰科·莫迪利亚尼
Monetary unions, generally 货币联盟通常
 need for parallel political union 需要同时存在政治联盟
 strict definition of 的严格定义
Mongelli, Francesco 弗朗切斯科·蒙格理
Monnet, Jean 让·莫内
Moral hazard, and failure of Stability and Growth Pact 道德风险,《稳定与增长公约》的失败
More of the Same (MOS) option for EMU 联盟经济与货币联盟的出路之"继续维持现状"
 accelerators to demise of 消亡的加速器
 basics of 的基础
 as Ponzi scheme 作为庞氏骗局
Münchau, Wolfgang 沃尔夫冈·明肖
Mundell, Robert 罗伯特·蒙代尔

N

National Bank van België (NBB) 比利

时国民银行(NBB)
Netherlands　荷兰
Nielsen, Erik　埃里克·尼尔森
Nölling, Wilhelm　威廉·诺林
Norway　挪威
Noyer, Christian　克里斯汀·诺亚

O

One Market, One Money report　《单一市场、单一货币报告》
Optimum currency area (OCA), theory of　最优货币区理论的
　elements of　的各因素
　elements of, ignored in EMU　欧洲经济与货币联盟被忽视的因素
　Lisbon Agenda and　《里斯本议程》与
Organization for European Economic Co-operation (OEEC)　欧洲经济合作组织(OEEC)

P

Pact for Competitiveness　《竞争力公约》
Padoa-Schioppa, Tommaso　托马索·派多亚-夏欧帕
Pangalos, Theodoros　塞多罗斯·潘加洛斯
Papandreou, George　乔治·帕潘德里欧
Papantoniou, Yiannos　亚诺斯·帕潘托尼乌

Papaconstantinou, George　乔治·帕帕康斯坦丁努
Parker, Robert　罗伯特·帕克
PIIGS, See Greece, Ireland, Italy, Portugal, Spain　"笨猪五国",请参见葡萄牙、爱尔兰、意大利、希腊和西班牙
Pineau, Christian　克里斯汀·皮诺
Plender, John　约翰·普伦德
Pöhl, Karl Otto　卡尔·奥托·波尔
Poland　波兰
Political integration, optimum currency area theory and　政治一体化与最优货币区理论
Portugal　葡萄牙
　ERM and　欧洲汇率机制与
Powell, Charles　查尔斯·鲍威尔
Preussische Bank　普鲁士银行
Price and wage flexibility, optimum currency area theory and　价格与工资弹性,与最优货币区理论
Private creditors, euro and　欧元与私人债权人
Prodi, Romano　罗马诺·普罗迪
Proell, Josef　约瑟夫·普勒尔
Proissl, Wolfgang　沃尔夫冈·普罗斯
Provopoulos, George　乔治·普罗沃普洛斯
Prussia　普鲁士

R

Rachman, Gideon　吉迪恩·拉赫曼

Rahbari, Ebrahim 伊伯拉希姆·拉伯利
Reagan, Ronald 罗纳德·里根
Rebuilding of the System (ROS) option for EMU 欧洲经济与货币联盟（EMU）的出路之"重建整个体系"（ROS）
Regling, Klaus 克劳斯·雷格林
Rehn, Olli 奥利·雷恩
Rieke, Wolfgang 沃尔夫冈·雷基
Robson, Peter 彼得·罗宾逊
Rocard, Michel 米歇尔·罗卡尔
Rogoff, Kenneth 肯尼思·罗格夫
Rose, Andrew 安德鲁·罗斯
Rueff, Jacques 雅克·吕埃夫

S

Sachs, Jeffrey 杰弗里·萨克斯
Salai-Martin, Xavier 泽维尔·萨拉马丁
Salgado, Elena 艾莲娜·莎尔加多
Sarkozy, Nicolas, See also France 尼古拉斯·萨科齐,请参见"法国"
  bailouts and 与援助
  commitment to euro 对欧元的承诺
Save Our Money (Henkel) 汉高著《拯救我们的货币》
Scandinavian Monetary Union (SMU) 斯堪的纳维亚货币联盟(SMU)
Schachtschneider, Karl Albrecht 卡尔·阿尔布雷希特·沙赫特施奈德
Schäffler, Frank 弗兰克·舍夫勒
Schäuble, Wolfgang 沃尔夫冈·朔伊布勒
Schlesinger, Helmut 赫尔穆特·施莱辛格
Schmidt, Helmut 赫尔穆特·施密特
Schoenholtz, Kermit 克米特·舍恩霍兹
Schröder, Gerhard 格哈德·施罗德
Schulmann, Horst 霍斯特·舒尔曼
Schuman, Robert 罗伯特·舒曼
Securities Market Programme (SMP) 证券市场计划(SMP)
Sfakianakis, John 约翰·斯法基纳基斯
Shin, Hyun Song 申铉松
Sigfusson, Steingrimur 斯腾格里姆·西格夫松
Silguy, Yves-Thibault de 伊夫-蒂博·德·西尔基
Single European Act 《单一欧洲法案》
Sinn, Hans-Werner 汉斯-魏尔纳·辛恩
Slovakia 斯洛伐克
Slovenia 斯洛文尼亚
Smaghi, Lorenzo Bini 洛伦佐·比尼·斯马吉
Socrates, José 何塞·苏格拉底
Soini, Timo 蒂莫·索伊尼
Sovereign debt crisis, See Euro, specific countries 主权债务危机,请参见各相关国家

Spaak Report 斯巴克报告
Spain 西班牙
　　public opinion in 在国内的公众舆论
Spethmann, Dieter 迪特尔·史派特曼
Stability and Growth Pact (SGP) 《稳定与增长公约》(SGP)
Stancil, Bennett 贝内特·斯坦思尔
Starbatty, Joachim 约阿希姆·斯塔贝提
Stark, Jürgen 于尔根·斯塔克
Stein, Herbert 赫伯特·斯坦因
Steinbrück, Peer 佩尔·施泰因布吕克
Stelzer, Irwin 欧文·施特尔策
Strauss-Kahn, Dominique 多米尼克·斯特劳斯-卡恩
Stress tests, of banks 银行的压力测试
Strycker, Cecil de 塞西尔·德·史赛克
Summers, Larry 拉里·萨默斯
Sweden 瑞典
Swiss National Bank 瑞士国家银行,瑞士中央银行
Switzerland 瑞士

T

Tavlas, George 乔治·塔弗拉斯
Thatcher, Margaret 玛格丽特·撒切尔
Throwing Out the System (TOS) option for EMU 欧洲经济与货币联盟(EMU)的出路之"抛弃整个体系"(TOS)
Thygesen, Niels 尼尔斯·泰格森
Tietmeyer, Hans 汉斯·蒂特迈耶
Tilford, Simon 西蒙·提尔福德
Treaty of Rome 《罗马条约》
Tremonti, Giulio 朱利奥·特雷蒙蒂
Trichet, Jean-Claude 让-克劳德·特里谢
　　sovereign debt crises and 主权债务危机与
Trilemma principle 三难选择

U

Ubide, Angel 吉尔·尤比德
United States 美国
　　as currency union 作为一个货币联盟
　　EMU's decreased dependency on dollar 欧洲经济与货币联盟对美元的依赖持续下降
　　ratings downgrade of 调低美国的评级

V

Van Rompuy, Herman 赫尔曼·范龙佩
van Ypersele de Strihou, Jacques 雅克·冯·雅普塞勒·德·斯特里乌
Vanthoor, Wim 维姆·云科尔
Vermeend, Willem 威廉·瓦尼德

Véron, Nicolas　尼古拉斯·贝隆
Verplaetse, Fons　冯斯·弗普莱特
Vienna Insurance Group　维也纳保险集团
Vinals, José　何塞·维亚尔斯

W

Wage policies　工资政策
　　Belgium　比利时
　　Germany and　德国与
　　United States and　美国与
Waigel, Theo　西奥·魏格尔
Wang Qishan　王岐山

Weber, Axel　阿克塞尔·韦伯
Weidmann, Jens　詹斯·魏德曼
Wellink, Nout　诺特·魏霖克
Werner, Pierre　皮埃尔·魏尔纳
Werner Plan　魏尔纳计划
Whyte, Philip　菲利普·怀特
"*Will the Eurozone Crack?*"（Tilford）提尔福德著撰写"欧元区会崩溃吗?"
Wolf, Martin　马丁·沃尔夫
Wyplosz, Charles　查尔斯·韦普洛兹

Z

Zapatero, José　何塞·萨帕特罗

译后记

欧元区危机自2008年年底爆发以来,演变过程波谲云诡,一路高潮不断。目前的债务危机会不会演变成为全面的货币危机?欧元真的行将终结吗?

本书作者约翰·冯·奥弗特韦尔德指出,只要欧洲经济与货币联盟以目前的形式存在下去,欧元危机就会一直持续,除非欧洲经济与货币联盟演变成一个全面的政治联盟(因而也是一个财政联盟和转移支付的联盟)。另一个结束欧元危机的出路是整个欧洲经济与货币联盟完全解体,其决定性事件则是德国退出欧元区。当然,一切都掌握在德国手中。

就在译者翻译本书的过程当中,欧洲经济与货币联盟似乎已经朝着成为全面的政治联盟的方向迈出了一大步。2012年1月30日,在欧盟特别峰会上,除英国和捷克之外的欧盟其他25个成员国一致通过了《财政契约》草案。草案除了要求各成员国加强财政纪律之外,还明文规定了自动惩罚机制:一旦某个签约国的财政赤字占其国内生产总值(GDP)的比例超过了3%,就会自动受到惩罚。同时各签约国将向欧盟转移部分财政主权。显然,这一思路就是经由财政一体化和政治一体化解决债务危机的思路。

在危机爆发之后,由于英国惯有的有意无意的疏离,更由于法国的软化,德国在欧洲的影响力进一步增强了。向前奔驰的欧元区的法德轴心列车,早就不再采取当初的"法国掌舵、德国出油"的形式了。在各种场合,默克尔提议,萨科齐解释,几乎已经成了惯例。

  从表面来看，德国退出欧元区的可能性似乎不大，因为德国的立场似乎已经成了欧洲的立场，欧元的存亡也已经与德国的态度紧紧地捆绑在一起了。但是，正如本书作者所阐述的，德国的传统、欧元区的经济形势和德国国内外的政治生态，决定了德国的立场仍然存在着重大变数。

  欧元区能否涅槃重生？仍然是一个结果不可确知的事件。欧洲一体化或许称得上是人类有史以来最伟大的一次实验。且让我们拭目以待！

  感谢我的妻子傅瑞蓉，她参与了整个翻译过程，并且也是这个中译本的初校者。还要感谢我的朋友鲍玮玮和傅锐飞，他们通读了翻译初稿，并帮助完成了部分校对工作。

  本书的翻译时间有些仓促，书中肯定会有一些不妥之处，敬请读者批评指正。

贾拥民
2012 年 2 月 27 日

西方经济·金融前沿译丛书目

《欧元的终结?!——欧盟不确定的未来》
(美)约翰·冯·奥弗特韦尔德 著 贾拥民 译

《重铸美国自由市场的灵魂——道德的自由市场与不道德的大政府》
(美)史蒂夫·福布斯 伊丽莎白·艾姆斯 著 段国圣 译

《宇宙的主宰——哈耶克、弗里德曼与新自由主义的诞生》
(美)丹尼尔·斯特德曼·琼斯 著 贾拥民 译

《伟大的说服——哈耶克、弗里德曼与重塑大萧条之后的自由市场》
(美)安格斯·伯金 著 傅瑞蓉 译

《政治泡沫——金融危机与美国民主的挫折》
(美)诺兰·麦卡蒂 基思·普尔 霍华德·罗森塔尔 著 贾拥民 译

《从战场前线到市场前线——中东战争浴火之下信任和希望的重生》
(美)保罗·布林克利 著 于海生 译

《华尔街与华盛顿之战——美国现代金融体系的诞生》
(美)理查德·E.法利 著 贾拥民 译

《金钱长城——中国国际货币关系中的权力与政治》(即将出版)
(美)埃里克·赫莱纳 乔纳森·柯什纳 编著 于海生 译

《如何反击网络金融恐怖主义》(待出版)
(美)凯文·弗里曼 著 傅瑞蓉 译

《全球经济的系统脆弱性》(待出版)
(美)杰克·拉斯马斯 著 贾拥民 译

《产业政策的选择及其经济后果》(待出版)
(美)约瑟夫·斯蒂格利茨 阿克巴·诺曼 编著 孔令强 译

《产业组织形式的颠覆与创新——即将消失的美国公司》(待出版)
(美)杰拉尔德·戴维斯 著 孔令强 译